保育の実践

─ 愛し、任せ、信じ、見守る

本吉圓子　奥田美由紀

はじめに

　私が本吉先生の保育と出会ったのは、20年前のことです。憧れの幼稚園教諭になり、先輩の保育を見よう見真似で必死に毎日を過ごしようやく慣れてきたころ、保育がわかっていない自分、子どもが見えていない自分に気付きました。当時、幼稚園教育要領に書かれている抽象的な内容と目の前にいる子どもとの保育実践が結びつく実感がなかった私は、本吉先生の書籍に書かれた保育実践と解説によって、目の前の霧が晴れたかのような感覚を得ました。どの保育実践からも、子どもの心の機微や目の力強さまでもが感じられました。保育者の子ども理解、適切な指導や援助によって、子ども自ら気付き変わっていくプロセスが、生き生きと伝わってくるものばかりでした。私は、本吉先生の書籍を求め、何冊も何冊も夢中で読みました。教育とは……、遊びとは……、何度も自問しながら、事例に登場する子どもや保育者の真剣に生きる姿から、その本質を少し理解できるようになってきました。

　そして、実際に本吉先生のお人柄に触れたときに、本吉先生と出会った子どもたちが得たであろう感覚を私も感じることができました。「子どもを人間として尊重する」「保育の原点は、子どもに対する限りない愛情である」本吉先生が著書の中で繰り返し述べているこれらの信念が、本吉先生の温かく、いいえ熱いほどの愛とやさしさと情熱によって、人の心に感動を起こすことを経験しました。

　私のように、保育の本質を求めてこの保育に辿り着いた保育者は多く、本吉先生のもとには全国の保育者や保護者から、自身の保育実践を高めたいと指導を求めた記録や、アドバイスを受けわが子が変わりましたという報告など、たくさんの手紙と保育実践記録が届いています。書籍になって出版された事例もありますが、まだ箱の中で眠っている素晴らしい保育実践が多くあると聞きました。時代という時を超え、新鮮さと感動を与えてくれる保育実践は、保育者の情熱と愛にあふれ、子どもの真剣さが生きる

力の基礎を培っていることを教えてくれます。この間、何度も幼稚園教育要領や保育所保育指針が改訂（定）されましたが、いつの時代にも通じる根底を流れる保育の本質があると確信しています。

　本書を構成するにあたり、章立てにおいては多くの時間議論し、何度も作り直しました。保育者の皆さんが保育実践を多角的に総合的に見る視点を常におもちのように、さらに幼稚園教育要領の改訂（2017）で「幼児期に育みたい資質・能力」は、「個別に取り出して身に付けさせるものではなく、遊びを通しての総合的な指導を行う中で、『知識・技能の基礎』『思考力・判断力・表現力等の基礎』『学びに向かう力・人間性等』を一体的に育んでいくことが重要である」とされているように、保育者は一つの側面からの見方で切り分けることに違和感を覚えます。そこで、できるだけ大きく括り、例えば第1章では、事例1から事例9までを読み、この章の大きなテーマである「教育とは」ということについて考え、議論していただくこともできると考えました。また、保育者養成校での授業においては、その科目のシラバスに沿って、その視点からの分析に適した事例を選んで学生と考えることもできます。保育は総合的であると捉えると、多角的に捉える視点と感性さえあれば、どの科目においても、教授内容を保育実践によって理解する教科書として最適であると思っています。

　本書は、紙面の都合上、本吉先生のお手元の宝箱に眠っている事例すべてを掲載することは叶いませんが、本吉先生の60年以上にもわたる保育士（当時は保母）や園長としての保育実践、並びに全国で展開された保育実践に関する研修・指導・相談実績、さらに全国の保育者から指導・助言を求めて寄せられた保育実践記録ややりとりした書簡の内容等、幅広く収録されています。さまざまな時代背景が感じられ、必ずしもこの実践事例と全く同じ対応を今現在の社会で為しうるとは限りませんが、当時のその時の、保育者の子どもを見る目、人を見る目を汲み取っていただければと思います。また、本吉先生の手元にある宝箱の事例を一つでも多く書籍に収めたい、そして、保育者や学生のみなさんに読んでいただき、多く議論していただきたいとの思いから、あえて解説は掲載しませんでした。皆様

が本書の事例から感じられたこと、多くのご意見を是非お寄せいただき、共に保育を考える同志として、これからの保育を高め合っていけたら、こんなに嬉しいことはありません。

　本吉先生も、かつては平井信義先生、秋田美子先生、森上史朗先生、大場牧夫先生や、他の実践者の良い実践を何度も何度も読み、その本質や方法を理解してこられたと聞いています。私は「本吉先生の子どもを見る目、理解する心、瞬時の判断は、どこからくるのですか」と質問をしたことがあります。すると「みなさんに聞かれるのよね。しかし、"直観"なのよ。だから、どう説明してさしあげたらよいのかわからないの」と優しい目でおっしゃっていました。この保育の真髄を見極める"直観"は、誰にでも身につくものでしょうか。この"経験による直観"は保育者の真摯な姿勢と瑞々しい感性、センスが実践を生み、その実践を振り返り考え、保育理論や保育思想、哲学と結び付けて意味づけていくことで磨かれ確かなものになっていくのではないかと考えます。

　本吉先生が保育実践の中で子どもの心に語り掛けていることは、そのまま大人の私たちにも、自分の生き方と向き合う機会をもたらしてくれます。本書が、多くの保育者と未来の保育者の心に響き、自らの生き方、そして学びに活かされることを心から願っています。私も保育者養成に携われる幸せを感じながら、心を込めて丁寧に本書の事例を学生に読んで聞かせてあげ、共に考えたいと思います。

　本書の出版にあたり、現在90歳になられる本吉先生がいつも変わりない愛と情熱で、保育を、子どもを、熱く語られるその生き様に私は何度も励まされました。本書の編集に携わる機会を頂けたことについて、本吉先生に心より御礼申し上げます。そして、この本の出版にあたり、本吉先生の保育理念と実践に大きな価値を見出し、「この厳しい時代の流れの中で色褪せることなくビビッドに光り輝いている保育実践を書籍にしましょう」と、使命感と大きな包容力でご尽力くださった萌文書林社長の服部直人さんに心より感謝申し上げます。

2020 年 8 月　奥田美由紀

も く じ

もくじ

第1章

・・・・・・・・・・・・・

教育とは

人格形成の基礎を培うこと

　保育者は、子ども自らが考えてどういう生き方に価値をおくか、を問いかける働きかけをしていく必要がある。

　保育者は、子どもに任せて良い場と、ここ一番、この時こそ保育者の出番、という時に、先生の価値観、生きざまをしっかり出さねばならない。この話を聞いて人間が育つのだ。

事例1　交通安全週間のポスター作り

活動にいきいきと取り組む

　テツヤ君のお母さんから自治会の交通安全運動で、園児たちの描いたポスターを使えないかという提案がありました。子どもたちにとっても新鮮な体験になるので取り組むことに決め、早速、子どもたちに交通安全の話をしました。

　「交通安全の映画もあるので、遠くの人にも知らせて見に来てもらいたいんだけど、どうしたらいいかしら？」

　そう呼びかけると、マキちゃんはさすが、すぐに「ポスターを作る」「電話をする」「歩いていろいろ家に行って教える」などと答えます。

　続けて「交通安全ってどんなこと？」と聞くと、「道のはしっこ歩く」「右とか左とか歩く」「信号青になったらわたるの」「ベルト締めるの」と子どもたちから次々に反応が返ってきました。

　そんなふうに簡単に話をした後、子どもたちは、早速、ポスターの絵を描きはじめました。

- ●交通安全とパトカーを描く、交番には明かりがついている（マリコ）
　〔明かりのようすをよく見ていると感心〕
- ●横断歩道で人が倒れて、血を出している（タカヒサ）
- ●車がぶつかって人が倒れている。パトカーもいる（ミチヒロ）
　〔パトカーがとてもよく描けている〕
- ●警官が交通整理をしている（マキ）
　〔制服の特徴をとてもよくつかんで描いている〕
- ●信号のところで人が車に押しつぶされそうになっている。そばにトラックを大きく描いている（チカ）
- ●警官とパトカー（ユタカ）
　〔とても大胆にしっかり描いている〕
- ●車の中で人がベルトをしている（ミハル）

- 夜、車がライトをつけていない（サトシ）
- 紙を２枚つないで、警官が交通整理をしている場面（キミヒロ）
  〔車を何台もいきいきと描いている〕
- 救急車とそばに人が倒れている絵（ワタル）
  ポスターの絵を描いた後は、ポスターの標語を考えました。
- おまわりさんいつもありがとうございます
- 青になるまで待ってましょう
- ひき逃げはやめましょう
- 車に乗ったらベルトをしましょう
- 夜になったらライトをつけましょう
- 雨の日は気をつけましょう
- 赤でわたってはいけません

とても楽しい標語になりました。

　ポスターができあがったら、いよいよポスターを貼る番です。ポスターを貼りに行くとき、のり、セロハンテープ、そしてなぜか、くぎとかなづちを持って出かけました。

　都立病院の長い長いコンクリート塀を見つけた子どもたちは、のりやセロハンテープでポスターを貼りはじめました。のりはなんとかつきましたが、セロハンテープははがれてしまいます。

　「テープはくっつかない」と子どもたち。

　少し歩くと誰も住んでいない家を囲む古い木塀が見えました。見るが早いか、子どもたちの頭に「くぎを出して打ちつける」という考えがさっとひらめいたようです。早速、かなづちを使って、トントンしはじめました。ところがちょうどそのとき、車が通ってさーっと風が吹き抜け、ポスターの紙はくぎのところから破けそうにヒラヒラ。

　「だめだ、のりでつけよう」

　そして、何人かの子どもたちが木塀にポスターを貼っていたところ、おじいさんが通りかかりました。おじいさんは、立ち止まって読みながら、「坊やたち、日本の字は、縦に書くときは右から、横に書くときは左から

書かないとみんな読めないよ。でもとっても絵も上手だし、標語も子どもらしくて楽しいね」と声をかけてくださいました。子どもには、時間はいくらでもあります。おじいさんにお礼を言って、また新しいポスターを描いて標語を書くことにしました。

　しゃがんで下の方にポスターを貼っていたのは、タカシ君です。通りがかりの人が自転車を止めて上の方に貼ってあるポスターを読んでいるのを見たタカシ君は、「上に貼らないと見てくれない」と気がつきました。そこでせっかく貼ったポスターを上の方に貼り直しました。

　ミチヒロ君と手をつないで少し離れたところからみんなの貼ったポスターを見てみました。そして、「あの警官が交通整理している絵は、とてもよく見えるねー」と話してみました。

　いろいろなことを感じたようすの子どもたち。園に帰ると、「もう1枚ポスター描きたい」と言い出しました。

　最初に描いたポスターもよかったのですが、今度のポスターは、輪郭をはっきりクレヨンで描いて、中を絵の具で描くなど、よいアイデアが光ります。雨の日の交通整理を描いたテツヤ君は、白いクレヨンで雨のポツポツを描いています。マキちゃん、テツヤ君、タカヒロ君は、字を書くところを空けておき、マーカーで、おじいさんに教えられた縦書きと横書きの書き方をきちんと実行して、作り直しています。くぎとかかなづちの代わりに、ガムテープを持って、再び出かけます。子どもたちは、お昼ごはんの時間も忘れて、この珍しい活動のチャンスを楽しみ、いきいきとやり通しました。

　食事のときになって、タカシ君が言いました。

　「ポスターって、小さく描くと、歩いてる人はよく見えないから、大きく描いた方がいいんだね。そして、ポスター貼るときは、ちょうどよく見える高さに貼った方がいいね」

　子どもたちも、みんな納得。

　「タカシ君、すごいね、以前は自分の名前もみんなの前で言えなかったのに。クラスのみんながタカシ君にやさしくしてくれたからかな。先生、

とってもうれしいわ」

　6年間つづく保育園生活は、単調になりやすいものです。一方で、その日々の中で、さまざまなチャンスを利用して、活動に取り入れることで、子どもはいきいきと取り組み、協力もするようになるのです。

事例2　リレーの勝敗
弱い人と競ってもおもしろくない

　運動会が終わって10日も経つというのに、今日もまた運動会ごっこをする子どもたち。幼児は1日中、鬼ごっこやかけっこしてもケロリとしています。食事が終わると赤帽、白帽を持ってリレーをする子どもが増えていきます。

　自分たちで2チームに分かれ、笛を吹く係、ゴールのテープを持つ係などを決めて「本気で?!」「本気!!」と声をかけ合って走っています。

　ナオキ君は、自分のチームが勝ちたくて必死です。

　見ると、相手チームでもっとも遅いと思えるハルヒコ君をかならず自分の相手にして走っています。1回リレーが終わると、ハルヒコ君の腕を組んで離さないでいます。ハルヒコ君の方がたまたま早くバトンを受け取り優勢になると、あせったナオキ君は走りながら「ちょっと、ハルちゃん！」と呼び止めます。そして、振り返るハルヒコ君に追いつき、一緒に並んだところで「よーいドン」と自分で言って走るのです。

　「ずるい！」とハルヒコ君。

　ナオキ君は、「頭だよ、頭だよ」と言いながら、自分の頭をなでて満足そうに走っています。そこで、「ねえ、今度は私にチームを分けさせて」と呼びかけてみました。「いいよー」と子どもたち。ナオキ君のチームにクウヤ君、カヨちゃん、ハルヒコ君…といった少し遅いメンバーを多くします。それでも、みんな気づかず走っています。もちろん、まだナオキ君も気づいていません。

　走り終わり、「白組の勝ちー！」「バンザーイ」の声。
　するとナオキ君は、目を赤くしてプーとふくれてしまいました。
「どうしたの？　ナオちゃん」
「……」
「もう1回走る？」
「ウン、走る走る」と全員。
　またもやリレーの開始です。
　ナオキ君は真剣そのもの。力いっぱい走っています。
　しかしまたもや「白組の勝ちー！」「バンザイ」。
「こんなのずるいよー、こっちは遅い人がたくさんいるんだもん」
「そうかなー？」
「そうだよ、だから負けるんだ」
　ナオキ君は、もう泣きわめいています。ほかの子どもたちは、「そんなことないよ、ツヨシちゃんだって、カツミちゃんだっているじゃない」と応じます。そこで、もう1回走ることに。ところが、結果はやっぱり白組の勝ち。
　ナオキ君は、部屋に行きワァーワァー泣いて叫んでいます。
「こんなの汚ねえよー」
　すると、「そうかなー。遅い人多いかな？」とアイちゃんが言いました。アイちゃんは、ずっと勝っている白組。そこで、「じゃあ、今度はナオちゃんが白組に行って、アイちゃんが、赤組に行ってみれば」と提案しました。
　そして、またもやリレーの開始です。やっぱり白組が勝って、「バンザーイ」。みんな喜んでいる中で、また、ナオキ君は、くやしそうな変な顔をしています。
「ナオキちゃん、今度は勝ったんだから悲しくないでしょ。喜べば？　バンザーイってやらないの？」
「うれしくないよ。赤組、かわいそうだよ…」
　赤組にさっきまでいたナオキ君は、負けてばかりいたくやしさを知っているから、チームを変わり勝ったことで、そんなに喜べないのでしょう。

アイちゃんも今度は、どうも遅い友だちが多いと気がついたようです。

「ねえ、みんな勝ちたいんだから、すみれ組（3歳児クラス）とやらない？」と呼びかけてみました。

「やらない。すみれ組とやっても負けたら泣くもん、かわいそうだよ」

真っ先に言ったのはナオキ君、カツミ君、そしてアイちゃんです。

その中でずっと勝っていたサトシ君と、シホちゃんは「やりたーい」と声を上げました。今度はトオル君やカツミ君が白組に入り、サトシ君とシホちゃんが赤組に入って、またリレーがはじまりました。

2回、3回と競争しましたが、やっぱり白組の勝ち。

サトシ君とシホちゃんの顔がひきつりだしました。初めて、負けて味わうくやしさや悲しさがわかったようです。

「じゃあ、すみれ組さんとやりましょうか？」と声をかけると、今度は、シホちゃんとサトシ君が「いや」。すると、アキコちゃんが言いました。

「ひまわり組はひまわり組としよう、すみれ組は少し小さいから負けるよ」

「そんなことはわからないよ？」と保育者。

「だって本当に遅いもん、この前、走ったときだって遅かったもん」と言うのはカツミ君です。

「えっ？　走ったの？」

「ウン、競争じゃなくて、杉山先生がアメくれたとき。僕とすみれさんが遊んでいて、走っていくとき、みんな遅かったよ」

「そう…」

「同じ速さの人と走ればいいんだよ、遅い人は遅い人と分かれて、速い人は、速い人と分かれて…」とナオキ君が提案すると、「同じくらいの力の人と走るとおもしろいんだよ」とアイちゃんも同意。ナオキ君が同じくらいの力になるように組を分けていきます。よく知っている、と感心するほど、みごとに全員を、同じスピードくらいの子ども同士に分けました。

そして、またもやリレー開始。

だけど、結果は、やっぱり、またまた白組の勝ち。

　でも、みんな満足そうでした。「これで、また明日もやってみよう」「これなら力いっぱい走れば赤も勝つよ」とみんな意気込んでいます。

　生きていくことって、思うようにならないことがいっぱいあるものです。そして、飛び上がるほど、うれしいこともあります。子どもたちが、大人に見守られながら、豊かな体験をしていくことが理想です。

事例3　ある日の事務室

障害児保育

　このごろ、事務室には不思議な光景が広がっています。今日は、とくに不思議です。

　園長のいすにタツノリ君が座り、主任のいすにマサミ君が座り、もう1つのつくえに来客が腰かけ、ナルミちゃんが部屋をぐるぐる歩いています。

　3人とも発達障害児。まったく会話はできませんが、なぜか事務室で至福の時間を過ごしているようす。

　今日は、昼食もこの3人と事務室で一緒に食べることにしました。

　忙しそうに用事で飛び込んでくる保育者たち。部屋に入った途端の表情がなんともイイのです。

　まず、目がクル、クル。

　両手が上の方に行ったり。

　一歩入って、パタッと止まったり。

　3人は、いすから下りることもなく、じっと座って入室してくる人を見ています。

　そこに、子どもの元気な「園長先生ー！」の声。

　立ちすくむ私たち大人の顔を見回し、黙っていったん出ていっては、また戻ってきます。

　その後、大勢の子どもが見に来るのです。

事例4　1歳児の世界
生活の場面から

◇ サユリちゃん（1歳8か月）

　蛇口から出る水に興味をもっています。細い水を出してあげると、手の
ひらを押しつけ、水の動きの変化を見て笑います。その後、今度は流れ落
ちる水をつかもうと手を握ります。水がつかめず、また握りますが、握っ
ても握っても水はサユリちゃんの手の中に残りません。

　「サッちゃん、お水、楽しいね。てってにないないね?」と保育者が微
笑みかけると、「ない!」と笑って手をたたきます。遊んだ後は、すんな
り手を洗い、おやつタイムです。

◇ サユリちゃん（1歳9か月）

　オムツ替えのときに自分でズボンをはきたがります。保育者が、後ろか
らさり気なく手伝って、「はけたね?」と手をたたくと、サユリちゃんも
「ず?（上手）」と手をたたきます。保育者が衣類箱を片付けようとすると、
「めっ!（だめ）」と箱を引き寄せ、肌着2枚、前後反対のベスト、長袖服
をズボンのように足にはくのです。そして「でた?!（できた?）」とまた
拍手。「ひとりで着られてうれしいね」の言葉に、サユリちゃんは大満足。
1時間そのままで遊んだら、動きづらさに疲れたのか、保育者に「脱がせ
て!」と要求しました。

　「自分で!」「私が!」「私の好きにさせて」の1歳児の世界。何をする
にも時間がかかるけれど、大切にしたい世界です。

◇ ユウヤ君（2歳0か月）とサユリちゃん（2歳2か月）

　思いどおりにならないことに怒ったユウヤ君が、ミニカーを投げまし
た。「ユウちゃん、いやだったね。でも、痛い痛いだから投げてほしくな
かったよ」と保育者が声をかけると、ユウヤ君は大きな声を出して思いを

表現します。すると、サユリちゃんがそばに寄ってきて、ユウヤ君の顔を
のぞき込みました。そして、ユウヤ君の背中をトントンとたたいて、「ユ
ウちゃん、大丈夫？」と心配しているようす。「サッちゃん、ユウちゃん
のこと心配して来てくれたの？　やさしいね。ユウちゃん、サッちゃんが
『大丈夫。トントン』ってしてくれたね。うれしいね」と言うと、ユウヤ
君は、動きを止めてじっとしていました。サユリちゃんは、ユウヤ君の頭
をなでなでしました。

　「サッちゃん、ユウちゃんの気持ちがわかるみたい。いやだったねって、
なでなでしてくれたよ。よかったね」と保育者が言うと、ユウヤ君の表情
がやわらぎ、投げたミニカーを取ってきました。保育者は、「ユウちゃん
もサッちゃんもやさしい子！　大好き！」と抱きしめます。ユウヤ君とサ
ユリちゃんも、目を見合って微笑みました。

　言葉少ないながらも、子どもは、心の動きをちゃんとわかっているので
す。「私が！」の世界でも、友だちの思いを知り、思いやる感性のすばら
しさを感じます。自分の心をわかってくれる人が多いほど、人は安心して
自己を発揮し、豊かに育つのでしょう。

事例5　ケンタロウ君のこと
お母さんからの手紙

　長男のケンタロウは、3年生に進級してから、急に反抗的になりまし
た。最初は成長の一段階と思っていましたが、登校前に腹痛を訴えたり、
登校拒否に近いようすを見せるようになりました。くわしく聞くと、担任
の先生からきびしく非難され、顔をたたかれたりするのでつらいと言いだ
したのです。先生のことについては、同じ意見がクラス内からも上がり、
学校側にも相談しました。

　そうしているうちに、長男は何かにつけ、「僕は何をやってもだめなん
だ。死んだほうがましだ」と投げやりな言葉を言うようになりました。な

ぐさめなども通用しないほど、自己嫌悪と劣等感の塊になってしまいました。そして7月に入ったころ、立て続けにお友だちのカードを盗ってくるということがありました。これについては、主人からもよく言い聞かせたのですが、そのころから急に脱毛状態が見られるようになったのです。

皮膚科に連れていったところ、毛髪や皮膚の病気ではなく、ストレスから自分で髪の毛を抜いていると言われました。よほど学校がつらいのだろうと思う一方、ちょうど夏休みに入ったので、遊びに行ったり、のんびりさせたりすれば治るだろうと思っていたのですが、40日経っても、変化はありませんでした。それどころか眠っている間に無意識に髪の毛を抜いてしまい、かえって脱毛状態が広がってしまいました。そしてもう1つ、変な風に首を振るクセもついていました。

そんな状況のとき、本吉先生にお会いできることになり、子どもを見ていただきました。「甘えたいのにずっとガマンし続け、それがたまりにたまって、そうした行動になっている」と、くわしくお話をしてくださいました。

そこで、長男の小さいころを思い起こしてみました。1歳半のときに弟が生まれたのですが、別にやきもちもやかず、よそに預けても、機嫌よく遊んでくれて、その点では手のかからない子でした。同時に、落ち着きがなく、イタズラで目が離せないという面もありました。

そのときから私をひとり占めしたいのに、本能的に遠慮していたようなのです。

その気持ちに気づかずに「まとわりつかなくて助かる子だ」と勘違いしていました。

そして、ときどきかんしゃくを起こしたので「難しい子だ」と思いながら、しかったりしていたのです。本当はガマンしていて、イライラしていたのに、かわいそうなことをしてしまったと、とても反省しました。

本吉先生は、対処法として「長男ひとりだけを特別扱いして、お母さん自身の体もお金もたっぷり使って、満足感を与えてみてはどうか」といったお話をしてくださいました。そこで、その晩から2人だけでお風呂に入

り、髪の毛を洗ってやり、抱っこして寝かしつけました。普通、３年生の男の子なら、「いいよ」と言うかなと思ったのに、喜んで抱っこされているのです。何日か続けていくうち、態度が落ちついて、やさしくなってきたので、やはりこの子にはたっぷりと甘える時間や、「愛されている」という安心感が足りなかったんだと確信しました。そして、欲しがるものはさがし回って手に入れてやり、「行きたい」と言うところへ連れていきました。場合によっては、長男だけでなく、友だちも一緒に誘いました。

　するとわずか10日ほどで、長男は髪を抜くのをやめました。髪の毛は、２か月程で生えそろい、首を振るクセもいつの間にか直っていました。それからはお友だちにも見直され、男女合わせて10人ものお友だちを家に連れてきて、ホットケーキパーティーをするなど、意欲もでてきたようでした。

　４年生になった今は担任の先生も変わり、いきいきと学校に行っています。体も太って、顔つきにも変化が見られ、１年前のことがウソのようです。本吉先生のお話のとおりにしてみた結果、こんなによくなりました。先生への感謝の気持ちと同時に、親として気づかなかった恥ずかしさでいっぱいです。

　これからも先生に伺ったお話を忘れずに子育てしていきたいと思います。ありがとうございました。

事例6　花に水やり

ダイチ君の一番うれしかったこと

　４歳児のクラスでひまわりの種をまきました。種はまいたものの、それほど興味はなく、水やりをしないので茎がぐったり曲がっています。走り回っているダイチ君がちょうどそばに来たので「このひまわり、お水が欲しい、喉が乾いたって言ってるみたい。こんなに元気がなくなって、ぐったりしているの」と話しかけました。ダイチ君は、ひまわりをじっと見て

います。

　ダイチ君は、途中入園してきた子どもで、気になっていました。言葉も少したどたどしく、誰とも遊ばずに走り回り、ときどき２歳児や１歳児の保育室に入っていくこともあります。

　「ダイちゃん、お水あげてくれる？」

　ところが、話しかけられたダイチ君は、意味がよくわからないようす。そこでジョーロに水を少し入れて鉢のところに持っていき、少し上の方からジャーと水をかけてみせました。

　「あっ、失敗、失敗。これは難しい。ダイちゃんは、そーっと鉢の中の土のところに少しずつお水を入れられるかな？　先生はおっちょこちょいでうまくできないんだけど、やってくれる？」

　普段なら少しの間もじっとしていないダイチ君が、真剣に見ています。ジョーロを渡すと、注意深くひまわりの根元に水を入れました。

　「すごーい。ダイちゃん、先生より水やり上手だ」

　そして、真剣に水やりをするダイチ君に、続けて声をかけます。

　「今はこのお花、みんな、うなだれて曲がっているでしょ。でも、ダイちゃんが水をあげたからうれしくて、もう少ししたらお花がぴーんと上を向くかもしれないわよ」

　「ダイちゃん、すごい！　ちゃんと鉢の土のところにお水を入れられるんだね。先生は不器用だから、うまくできないんだー」

　５つの鉢全部の水やりを終えてから、ジョーロを水道の流しの下に置きました。

　「明日もダイちゃんとお花に水あげたいんだけど」

　「いいよ」

　「じゃ、また明日ね」

　ダイチ君と約束をしました。

　昼ごろ、ベランダに出てみると、５つの鉢の花が、全部上を向いています。ダイチ君を連れてきて見せると、手をたたいて喜びました。そばにいた年長の５歳児が不思議そうに眺めていました。

　翌日の水やりは、こちらからダイチ君に声をかけましたが、3日目はダイチ君のほうから「園長先生、花、水」と呼びに来ました。

　その後は、毎朝登園すると忘れずに事務室に水やりをしようと誘いに来ました。

　1週間ほど経ったころのことです。

　「先生はね、お水が怖くて、プールの水に顔を入れられないの。自転車も乗れないし、恥ずかしいんだ」と言ってみました。

　翌朝、またダイチ君が来て、「園長先生、プールに入ろう」と言いました。そこで、水やりをしてから、プールへ。

　「先生は、お水、怖いな…」

　「僕、大丈夫」

　「えっ、ダイちゃん、怖くないの？」

　「大丈夫」

　得意顔のダイチ君に「ひょっとしたら」との思いで、ダイチ君をプールの中に入れました。両手を持ってあげると、顔を上にしていい感じ。

　次の朝も、水やりの後、プールへ。

　「園長先生、怖い？」

　「園長先生、泳げない？」

　ダイチ君が聞いてきます。

　「そうなのよ、恥ずかしいから誰にも言わないでね。ダイちゃんはすごいねー。水の中に顔入れて平気だもんね。泳げるわよ、きっと」

　昼食のとき、年長児の保育室に行き、子どもたちに話しました。

　「あのね、ダイちゃんが毎日ひまわりに水をあげてくれてるの知ってる？」と問いかけると、

　「知ってる、知ってる」「前にお花がなんかぐんなりしてるみたいだったけど、このごろ、ちゃんと咲いてる」「私も知ってた」と次々に答えが返ってきました。

　「そうなの、先生も忘れそうになるけど、ダイちゃん、毎日1回も忘れずに先生を呼びに来て、水やりきちんとしてくれてるの。それに、一昨日

からプールで水の中に顔も入れられるし、すごいのよ、ダイちゃんが…」

「園長先生、ひとりでさ、毎日やるのってすごいよね」とマサシ君。

「そうだよ、ひとりでどんどんやるのってすごいよ」という声も上がります。

「先生はね、そういう、人の心までわかる年長さんってすごいと思うの。だって自分のことはいばらないで、友だちのことを認めてくれるでしょ。ダイちゃんは、まだ、みんなと同じように字を書いたりできないけど、もしかしたら、プールで泳いだりできるかもしれないし、自転車も手伝ってあげれば乗れるようになるかもしれないわね」

さらに「ダイちゃん、ありがとう。お花が元気で毎日咲いているのは、ダイちゃんが毎日忘れずに水やりをしてくれたからなの。ダイちゃんのお陰で毎日お花が咲いてます」と続けると、誰からともなく、パチパチ、パチパチと拍手が起こりました。翌日、ふと見ると、プールでなんと年長児が交替で手をとってダイチ君の泳ぎを手伝っていました。そして次の日。

「園長先生、ダイちゃん、プールで泳げるよー」

見ると、本当です。頭をスーッと水の中に入れ、手を伸ばし、ダイチ君の体が一瞬流れるように浮きました。

プールから上がったダイチ君は、手をつないで歩きながら、得意気に問いかけてきました。

「園長先生、泳げない？　泳げないの？　練習すればー？」

「でもね、大人になって練習するのは恥ずかしいのよ。ダイちゃんみたいに子どものとき練習すればよかった」

「僕、自転車もやる！」

花の水やりの後、ハハスターやモルモットの餌がないのに気づかせると、ダイチ君は給食室に行き、「おばちゃん、あっぱ（葉っぱ）」「あっぱ、ちょうだい」と訴えました。

ハムスターの餌にも毎日気をつけるようになり、自分のおやつのお菓子などあげることも。ダイチ君は、水やりの後、餌やりも毎日忘れずに続けました。

「園長先生、アイス食べないの。クレヨン買ってもらう」

「えっ、どうして？」

「お母さんと約束したの。金と銀」

「えっ？」

翌日、買ってもらった24色の大きな箱のクレヨンを園に持ってきました。大きな紙に、赤、黄、青の大きな大きな花の絵を描いて見せに来てくれるダイチ君。花が描きたくてクレヨンを買ってもらったのか、偶然、買ってもらったので花を描いたのかはわかりません。

後日、お母さんに聞いてみました。

「『絵を描くからクレヨン買って』と言うので、『アイスクリームを食べないでガマンしたら買ってあげる』と約束して買ってあげたんです。そしたら、お花の絵を次から次へ描いて…。今まで何だかぐしゃぐしゃした訳のわからないものしか描かなかったんですけど。それから、このごろ、少し変わってきました。プールで泳げるようになりましたし、自転車も『園長先生が毎日押さえてくれる』なんて言って、本当に乗れるようになってびっくりしてます。花の水やりも、はじめは何のことだかわからなかったんですけど、話すのも少しよくなりました。昨日はおやつのおせんべいを『明日、ハムちゃんに持っていく』ってかばんに入れてました。頭も泣かずに洗うようになりました」

ダイチ君の変化はこれだけではありません。お母さんには話しませんでしたが、そのころには、小さい子どもの方に行くこともなくなり、いきなり友だちの持っている玩具を取ったり、走り回ったりすることもなくなりました。そして、ほとんど食べなかった野菜も全部食べるようになったのです。

以前は親からの連絡はほとんどありませんでしたが、連絡帳に「『日曜日もハムスターの餌や花の水やりに保育園に行く』と言ってます」「サイクリングコースに行くと言うので、自転車を買ってあげようかと思っています」「文字もやっと書く気になったので、教えていただいたように、抱いて一緒に鉛筆を持って書かせたら、本当に筆順もちゃんと覚えて名前も

書けるようになりました」「大きくなったら園長先生とケッコンする、と言っています」など、コメントが寄せられるようになりました。

そして迎えた卒園式。保育園で楽しかったこと、うれしかったこと、困ったこと、いやだったことなど、ひと言ずつ子どもの思い出を聞くと、ダイチ君は「お花が倒れていたとき（花の茎が曲がっていた）、水をあげたらお花がまっすぐになって、お花の種がこんくらい（両手で）取れて、ハムスターにあげたら、ハムスターがトンネル（牛乳の空パックでダイチ君が作って置いたもの）に入って、口をこうやって、早くモグモグって食べた。今度、またお花をいっぱい植えて、１年生になっても、また水あげて、お花いっぱい咲く人になる」と答えました。

そのときのダイチ君のキラキラと輝いた顔。何十年経った今も忘れることはありません。

まわりの人から愛されている自信をもって、努力をしながら生きる基礎をどっしりと身につけて学童期に進んでほしいといつも願うのです。

事例7　炎天下の100円玉さがし
タクヤ君が5メートル泳いだ日

園のプールは、年長組の30人が入れば、泳ぐのは大変というくらいの小さなものです。そこで、８月も半ばをすぎた日、公営プールに出かけることにしました。

「みんなが泳げるようになったから、総合運動場のプールに行きましょう。明日、100円持ってきて！」

30人全員が100円を持って登園。気温33度の炎天の下、道の端を30分以上歩いてプールに到着しました。プールが見えてくると、みんながさーっと走り出します。ところが、タクヤ君だけは、なぜかションボリ。理由を聞いてみると、「お金を落とした」と言います。

プールの受付の人は、「いいですよ、またついでのときに」と声をかけ

てくださいましたが、ほかの子どもたちにはプールに入ってもらい、落と
したお金をさがすことにしました。

　タクヤ君と2人で歩いてきた道をずっと下を見て歩きます。また30分
歩いて保育園の屋根が見えるところまできたとき、「あったー！ 100円！」
とタクヤ君。洋品店のお店の前に本当に100円玉が落ちていました。そ
こから100円玉を握りしめて、またプールへ30分。汗だくになりなが
ら、小走りで戻りました。

　プールにたどり着いてみると、ちょうど休憩の時間でした。その時間
は、利用者はプールから出て休むのが規則でしたが、タクヤ君は特別に
プールに入れてもらいました。

　実は、タクヤ君は園でもプールが怖くていやでベランダの柱につかまっ
て「神様、助けてください」と逃げていた子どもです。ところが、みんな
がプールサイドで甲羅干しをしながら見ている中、クラスで一番臆病で、
やっと最後に泳げるようになったばかりのタクヤ君が、5メートルくらい
泳いだのです。見ていた子どもたちは、総立ちになって「バンザーイ」と
声を上げました。

　休憩時間が終わると子どもたちは、「ひとりずつ泳ぐのを、みんなで見
る」というのをはじめました。また、「この次、プールに来るときは、メ
ジャーを持って何メートル泳げたかを測ろう」と誰からともなく提案が上
がりました。

事例8　先生に好きになってもらいたい

3歳児の七夕のお願い

　七夕では、お星さまにお願いごとをします。れんげ組の3歳児たちのお
願いを聞いてみました。

- ●先生におこられないでお片付けができますように
- ●お昼寝のとき、早く眠れますように

- 早くお洋服が着られますように
- おもらししないように
- 先生がいっぱい抱っこしてくれますように
- 先生におこられないようにおふざけしないように
- 早く食べられますように
- 先生におこられないで、ぜーんぶひとりで早くできますように
- 先生におこられないように今日と明日とその次もちゃんとできますように
- 遊ばないでよい子になりますように
- ちゃんとひとりでトイレに行けますように
- ちゃんと早くできますように
- ひとりでできますように

れんげ組のコウスケ君は、いつも「園長先生、お腹と頭が痛いの」と言って、やってきます。抱っこすると、1時間経っても、下りようとしません。同じクラスのカズト君が何度も「赤ちゃんみたい」と言いに来ますが、カズト君も抱っこしてもらいたいのでしょう。コトネちゃんもオサム君もやってきては、みんな口ぐちに「赤ちゃんみたい」と言うのです。この3歳児の子どもたちは、ほとんど全員、「甘え」が足りないのでしょう。明日の七夕のお星さまへのお願いを聞いて、1分でも多く抱きしめてあげたいと思いました。

お片付けも、着替えも、「もういい、ひとりでする」と子ども自身が言いだすまで、保育者がやってあげなければ、と思いながら、まだ担任には話していないのです。

れんげ組の七夕の星へのお願いに、涙が出ました。大好きな担任の先生に好きになってもらいたい子どもたち。でも、先生にほめてもらうことはなく、早くできない自分、おこられてしまう自分が悪いんだと自分を責めているからです。3歳児クラスの子どもたちなら、箸やコップなどは自分でかばんにしまってもらえると助かりますが、これもちょっとした工夫でやる気を出してくれるものです。

　保育園だからこそ、抱っこが必要です。食事も抱いて食べさせたいくらいです。

事例9　リュウセイ君が変わった

研修会実践記録より

　今回、初めて本吉先生の保育を拝見いたしました。研修会での本吉先生の保育を見て、感じたことを以下に記します。

◇ **絵本と表現遊び**

　年長のゾウ組の部屋に入ると、子どもたちは、ままごとをしたり、カプラをしたり、トランプをしたりと、それぞれ自由に遊びを楽しんでいました。本吉先生は、その中で、いすの上にぬいぐるみを寝かせ、ままごとを楽しんでいた4歳児のユナちゃんに、「これ、お名前、何て言うの？」と声をかけられました。ユナちゃんは恥ずかしそうに、少し困ったような顔をしながら笑っています。

　そのうちに、本吉先生のまわりには数人の子どもが集まってきました。本吉先生は、子どもに「好きな絵本ある？」とたずねます。聞かれたひとりの子どもが「オオカミの本」と答えました。

　「ちょっと持ってきてくれる？」

　本吉先生が声をかけると、その子どもはさっと絵本棚のところに行き、『おおかみと七ひきのこやぎ』の絵本を持ってきました。

　「この本が好きなんだ」

　パラパラとページをめくりながら、ほかの子どもにも同じ質問をします。すると、ほとんどの子どもが「これが好き」とその絵本を指さしました。

　「じゃあ、この本のどこが一番好き？」と今度は一人一人に聞いていきます。

「どうして好きなの？　これ、何してるのかな？　何て言っているところ？」と好きな理由までくわしく聞いていくのです。

　ページはさすものの、なぜ好きなのか、何をしているところか、答えられずに首をかしげたり、笑ってごまかそうとしたりする子どもも見られる中、「オオカミが子ヤギばだまそうとしとるけん」「お母さんが泣いとるところが好きだけん」とはっきり答えた子どもには、「そうか、なるほど」と握手をしたり、「自分が好きなところをしっかり覚えててね。ぐらぐら揺らつかないように」と言葉をかけたりしていました。

　横から「あのね」と話しかける子どもに対して「あなたには聞いていない。黙ってて！」と厳しい言葉をかけられていたのには驚きましたが、一人一人の子どもと真剣に向き合う姿はこういうものなんだろうと感じました。

　ひととおり子どもに聞いた後、全員をいすに座らせ、円になり、向かい合うと、本吉先生は、全体に向けて、もう一度同じ質問をされました。

　「さっき、『好きな絵本は何？』って聞いたら、ほとんどの子が『この本が好き』って言っていたの。この本が好きな人？」

　半数以上の子どもが手を挙げます。

　「おばちゃんが１枚ずつめくっていくから、好きなところで１回だけ手を挙げてね」

　そう言うと、本吉先生は、１ページずつめくりながら、好きなところを聞いていきました。すると、先ほど聞いたときとは違うところで手を挙げた男の子がいました。

　「あなた、さっきと違うじゃない。さっきと違うところで手を挙げてる。おかしい、だらしのない男だ」

　本吉先生がその子に厳しい言葉をかけると、その子の表情は一変し、真剣な顔になりました。そしてもう一度、全体に向けて「しっかり考えて。おばちゃんは『好きなところで手を挙げて』って言ったの。適当に手を挙げるのっておかしい。ちゃんと考えて」と声をかけられました。そして、手を挙げ、自分が好きな理由を答える子に対しては、「しっかりお話でき

てすてき。黙ってる人よりずっとすてきだよ」と声をかけます。子どもたちも本吉先生の真剣な姿勢と言葉で、本吉先生の目をじっと見ながら手を挙げています。

「みんな、しっかり自分の意見をもってる。好きじゃないところでは手を挙げない。すごい。みんなすごい。『私は違う』『僕も違う』って思ったら手を挙げない。すてきだ」

このように全体に向けている言葉でも、まるで一人一人に向かって言っているように聞こえました。そして、本吉先生がおっしゃっていた「自主性」とは、「こういうことなんだ」と思いました。自分の意見を持つこと、ほかの人がどうだろうと関係ないということ、自分が思ったことを表現することが大切なんだと腑に落ちたのです。大勢の中でも堂々と自分の意見を言える子どもってすばらしいなと素直に感じた瞬間でした。

昼食後、4歳児、5歳児を分けて座らせました。この日、登園していたのは28人。4歳児と5歳児は、ちょうど半分ずつで、それぞれ14人ずつの同人数でした。

「今からこの絵本を使って遊びます。表現遊びをしましょう」

本吉先生は、そのように言うと、まずは、絵本に登場するオオカミ、赤ちゃんヤギ、お兄さんヤギ、お母さんヤギについて、「なってくれる人？」と子どもにたずねました。「なりたい」という子どもが、はりきって役になりきっていました。

そこで本吉先生が問いかけます。

「絵本の最初のお話。お母さんと7ひきの子ヤギはどこにいたのかしら？」

「……」

少しの沈黙の後、子どものひとりが「草むら」と答えました。

「じゃあ、みんなで草むらになってください。草むらには何があるかしら？　草や木があるわね。そこに風も吹いてきました」

草むらのイメージをふくらませながら、言葉をかけ、子どもと一緒に体全体で表現します。一人ずつ表現する時間もつくり、その中でそよ風に

なったり、春風になったり、花やちょうちょになったり、トンボになったり。さまざまなものになりきって表現遊びを楽しみます。

ところが、4歳児のリュウセイ君は、ほかの子どもが表現しているときでもおかまいなしにふざけて立ち歩いたり、フラフラと勝手なことをしています。そこで本吉先生は、「あなたはずっとフラフラしてる！ そういう人はここで座ってて！」と言って、自分のそばに連れてきて、座らせました。リュウセイ君は泣きそうな顔になりながら、階段のところや机の陰に隠れたりしていました。

表現遊びは続きます。お母さんヤギと子ヤギが登場してきました。子どもたちが楽しみながら表現している姿が印象的でした。モジモジしている子、本吉先生の顔を見ながらようすをうかがっている子に対しては、「そのヤギちょっと変よ」「へたくそ」「自分が思うようにしてごらん」と思ったことを素直に伝えていらっしゃいました。時間がたつにつれ、子どもたちから次々とセリフが出て、表現もダイナミックになってきました。ひとりで表現するのは、苦手だったり、恥ずかしかったりして、不安な表情がうかがえる子どもも、少しずつ自分から手を挙げて、楽しそうに、そして、うれしそうに表現できるようになってきました。この保育を見ていて、「子どもにむりやりやらせるのでは意味がない」という言葉が浮かんできました。子どもが自分から「したい」と思えるような働きかけが大切なんだと改めて感じました。そのために、環境をつくったり、たくさんの言葉をかけたりすることが必要であり、それが子どもの自主性や意欲を育てることにつながるんだと思いました。

みんなが表現しているようすを階段のところでずっと見ていたリュウセイ君が、本吉先生の肩をたたき、話しかけようとしました。

すると、「私、話、しない。さっき、私が話しても返事しなかったから、話したくない」と本吉先生。

リュウセイ君は、この言葉に、ふてくされた顔をして再び階段のところに戻っていきました。そして、うらやましそうにみんなのようすを見ています。中に入りたいんだろうという気持ちがうかがえました。本吉先生の

気を引こうとしているのか、カーテンに隠れたり、わざと太鼓をたたいて音をたてたりしています。自分の方を見てほしい、かまってほしいというアピールなんだと感じました。その後も、いろいろなものの表現を楽しんでいるみんなの姿を見ながら、少しずつ本吉先生のそばに近づいていくリュウセイ君。そんなリュウセイ君に本吉先生が声をかけました。

「ちゃんと座っていられる？」

問いかけられたリュウセイ君は、「うん」とうなずきました。

「みんなを見てごらん。ちゃんと座ってる。するときはちゃんとするの。それが大事なの」

「僕、風がしたかった」

今にも泣きだしそうな顔と声でリュウセイ君が言います。

「風がしたかったんだ。じゃあ、後で風をするところちゃんとつくってあげる。座ってて。いつまでもフラフラしていたらだめ」

リュウセイ君はいすに座り、じっと本吉先生を見つめて話を聞いています。本吉先生の真剣な気持ちがリュウセイ君に伝わった瞬間でした。その後のリュウセイ君はさっきまでの態度とは180度変わりました。そのことに「すごい！」と感激しました。子どもが変わる瞬間を見て、真剣に子どもと向き合うことの大切さを再確認しました。

そして、リュウセイ君がしたいと言っていた「風」を表現するときが来ました。

「リュウセイ君、風になってみて。ほかの子たち、花や木になってごらん」

リュウセイ君はすごくうれしそうに走り、両手を広げ、体全体で風を表現します。

「うわあ、さすが、風になりたかっただけあって、すごい風。花や木も倒れそうだ。すごいぞ！」と本吉先生。

そのときのリュウセイ君の表情は、とても晴れやかで、うれしさが満ちあふれていました。認められて満足する姿はこんなにも輝いているんだと、胸が熱くなりました。

表現遊びを通して、一番目立っていた子どもは4歳児のチナツちゃんと

ケイスケ君でした。この2人はすべての表現において、「したい」と真っ先に手を挙げ、自分の思うままに表現を楽しんでいました。その2人に対して本吉先生が言葉をかけました。

「上手とか下手とかは関係ないの。恥ずかしがらずに、みんなの前でも堂々とやったこと。それがすてきだった。みんなが、じーっと座って、何をやっても知らん顔してると、遊べないの。できるか、できないかもわからない。でも、よかった、2人がいてくれて。すごく楽しかった。ちゃんと自分で考えてできる子だと思う。すてき。みんなはどう思う？」

ほかの子どもたちも「すてき～」と声を上げます。チナツちゃんとケイスケ君は、実にうれしそうで、とても誇らしげでした。みんなの前でほめられ、認められることで自信につながったのではないかと思います。そしてまわりの子どもも、心から本吉先生の言葉を受け入れ、2人のことを認め、素直に「すてき」という言葉が出たのではないかと思います。

その後、もう一度、絵本の最初から最後までを通して表現しました。回数を重ねるごとに、堂々と表現するようになる子どもたち。楽しさで満ちあふれ、セリフも次々と出てきます。本吉先生の保育に、ただただ、「すごい」と感心するばかりで、いつか自分にもこんな保育ができたらと思いました。

◇ いす取りゲームにて

「いす取りゲームをしましょう」といすを円形に並べました。ピアノに合わせてうれしそうにいすのまわりを子どもたちがまわります。ピアノが止まり、全員がいっせいにいすに座ろうとしましたが、ユウヒ君は座れませんでした。自分の前のいすに座っているレイナちゃんのことを見つめています。

「僕が座ってたのに…」

ユウヒ君は、今にも泣き出しそうです。

「『僕が先に座ってたのに』、取られた？ あらー、女の人って強いわね」

レイナちゃんは、じっと座ったまま動こうとしません。反論の言葉も発

しません。

　まわりの子どもの中から「座っていいよ」という声が上がり、ほかの子どもも次々と「ユウヒ君、ここ、いいよ」とゆずろうとします。

　「ちょっと待って。それでいいの？　みんながゆずってあげたらいいのかな？　この2人、ちゃんと対決しないと。どうしようか？　おばちゃんはここでのできごと、見てなかった。2人のこと、見てた人？」

　本吉先生が問いかけると、まわりから「ユウヒ君が先だったよ」「レイナちゃんが取ったの」と次々と声が上がりました。

　「こんなとき、どうしたらいいかな？」

　「お話したらいいよ」とまわりの子どもたち。

　「そうだね、じゃあ、お話しよう。ユウヒ君は『自分が先に座ってた』と思うんでしょ？」と本吉先生がユウヒ君に話しかけると、ユウヒ君は「うん」とうなずきました。

　「レイナちゃんはどっちが先に座ってたと思う？」

　今度は、レイナちゃんに問いかけます。

　「ユウヒ君」

　「ユウヒ君だったの？　レイナちゃんも『ユウヒ君が先だった』って言ってる。おばちゃん、レイナちゃんのこと、うそつきかと思ってたけど、そうじゃなかった。

　ちゃんと、『ユウヒ君が先だった』って本当のこと言ってくれた。先生がもし聞かれたら、『自分が先だった』って言っちゃうかもしれない。でもレイナちゃんは、本当のことを言ってくれた。ユウヒ君はどんな気持ち？」

　「うれしい気持ち」

　「そうだよね」

　すると、レイナちゃんは泣き出してしまいました。本吉先生は続けます。

　「いい涙だ。座りたかったんだよね。でも、レイナちゃんはちゃんと正直に言ってくれた。じゃあ、ここからもう一回スタートしようか。でも、ちょっと待って。ユウヒ君は、座ってたのに、座れなくなって悲しい思い

したんだって。このままだと、いやな気持ちで終わっちゃう。レイナちゃんはそれで終わっていいの？　どうしたい？」

「『ごめんなさい』する」

「そう。じゃあ、そうしてあげて」

「ごめんなさい」とレイナちゃん。それに対して、ユウヒ君は「いいよ」と応じました。

「いいよだって。よかったね」

ユウヒ君も、レイナちゃんも、ともに気持ちがすっきりしたのか、その後のいす取りゲームでは楽しそうに遊んでいました。ほかの子どもたちもこの２人のやりとりや、本吉先生の言葉を聞いて、それぞれ自分なりに考えたり、思うことがあったのか、その後はこのような取り合いはまったく見られませんでした。こうして目の前で本吉先生のかかわりを見て、「どちらか一方ではなく、両方の気持ちに寄り添うことというのは、こういうかかわり方なんだ」「こういうことが大切なんだ」ということを改めて確認させられました。

本吉先生の子どもとのかかわりを見て思ったことは、まず、どの年齢の子どもでも、子どもの目線に立ち、一人一人と向き合ってかかわっていらっしゃるということです。たとえ、どんなに小さな子どもでも、まだ言葉がわからない子どもでも、子どもは大人の言葉や行動をしっかり見ているのです。だからこそ、中途半端ではだめで、真剣にかかわっていかなければならないのだということを再確認させられました。そして、できたときには、ほめて、認めてあげること。間違ったことをしたときには、真剣に伝えること。本吉先生は、時には厳しい態度も取っていらっしゃいました。そうすることで、子どもは心から「うれしい」「楽しい」と思ったり、自分がいけなかったと態度を改めたりするのです。子どもたちの気持ちが素直に表情や言葉、行動に出ていました。自分の気持ちや思いを素直に表現できる子どもってすてきだと思います。でも、それができない子どももいます。思うように伝えられない子どももいれば、表現できない子ども

や、自分の心の中に秘めてしまう子どももいます。子どもは一人一人違います。いろいろな個性をもっています。一人一人を見ること。理解すること。子どもの気持ちに寄り添うためには、子ども一人一人と真剣に向かい合っていかなければならないことを改めて感じました。

　年長クラスでの表現遊びでは、子どもの個性が次々と表現され、見ていてとても楽しく、勉強になりました。初めはあんなにフラフラとして勝手な行動をしていたリュウセイ君。しかし、「みんなの中に入りたい」というのが本心で、その行動は「自分を見てほしい」アピール、サインでした。本吉先生に言葉をかけてもらい、認めてもらったリュウセイ君は、みるみるうちに心の雲が晴れていくようでした。その後の彼は、笑顔が絶えず、降園前に一緒にかるた取りをして遊んだときには、「風がおもしろかった」と言っていました。その言葉を聞き、とてもうれしくなりました。私は、リュウセイ君をたった1日しか見ていませんでしたが、それでも彼は遊びの中で変わりました。その姿を見られたことを本当によかったと思っています。

　本吉先生の保育を見せていただいた中で、本吉先生がおっしゃっていた、「保育の原点は甘えさせること」「子どもと真剣に向き合うこと」「子どもの気持ちに寄り添うこと」とはこういうことではないかと少しヒントを得たように思います。私は保育に携わるようになって、まだ3か月ですが、これからもっともっといろいろなことを勉強し、自分の力を向上させていきたいです。そしていつか、私も子どもの気持ちに寄り添う、子どもの目線に立った保育を実践できるようになれたらと思います。

第2章

・・・・・・・・・・・

生活とは

興味や関心に基づく
直接的な体験が得られる生活

　子どもの生きた体験を豊かにし、これを人間的な成長のために最も有効に構成することが保育の大きな課題である。

　偶然の遊びや観察の中から、ある仮説を立て、さまざまな体験を通して学んでいく知識は、確かなものとして子どもの身についていく。

事例10　実習2年目のカトウ君が見た保育

飼育当番の子どもたちを見て

　マサシ君、クミコちゃん、リョウスケ君の3人が事務室に入ってきて、手にクリームをつけてもらっています。リョウスケ君が私のところに来て、「園長先生、僕の手に触ってごらん」と言いました。

　「うわあー。冷たーい」

　ハムスターの世話をした3人の手は、真っ赤です。

　「こんなに手が冷たくなるのに、どうして3人はお世話をするの？」と聞くと、「してあげないと死んじゃうよ」とリョウスケ君。

　「あのね、寒くっても死んじゃうし、餌がなくても死んじゃうよ」と、クミコちゃんが答えます。

　「でも、こんなに寒い日はやらなくてもいいんじゃない？　お当番だからするの？」

　「ええっ！　だめだよ。ハムスターは何も話せないし、自分ではできないから、ちゃんとやってあげなくちゃ」

　「先生にしかられなければ、やらないでしょ？」

　「ええっ！　ハムスターがかわいいからするんだよ」

　リョウスケ君が必死に反論します。

　「そうだよ、してあげないと死んじゃうよ」とクミコちゃん。

　「僕たちのハムスターだもの」というのは、マサシ君です。

　「そうだよ、僕たちが飼いたかったから、僕たちが一緒に遊べるんだもの」とリョウスケ君が熱を込めました。

　そんな会話をしながら、東京都高等保育学院2部（夜間）の実習生、カトウ君のことを思い出しました。

◇ カトウ君と飼育当番の子どもたち

　カトウ君は、1年生の6月に第1回の実習のため園で10日間を過ごし

ました。翌年、2年生になったカトウ君は、再び2回目の実習のために
やってきました。同じく10日間の実習でしたが、このときのカトウ君の
顔は、なんとなく輝いていました。実習を終えたとき、カトウ君は、事務
室にやってきて「僕に話をさせてください」と切り出しました。

「僕は1年のとき、この園に来て、『なんてだらしのない保育園だろう』
と思ったんです。子どもは好きなことをやっていて、しつけもできていな
いし、玩具も散らかって、みんなでするあいさつもない。玩具は自宅から
持ってくるし、雨が降って、傘をさして庭で遊んでいても、誰ひとり、注
意もしない。庭はでこぼこ掘り返され、園中、雑然としている。本当のこ
とを言えば、2年生になり、また同じ園に実習と聞いたときは『あんな園
で何も勉強になるものはない』と思いました。自分の園の方がずっと整然
とした保育をしている、と考え、がっかり失望した気持ちとともに今回こ
の園に来たんです。

門を入ると、子どもたちがウサギ小屋を掃除していました。ひとりがタ
ワシを持って、ウサギの汚した小屋の床板をこすって洗い流していて、も
うひとりが水道のホースを持つ係でした。そのうち、2人が交替して楽し
そうにしているので、『君たち、こんなに寒い日にウサギのお当番はいや
でしょ?』と聞いてみたんです。すると、2人が『えっ? ウサギは自分
できれいにできないんだよ。だから僕たちがするんだよ』と。ひとりが『あ
のね、僕たちが、ウサギと遊びたいから、ウサギの家も作ってお掃除もす
るんだよ』と言いました。最後に2人が、白菜の白いところと緑の葉の方
と分けて持ち、『どっちをウサギが食べるか』といって遊びだしたんです。
ウサギは青いところが好き、と子どもたちが言っていたのは、本当でし
た。そして、それが終わるととなりのチャボ小屋の方へも手伝いに行き、
キャッキャッと笑いながら掃除、餌やりをしたのを見て、僕は驚きまし
た。僕は、飼育動物の掃除には、名前を呼んで連れてこなければ誰もやら
ないと考えていたのです。『冷たい』『汚い』『くさい』『まだ当番の○○ちゃ
んが来ないから』などといった言い訳を予想していたのです」

カトウ君の驚きは、まだ続きます。

　「どの子どもも、みんな自由感があって、自分で行動し、自分で判断していることに驚きました。実習の 10 日間、けんかもトラブルもありませんでした。前年の 6 月に見た、あの混沌からこんなにも成長するのか、と。

　一昨日、僕が担当した責任実習でのことです。郵便屋さんごっこの最後のところを担任の先生から引き継いでやることにしました。子どもたちに説明して『わかった人？』と聞くと、全員が『ハァーイ』と答えたと思い、『それじゃ…』と思ったとき、ナナミちゃんが『先生？』と手を挙げたんです。そして『私ね、カトウ先生のお話、一生懸命、聞いてたの。だけど、どうしてもわからないから、もう一度お話して』と言うんです。僕はこれを聞いて、すごい衝撃を受けました」

　そして最後にカトウ君は言うのでした。

　「本当に一人一人が、自信に満ちていて、いきいきと遊び、輝いています。この保育園の子どものようになるには、どんな保育をしたらよいか教えてください」

◇ カトウ君の見た保育

- 一番驚いたのは、コウジ君がベランダに置かれた大きなベニヤ板に手製のコンパスで直径 80cm の丸を 2 つ描き、2 日かかって丸 2 つを糸のこを使って切り出して、「いい日だな、いい日だな、こんないい日は初めてだ」と歌いながら園中をスキップしていたこと。先生方は「一生懸命ね」「大変だけどガンバッテ！」と声をかける程度だった。
- 絵の具が一年中、用意してあり、子どもが何枚でも好きなだけ自由にのびのびと絵を描いている。
- 園庭には、太いひも、板、棒切れ、大きなバケツ、スコップ、ビニールシート、レンガやブロック、大工道具などがあり、自由にいつでも使える。
- 子どもは「もう少し遊びたい」と思うとき、中断しないで遊べる。その子どもは、十分に遊んでから、給食を食べられる。給食の方は、それが 1 人分であっても 3 人分であっても、温めてくれる。職員全体が

子ども中心の価値観で動いている。

- 禁止がない。1歳、2歳の子どもが年長の部屋に入ってくるのが自然で、年長のみんなが小さい子どもを仲間に入れて遊んでいる。
- 家から自由に玩具を持ってきても、何のトラブルも起こらず、遊んでいる。
- 木工はいつでもできるように、板やのこぎり、かなづちやくぎなどが用意されている。「危険は？」と思ったが、「一度もない」との答え。見ていて、納得。
- 年長のクラスに10日間、居続けてしまったが（ほかのクラスにも行きたかったが、くぎづけになった）、先生は不要と思うほど、子どもは自主的に生活していた。読んでいる本も、活動も、幼児というよりも小学生のような感じがした。
- 「幼稚園教育要領」「保育所保育指針」のどこを読んでも、この園の保育はぴったりあてはまる。
- 失敗を恐れず、豊かな体験をさせながら、<u>目標にゆっくり到達する</u>。
- 職員会議や研修も重視。公立なので討論を十分にしながら、この園の保育観、子ども観を職員全体で一致させている。

◇ **この園の方針**

- 子どもの自主性を尊重する
- 子どもに取り組ませるが、目は離さず、口も手も出さず、ここは、というときに助言する。
- 子どもの意欲、やる気を育てる
- 子どもが好きな遊びを自発的にすることにより、意欲は育つ。
- 思いやりのある人に思いやりを受けて、思いやりは育つ。

◇ **カトウ君への答え①「目標にゆっくり、自主的に到達する」**

どの園も、4月にはロッカーや靴箱に機械的に名札を貼って、入園児や進級児に「○○さんはここ」「○○君は、ここ」と教えます。子どもは指

示されたところに、ものを置いたり、かけたりします。卒園式の後、入園式までの間に先生方はこのような仕事をして、子どもたちを迎えます。

　どの園に異動しても、こうしたことは、子ども不在で決められていました。

　ある園に勤務することになり、この準備をしないで、新しい年度の受け入れをしました。子どもたちに、新しいクラスのロッカーや靴箱は「自分の好きなところ」を使うように話したところ、「好きなところがわからない」「先生が決めて」と5歳児では100％の子どもたちが靴やかばんを持ったまま、右往左往したのです。

　前年度の4歳のときに使っていたロッカーや靴箱に置いてきたり、友だちのかばんがかけてあっても、その上に自分のかばんをかけたり。すでに入っている靴を出して、自分の靴を入れたり、ドアのノブにかけたりする子どももいました。何人かの子どもは、かばんを下ろさず、靴を持って、一日を過ごしました。その園では3人の女児が、5月の中旬まで「自分の場所が決められない」という想像もできないような幼児になって私たちを驚かせ、また、そのような子どもにするような指示命令をしてきた保育者たちを反省させました。

　この園でも、入園した子どもたちは、靴を脱ぎっぱなしにしたり、持ち物をきちんと自分で管理しなければ、なくなったり、わからなくなったりして困ることを学びます。困ってみて、「では、どうしよう」という地点からスタートし、集団で生活することを学んでいくのです。

　クラスの名前を決めることもその一例です。クラスの名前は、漫画から取ったり、大きな動物、怪獣、ヒーローの名前を取ったりと、子どもたちの思い思いの希望が出て、決まるまで大変です。3歳児のクラスでは、20人全員が「ネコ組」「アンパンマン組」「いちご組」「お花組」などと主張し、ひとりもゆずりません。そこで、担任が普段ならクラスごとに報告する給食の食数を、ひとりずつ給食室に報告させてみました。「お給食の先生。ゾウさん組は1人です」「お給食の先生。お花組は1人です」…と、20人が毎日給食室へ。とうとう給食の先生から苦情をもらいました。そ

の結果、子どもたちは、シュンとして「クラスの名前を1つに決めよう」と話し合い、最終的に「お花組」に決まりました。

　そんなエピソードもあるため、年長、年中の担任は、話し合いを適当に切り上げて、クラス名を決めてしまったことを後悔する、というようなこともあります。

◇ カトウ君への答え② 「失敗の体験から目標へ、ゆっくり」

　6月中旬に、待望のプールがはじまりました。

　年長の担任は、あらかじめトイレに行かせてから、水着に着替えさせ、次は準備体操。幼児は間隔を開けて、自分の空間をつくるのは苦手のようです。なんとなく30人が小さくまとまってしまいます。

　「体操するのよ、○○ちゃん、もっと後ろに下がって。○○君、もう少し横に行って。ほら、これじゃあ、ぶつかるでしょ…」

　体操のときは特に、子どもが考えなくてすむように、ぶつかって困らないように、トラブルが起こらないようにと、先回りをして指示し、命令します。プールでは、何事も起こりません。

　一方、3歳児の担任は黙って見守ります。朝から大喜びの3歳児。トイレに行く子どもなどひとりもいません。セパレーツ式の水着を持ってきた女児が「これオッパイバンド」と言いながら前後反対に着るなど大騒ぎです。次は準備体操。20人が固まっています。

　「体操するんだけど、これで体操できるの?」

　問いかけても、3歳児はひとりも動きません。

　「イチ、ニ、サン、シ、で手を振ったりするのよ、これでいいの?」

　3歳児は、ニコニコして、誰ひとり動かず、そのまま体操がはじまりました。

　すると、さあ大変!

　「先生、○○ちゃんが私の背中押したの」「○○君が僕のことぶった!」

　担任が「大変、どうしたらぶつからなくなる?」と問いかけると、子どもが「あのね、離れればいいの」と答えます。そこで担任も離れてみせま

す。離れた場所にひとりずつ立つというのは、とても難しいのです。

　次はお尻の消毒です。これも立ったまま、たらいに何人も入ってしまっては、お尻を消毒水につけることはできません。やっと、しぶしぶ出て、順番にひとりずつ、たらいに入ります。シャワーは足からです。そして、やっと足からプールへ。これはきちんと 3 歳にも守ってもらいます。

　すると、「先生、おしっこ」。

　水着を脱いで、トイレがすんだら、ぬれた水着をやっと着て、また、お尻の消毒。保育者は、トイレに行く子ども一人一人に、そのつど、「先生はね、プールに入る前にトイレに行っておくの。だって面倒くさいでしょ」「水着がぬれちゃうと着るのが大変でしょ、先生はプールに入る前にトイレに行っておくんだ！」と、話しかけます。

　次の日、前日トイレに行った子どもは、「そうだ、トイレに行こう」と小声で言って、ひとりで行ってくるのです。

　体操は、2 日目、3 日目と日を追うごとに、多少ぶつかりはするものの、「離れた方がいいんだよ」と自分たちで間隔を開けるようになりました。そして、1 週間後。3 歳児はなぜそうするのかを理解して、ほとんど自分から行動していました。

　一方、毎日、担任の指示でやらされてきた年長児は、おもしろいことに、8 月 10 日ごろになっても、体操のときに相変わらず固まっています。担任の休みの日で、いつもの指示がないため、子どもたちは、そのまま体操をはじめて、「なんだよー、ぶつかるじゃないか」「もっと離れて」と大騒ぎです。

　そしてプールでは、なんとなんと、4 人も 5 人も途中でトイレへ。3 歳児の方は、もうひとりも途中でトイレに行くことも、準備体操でぶつかるような並び方もしていません。

　年長に翌日、3 歳の行動を見てもらいました。

　この 3 歳児たちが特別なのではありません。保育者が子どもに任せ、自発的に自分で考えて行動するよう促したことで、違いが生まれたのです。

　幼児期だからこそできる失敗もあります。大人に見守られる中で、幼児

期にもっともっと任せて自発的に豊かな体験をさせることが、子どもの自主性を大切にする保育につながると思います。

　生まれてきた赤ちゃんは、すべてを人にしてもらわなければ1日も生きられません。人間は20年かけてやっと大人になります。幼児期は、大人に見守られ、愛され、甘えて育つものなのです。

事例11　飼育①ハムスターがやってきた
考える子どもたち

　農業大学の職員の方から、ハムスターを10匹いただきました。メス、オス別に仕切られた木製の箱には、金網のふたがついています。園のベランダに置いたとたんに、園中の子どもが集まってきて、1匹ずつ抱いては大喜び。平均台の上にのせて、玩具のミニカーのように走らせてみたり、牛乳の空パックに入れてみたり、高いところから手を放して落としてみたり、と夢中です。

　「あっ！　そんなことしたら死んじゃう…」

　大人は気が気でありません。昼食になると、子どもたちは、給食を持ってきてハムスターに食べさせました。ハムスターは1分も休むことなく、子どもたちの好奇心の的になっています。年長の子どもたちは、ハムスターの飼い方や餌などを図鑑で調べはじめました。

　翌朝、子どもたちが登園すると、ハムスターが1匹もいません。

　「あっ。ハムちゃんがいない」

　それはもう大騒ぎです。なぜかはたきやほうきを持って園中をさがしています。

　「いたあー」

　「トイレにハムちゃんいたけど動かない」

　「死んだみたい」

　2匹も死んでしまい、子どもたちは、シーンとしてしまいました。

　ハムスターが入っていたのは、縦 1 m、横 50cm、高さ 15cm の木箱
です。夜中に軽い網のふたを押し開けて逃げたことは、子どもたちにもわ
かります。もっと深い箱に入れようということになり、物置からプラス
チックの大きな箱を見つけてきて、その中に入れることにしました。餌も
ひまわりの種やビスケット、せんべい、りんごなど、子どもは家からもお
やつを持ってきます。大好きなスイカも惜しみなく甘いところをあげてい
ました。
　ところが 1 匹がぐったりして動きません。農業大学の中の動物病院に入
院させることになりました。翌日、また別のハムスターがぐったりし、ま
たまた入院です。1 匹は 4 日後に死んでしまいました。

　「先生、ハムちゃんはみんな、この箱のこっちのすみでおしっこもうん
ちもするんだよ」
　「えっ？」
　「そうだよ、だからおしっこ場を作ってあげるの」
　子どもたちは、どこからかプラスチックの容器を見つけてくると、小さ
い石を洗ってその容器に入れ、飼育箱のおしっこ場の位置に置いたとこ
ろ、なんと、ハムスターはちゃーんとそこでするのです。餌もみんなで考
えてやっています。
　子どもたちは、ハムスターに遊園地を作ってあげようと、カマボコ板を
つないで長いすべり台を作ったり、アイスクリームの容器で観覧車のよう
なものを作ったりもしました。観覧車に乗せられたハムスターは、きっと
目を回したことでしょう。
　発達障害の子どもたちと牛乳の空パックでトンネルを作って置いたら、
ハムスターは全部、そのトンネルの中へ。子どもたちは、「アオイちゃん
のトンネルが一番好きなんだ」と納得しています。大人は笑いをこらえて
「そうねえ」と答えます。
　毎日、木箱のお掃除しているサトシ君、ダイチ君、アスカちゃんの 3 人
は、ハムスター同士のちょっとの違いを見分けて、それぞれに名前をつけ

ました。1匹が死んだとき、一番泣いて悲しんだのもこの3人。やさしい気のいい子どもたちです。

事例12　飼育②お星さまになった小鳥

1歳児リサちゃんの号泣

　愛知県のひまわり保育園では、3歳未満の保育室で、セキセイインコを飼っていました。みんなの帰った後、お迎えが一番最後のリサちゃんと先生2人で毎日、鳥かごをきれいにし、餌と水を取りかえてお世話をしていました。ところが、餌や水が足りなかったのでしょうか、連休の後、インコが死んでいました。子どもが登園する前に、鳥かごを隠しておきました。

　なんとなく落ちつかない1歳のリサちゃん。夕方、みんなが帰った後、考え抜いた末、鳥かごを見せて、「死んじゃったの」と話しました。そして、インコを小さな箱に入れ、「園庭のすみに埋めてあげよう」とリサちゃんと庭へ出ました。すると、土を掘って、箱を入れたとたんにリサちゃんが号泣したのです。園舎の中にいた職員のみんなにも聞こえるくらいの大きな泣き声でした。

　毎日毎日お世話して仲良しだったお友だちです。こんなに小さい赤ちゃんでも、きっと悲しみが込み上げたのでしょう。

　思わず「お空に行ってお星さまになるのよ」とリサちゃんに話しました。

事例13　飼育③太りすぎたハムスター

肥満に取り組む

　ハムスターのようすがおかしいことに気づきました。あんなに走り回っていたのに動きもしなければ、目も開けないのです。農業大学の病院に連れていったところ、獣医の先生から「入院させて検査しましょう」と言わ

れ、子どもたちはびっくり。園から大学は近いので、翌日も翌々日も面会に行きました。4日後にとうとう1匹死んでしまい、検案書というものをいただきました。

　日本語とドイツ語で書かれたカルテには、「患畜、ハムスター、○月○日入院。検査の結果、高所からの落下による骨折28か所、内臓破裂、耳の鼓膜裂傷、視神経裂傷」などのほか、「食べ過ぎ、肥満」とまでありました。ご年配の先生は、子どもたちにわかりやすく、ていねいに話してくださいました。

　聞いていたヨウコちゃんが「あたし、太り過ぎて死ぬんて知らなかった。今日からチャーシュー食べるのやめる」と言えば、「僕もおばあちゃんがお菓子をいっぱいおみやげに持ってきてくれても、食べないでがまんする」とオサム君も決意を語ります。2人とも、30キロを超す肥満児でした。

　「園長先生も甘いもの食べ過ぎだから、甘いものを食べなかった日は、オサムちゃんとカレンダーに丸をつけてみよう」と提案して、実行しはじめました。オサム君は7か月間、一度も甘いものを食べず、全部、丸印。翌年の3月、オサム君は25キロに、ヨウコちゃんは26キロになり、2人とも背も高いのでちょうどよい体格で卒園しました。

　「食育」の必要性が叫ばれるようになっています。肥満こそ、幼児の場合、大人がきちんと対応しなければいけないと思います。

事例14　飼育④大切な鳥の死
生きものを飼うということ

せんせ、
僕んち、赤ちゃん死んじゃったさ
まだ大きくなっていないのに、死んじゃったさ
そおして、お母さん、いっぱい泣いたさあ

僕が「もう泣きやみな」って言っても、
まだ泣いたさあ
僕、しぎたくない、
だってまだとしよりになってないもん

　ハッカンという中国の大変美しく立派な鳥が卵を産みました。ひながか
えるのを楽しみに、子どもたちは毎朝、餌をやり、掃除をし、かわいがっ
て大切にしていました。
　ところがある朝、早番の先生が鳥小屋を見ると、そのひどいこと。急に
入ってきた敵と必死に戦ったのでしょうか、それとも苦しさにもがき回っ
たのでしょうか、羽が辺りに飛び散っていました。
　「私たちも一生懸命生きなくては…」
　そんなことを少しでも感じてくれたら、と切に思っていると、「先生、
オレ死にたくない」「僕も白髪のおじいさんになってもずっと死にたくな
い」「先生、死んだらだめだね」「死んじゃだめだ」「死ぬまで生きなくちゃ」
と、子どもたちが次々に言いました。
　近ごろ、小学生まで簡単に自殺しています。生命を大切にすることを知
るのは、死に遭遇したときです。動物を飼うことの意味は、生きものの病
気や死に直面することと言っても過言ではありません。だからこそ、子ど
もたちには、生きものを飼う体験をさせたいと思うのです。

事例15　鳥かごとカンカン照り
暑くて暑くてたまらない

　冬からの慣習で、セキセイインコの鳥かごは、餌や水の取りかえなどの
世話をすませた後、テラスの日当たりのよいところに置いてありました。
この暑さで毎日ここに置かれたのでは、鳥は弱って死んでしまうでしょう。
　年長の子どもを呼んで「今、プールの水を入れているんだけど、何分で

プールいっぱいになるかちょっと調べたいの」と話しました。

　室内で遊んでいた子どもたちも出てきて、一緒に見ています。しばらくするとノゾミちゃんが「暑いから、あっちの日陰の方から見ていれば」と言いだしました。

　「先生も暑い、暑くてたまらない」と言うと、

　「あたしも暑い、汗、出ちゃうよ」とノゾミちゃん。

　「どうしてこんなに大勢が見ているの？」と聞くオサム君には、

　「保育園の先生たち、このプールに水がいっぱいたまるのに、何分かかるか知らないと思うの。だから今日はみんなと時間を調べて、先生たち驚かそうと思って」

　と答えました。

　「それにしても暑いわね」

　「でもさ、変だよ、こんなに暑いの」とカズト君。

　「今日はみんなが泳いだ後で、ウサギもプールで泳がせてみましょうか？」

　「やったあ！」

　「プールの水がそろそろ、いっぱいになってきたね。さっきお水を入れはじめたのは、10時20分。今は？」

　「10時45分」

　「あっ。25分間だ」

　「明日は初めから水道の栓を開けて何分でプールの水がたまるかやってみましょう。ところで小鳥はどうしようか？」

　「日があたらないところ、日陰に置く」

　園児全員のプール遊びが終わって、ウサギをプールに入れました。2羽とも、スーイ、スーイと泳ぎました。シーンと見入る子どもたち。

　たいていの動物は泳げるらしいことを伝え、ウサギを出した後、きちんとプールの消毒をする必要も話しておきます。

　さて明日は、早く登園してくる子どもたちとプールの水入れです

事例16 自転車のパンク修理

みんなでやったからできた

　まだ新しいのに廃棄処分の手続きを取った子ども用自転車が、園庭のすみに何台か置かれていることがあります。新年度に向けて、あまり気にもせずに新しく発注したものの、2～3年使って捨てるにはまだ色もきれいでもったいない、という類の自転車です。S保育園では、マツダさんという若いお兄さんが給食調理員として勤務していました。以前、自動車会社で働いていたというマツダさんに聞くと、そうした自転車は修理して使えるとのこと。早速、園舎の裏に捨てられた自転車を年長の子どもたちに見せました。修理すれば、乗れるようになることを話すと、「やってみたい」と全員が目を輝かせて興味津々。「この赤い自転車はパンクして、タイヤがフニャフニャになったんだよ」と教えてくれます。ほかの2台もタイヤがはずれ、バラバラになっています。

　「これも直るかな？」とはずれたタイヤを持った子どもたち。

　「パンクしてるのかな」

　「どうかしら？」

　「調べてみなくちゃ」とユウカちゃん。「あのね、浮き袋、勝浦の海で使おうとしたら、栓が抜けて、空気が抜けたの」「これも穴が開いているのかも」「パンクしていると空気が出ちゃうんだよ」と思いついたことをユウカちゃんが話します。

　「どうしたらパンクしているのか、穴が開いているかがわかるかしら？」

　「ユウカちゃんみたいに水に入れれば？」

　ぺちゃんこになったタイヤを水中に沈めてみました。みんな見つめていますが、穴などわかりません。

　「あのさ、空気入れてふくらませてから、水に入れればいいんじゃない？」

　たらいに水を入れタイヤを入れてみましたが、たらいが小さいので、泡

の出るところがよく見えません。

　プールに水を張り、空気を入れたタイヤを水に浮かべて固唾を飲んで見ていると、1か所から、チクチクチクチクと小さな泡が出はじめました。「あそこだ、あそこに穴が開いているんだ」リンタロウ君が持ってきたセロハンテープを貼りましたが、中から空気が出てくるのですぐはがれてしまいました。次にガムテープを貼りましたが、これもはがれてしまいます。子どもたちは考えました。

　マツダさんに聞いてみると、自転車屋さんでパンク修理用パッチを買ってくるとよいとのこと。みんな自転車屋さんに行きたいのですが、「空気の抜ける穴について教えてくれたのはユウカちゃんだから、ユウカちゃんが行くのがいい」と子どもたちの意見がまとまりました。

　猛暑の中、ユウカちゃんは担任の先生と一緒に40分近く歩いて自転車屋さんへ。自転車屋のおじいさんは、とってもやさしく親切で、パンク修理用パッチと接着剤を買って帰ってきました。

　タイヤの中の軟らかいチューブに空気を入れて水の中へ沈めたら、泡の出たところに印をつけて、パンク修理用パッチをきっちりと貼る、という手順を、ユウカちゃんがおじいさんに教えてもらったとおりにみんなに説明しました。空気がもれないことを確かめ、外側の硬いタイヤの中に、空気を入れてパンク修理用パッチを貼った軟らかいチューブを入れるのです。簡単なようで幼児の力ではとても大変です。カズト君やチヒロ君、力の強そうな子どもたちを手伝いながら、チューブをやっと入れて、ネジで留めるのですが、ここがまた難しいのです。マツダさんを呼びに行きましたが、タイヤを留めるナットがないと、ボルトのネジ棒にねじ込んで締められないとのこと。

　そこで、また自転車さんに行くことになりました。行きたい子どもたちがジャンケンで決め、土曜日なのでお迎えの遅い人が夕方、少し涼しくなってから買いに行ってきました。ナットのサイズも調べていきました。

　自転車屋のおじいさんは修理の手を休めて、店の自転車でナットの使い方を教えてくれました。カズヒコ君は、真剣そのもので聞いています。ナッ

トを回すのにモンキースパナを使うことも教えてもらいました。

　モンキースパナでナットをきっちり回すのは、力もいるし、技術的にもとても難しい作業です。マツダさんに、また少し手伝ってもらいました。

　おじいさんに教えてもらったとおり、給食の油を修理の終わったネジのところにさして、サンドペーパーで磨き、3日間かかってやっと1台の自転車がピカピカにできあがりました。

　「本当に乗れるかな、またタイヤがペチャンコにならないかな！」

　みんな、早く乗ってみたくてたまりません。

　ジャンケンに勝ったサトミちゃんが、走り出しました。

　「やったー、やったー、やったー、やったー」

　みんな抱き合って踊っているようです。

　あの炎天下、遠い遠い自転車屋さんに何度も歩いていったことを思うと、見ていて思わず涙が出ました。ユウカちゃんも「先生、あたし、何だか知らないけど、涙が出そうになっちゃった」と言います。「僕も」と言ったのは、リンタロウ君です。ヨウスケ君はまだ自転車に乗れないのに、スパナを回すときは、全身で押さえていました。カズヒコ君は、うれし涙と鼻水が出たけど、箱にティッシュがなかったので手で拭いた、と告白。それを聞いた子どもたちは、「気がついた人が新しい箱を出す」と提案しました。ところが、サトミちゃんには違う考えがあるようです。「最後に使った人が新しいのを出しておく」と、意見を述べました。チヒロ君は、「マツダのお兄ちゃんが、僕たちを手伝ってくれていたから、おばちゃんはひとりでお給食作るの大変だったでしょう。ありがとう」と給食室に言いに行き、調理員のスズキさんを感激させました。

　この後、残りの2台もパンク修理をして、ピカピカにしました。

　見ると、新しく買った自転車は物置に置いたまま、自分たちで修理した3台の自転車に長い列をつくっています。

　リンタロウ君とナオト君、チヒロ君の3人はそれまで自転車に乗れなかったのに、修理した自転車で乗れるようになってしまいました。

　「先生、あのさー、もう自転車買わないでいいね。今度パンクしたらす

ぐ直す」と言うのはミチコちゃん。

「ひとりじゃできなかったよね、みんなでやったからできたんだよ」と
サトミちゃん。

ほんの3か月前まで、自動車会社で車の検査などの仕事をやっていた給
食のマツダさんは、「今まで、保育園の子どもが自転車の修理を完全に
やってしまうなんて想像もできなかった。僕自身、まさか、と思っていた
けれど、すごいですね、子どもって。リンタロウ君やナオト君たち、自転
車に1日で乗れるようになるなんて、本当にすごい。驚きました」とひた
すら感心しています。

スズキさんも、子どもたちの成長に驚いているようすです。

「まさか、『お給食ひとりで作って大変だったでしょう、ありがとう』と
まで言われるとは、びっくりです。このごろ、給食を残す子どもさんがひ
とりもいないんです。やっぱり頭も使って、よく動いて遊ぶからなんで
しょうね」

ユウカちゃんのお母さんからは、連絡帳を通じてメッセージをもらいま
した。

「この4月から毎日、保育園であったことを全部話してくれます。こん
なにわが子が変わるのかと、毎日見ている母親でも驚きます。聞いてい
て、親も楽しくなります。自転車屋さんまで歩いて行ったそうですね。お
ばあちゃんが『暑かったでしょう』って番茶を出してくださったとか。豊
かな体験を重ねているからか、本も買ったり図書館で借りたりして、よく
読んでいます。もう絵本には見向きもしません。椋鳩十の本は1冊ずつ借
りていましたが、毎日1時間でも2時間でも聞きたがります。親の方も今
年はもっと保護者会を開いていただきたいとみなさんおっしゃっていま
す。主人も、今まで幼稚園に対して保育園は…と思っていた既成概念が変
わったと申しております。この1年間楽しみです」

お迎えに来る保護者は、みなさん自転車を見て驚き、子どもの誇らしげ
な説明に、耳を傾け、きちんと聞いてくださっています。

事例 17　1歳児クラス①

6月25日の日誌より

「みんなが植えたおいも大きくなったかな〜」と私が何気なくつぶやくと、「おいもなったかな—」「土をトントンってしたね」「あっちね〜」と、子どもたちが口ぐちに話し出しました。畑の方を指さしたり、身ぶり手ぶりで苗植えのようすを話してくれたり、いろいろなことを思い出したようです。

「ちょっと畑を見に行こうか」

畑までは歩いて数分の距離ですが、そんなわずかな道中でも子どもたちにとっては発見がいっぱいです。道端のクモの巣をじっと見たり、垣根越しに見えるアジサイを興味深そうに見つめて、「青ね」「赤よー」と花の色の違いに気づいたり…。色の名前も知っている子どももいます。

そんな中、道路から一段下がった畑に咲いた小さな花を見つけ、誰からともなく摘みはじめた子どもたち。段差があるので、そこから落ちないように慎重に手を伸ばし、取れると「はあ…取れた！」と、とてもうれしそうな顔を見せました。ぴょんぴょん跳ねて喜ぶ姿も見られます。

ユカちゃんも花が欲しいようですが、段差が怖いのか、腰が引けてずいぶん離れたところから手を伸ばすので、なかなか手が届きません。

「花、花…」

友だちがどんどん摘んでいくのを横目に見ながらさびしそうです。

すると、それに気づいたケンタ君が自分の分の花とは別にもう1本摘み、「花？　はい、どうぞ〜」とユカちゃんに渡してくれたのです。受け取ったユカちゃんは「ウフフ」と笑みを浮かべ、とてもうれしそうでした。

「よかったね。ケンちゃんがお花を取ってくれたのね。やさしいねー」

私が声をかけると、ユカちゃんはうなずいて、ケンタ君を何度も指さし、花を大事そうに握りしめていました。

畑からの帰り道、石につまずいて転んでしまったケンタくん。するとす

ぐにユカちゃんが駆け寄ってきて、「大丈夫?」と言うかのように顔をのぞき込み、手をつないでくれました。

　2人で見つめ合い、照れくさそうにしながらも手をつないで、ニコニコしながら保育園に帰ってきたケンタ君とユカちゃん。

　ケンタ君にやさしくしてもらったのがうれしかったユカちゃんだからこそ、こういう行動をとったかなと、見ている私もとてもうれしくなりました。まだ2歳にもなっていないこの子どもたちのやさしい心に胸がいっぱいになった時間でした。

　畑では、自分たちが植えたところを覚えている子どももいて、そっと苗に触れたり、「大きくなってねー」と声をかけたりしている姿も見られました。

事例⑱　1歳児クラス②

12月4日の日誌より

　ミキヤ君を膝に乗せ、絵本を読んでいました。入口の戸が開いていて冷たい風がスースー入ってきます。戸の前にいたモエコちゃんに「モエちゃん、戸を閉めてくれる?」と頼むと、モエコちゃんはサァーっと走っていきました。それを聞いたミキヤ君も膝から降りて走って戸を閉めに行きました。モエコちゃんは自分が閉めようと思っていたのにミキヤ君が来たので、いきなりミキヤ君をドーンと突きとばしました。ミキヤ君は、ステーンと転んでしまって大泣きです。

　モエコちゃんは「しまった」という表情で私の方をじーっと見ています。

　「モエちゃんが閉めてくれようと思っていたのに、ミキヤ君が行ったから押したの?」と私は聞きました。

　「うん」とモエコちゃんがうなずきます。

　「でもどうしたらよかったのかな?」

　「……」

「モエちゃんに『閉めて』って先生が頼んだから、モエちゃん、閉めて
くれようとしたのよね。でも、ミキヤ君が行ったから、モエちゃん、『お
手伝いできなくなっちゃう』と思って、押したのかしら？」
　「ウン」
　「でもミキヤ君泣いちゃったね」
　「……」
　「ミキヤ君も閉めたかったのかな？」
　「あのね、モエちゃん、ミキヤちゃんと一緒に閉める」
　「えー、ホント？　モエちゃん、ミキヤ君と一緒に閉めてくれるの？
そうか！　そうすればモエちゃんもミキヤ君もお手伝いできて閉められる
し、いい考えねえ！　モエちゃん、ステキ！」
　モエコちゃんとのこのやりとりを聞いていたミキヤ君も泣きやみ、2人
でニヤニヤして手をつないで戸を閉めて、にっこり笑い合っていました。
　「もう、またモエちゃんが――」と一瞬でも思ってしまった自分が恥ず
かしいと思いました。
　そしてミキヤ君も、モエコちゃんが「一緒に閉める」と言ったとたん、
もう突き飛ばされたのを忘れたかのように泣きやみ、手をつないで戸を閉
めに行くなんて、本当に子どもの心ってステキです。
　子どもをよくするのも、悪くするのも、大人なのです。
　やさしくされれば、やさしくなれる。
　人に最初に求められるものは「思いやり」です。思いやりのひとかけら
もない人とは、生活はできません。
　この小さな子どもたちを叱っても、何ひとつよいことはありません。
「思いやりを受けて思いやりが育つ」とは平井信義先生から教えていただ
いた、子どもを育てる根源です。子どもに共感するとスルスルっと共にや
さしい心になるのです。

事例19　子どもの心に共感する
2歳児のクラスから

◇ ジュン君とりんご

　りんごが苦手なジュン君（3歳2か月）が、「これ食べれん」と言います。「ジュン君、りんご苦手やったね。小さくしてあげようか？　苦手でも小さくしたら食べられるよ」と、保育者は、包丁でジュン君のりんごを切りました。すると、同じテーブルの子たちも「小さくして」と言いはじめました。「食べられるでしょ」と言ってしまいそうなところをぐっとこらえ、「みんな、ジュン君と一緒にしたいんだね」と切っていきます。他児が食べるようすを見ながら、「シャキって音がするね」「おいしい」と言う声を聞いたジュン君は、自分もりんごを口に運びました。「食べれた」の声を聞いて、大いにほめる保育者。ジュン君は、5つに切ったりんごを完食しました。

◇ マサヤ君のふとん

　前日、おもらしをしてぬれてしまったため、ふとんを持ち帰ったマサヤ君（3歳4か月）。「今日は、保育園のふとんで午睡をしよう」と保育者が声を掛けると、「マサヤのふとんがいい」と言い続けて、拒みました。行動を振り返り、なぜ保育園のふとんで午睡をしなければならないかを話しますが、「マサヤのふとんがいい」しか言いません。

　再度、「マサヤ君のふとんでお昼寝したいんだよね」「うん」「でも今日はないしねえ…。先生もマサヤ君のふとんで寝かせてあげたいけど…。困ったな…」と抱きながら話す保育者。4歳児クラスに姉がいるので、「お姉ちゃんと一緒に寝るか？」「お姉ちゃんのふとんを借りるか？」と、マサヤ君を抱きながら行ったり来たりしていると、「これはマサヤのふとんじゃないよ」と言います。「そうだよね…」。そこで、保育者は、「今日は先生がマサヤ君のおふとんになってあげる」と言って、抱きしめました。

しばらく体を揺らしていると、マサヤ君はスーッと眠りにつきました。そして、保育園のふとんにそっと下ろしました。目覚めたマサヤ君に、「おはよう」と声をかけると、何事もなかったように「うう〜ん」と伸びをしています。

　翌日、「おふとん持ってきたよ」と言いながら、マサヤ君が登園しました。そして「先生、マサヤの家、来てもいいよ」とひと言。保育者は、「ありがとう」と、マサヤ君を抱きしめました。

　マサヤ君の気持ちに共感し、心を込めてかかわったことで、「心がつながった」と感じました。

事例20　3歳児クラス①
絵本のとりっこ

　4月のことです。新人の先生が担任する3歳児20人のクラスで、いつもは仲のよいキヨミちゃんとアヤカちゃんが1冊の絵本をひっぱり合って、「私が先」「私が先だった」と大げんかしています。

　先生は途方にくれていました。

　「2人一緒に仲良く読んであげるね」と先生が声をかけると、2人は、「仲良し、嫌」と言います。

　「いや、かわりばんこに、ひとり待っていて！」

　「かわりばんこ、嫌」「待つの、嫌」

　2人は泣きながら絵本をひっぱり合っています。すると、そばにいた年長のフミオ君が言いました。

　「そうだよ、この本おもしろいよ。僕、ずーっと前、この本、大好きだったんだ」

　「そうなの？　私、知らなかった…」先生は、そう答えました。

　すると部屋の中にいて、ようすを聞いていた子どもたちが集まってきて、口ぐちに言いました。

「すごいね、キヨミちゃんとアヤカちゃん、この本、おもしろいの知ってるんだ」

「あたし、ずーっと前、この本、園長先生に『貸して』って言って、貸してもらったことあった」

「えっ？　僕も」

そこで、先生も言いました。

「先生は知らなかった。それじゃアヤカちゃんもキヨミちゃんも、まだ3歳になったばかりなのに、すごい！　おもしろい本、知っていたんだ！」

「すごいよ、ちゃんと知ってるから、とりっこしたんだよ！」

「先生もね、おもしろかった本は買いたいと思ったことあった」

「だからキヨミちゃんもアヤカちゃんもきっと先に読んでもらいたかったんじゃない？」

「だからけんかしたんだよ、きっと」

「本が好きでとりっこするなんて、いいけんかね。先生、今わかった。こんなとき、ジャンケンで決めるのなんか嫌よね、負けたくないもんね」

「それじゃさあー、先生の隣と隣に座って読んでもらえば、絵が反対にならなくてよく見えるよ」と年長児。

「そうね、向かい側から見ると、絵本の反対側から見ることになるわね」

けんかをやめ、じいっと聞いていた2人は保育者の両隣のいすに腰かけ、無言で年長組のお兄さんお姉さんたちの顔を見上げました。

「これでいい？」

先生が問いかけると、2人はうなずいて神妙な顔で納得したようす。

「よかったわね。まずは2人一緒に読んで、その後、また読んでもらいたかったら、そのときはジャンケンっていうのをしましょ。勝った人を先にして、負けた人は少し待つの。それで、先生がひとりずつ抱っこして読んであげるわね。年長のお兄さん、お姉さんたち、ありがとう。2人のとりっこのけんかも終わり、本も破けなくて、先生もとてもうれしい。みんなのおかげで仲良くなれて、ありがとう」

時には子どもたちがよい解決をしてくれます。

事例21　3歳児クラス②

おもらしの止まったルウ君

　いつも保育園で、「おしっこ出ちゃった」と言うルウ君。2歳児のときから、ずっとおもらしをしていました。少しぬれてしまうだけのときもあれば、おねしょをするときもありました。保育園では、おしっこに誘っても「嫌」というばかりでまったく行こうとしません。家では保護者が「おしっこに行きなさい」と何度も何度も誘い、「トイレに行ったら、○○しよう。トイレに行かないと鬼が来るよ」など、嫌がっても必ず行かせていたので、家でのおもらしはありませんでした。家ではできて、保育園ではできないので、「おしっこに誘ってください」と保護者から何度も言われていました。「おしっこ行ってみる？」と誘っても、やはり嫌がるばかりで、ストレスになっていました。「じゃあ、出たくなったら教えてね、一緒に行こうね」と言っても教えてくれず、ずっとおもらしが続いていました。

　5月28日から30日の3日間、本吉先生の研修会があり、ルウについて質問をさせていただきました。すると、「あなたの保育が悪いです。その子と徹底的に遊んであげてください。ただし、中途半端ではいけません。『さびしいのよね、抱きしめてあげるわ、大丈夫よ』と、12時間寄り添うつもりでやってあげること。保育士の愛情を伝えれば、1日でピタッと止まります」と話されました。自分自身の保育を振り返ってみると、ルウ君に対して反省点ばかりでした。ずっとさびしい思いをさせてしまっていたので、「よし、絶対に止めてみせよう」と思いました。

　ルウ君は、最近、虫探しにハマっています。「先生、一緒に虫探ししよう。前みたいに図鑑も持って！」と虫探しをしようと誘ってくれます。

　これだと思い、ルウ君と一緒に虫探しをすることにしました。

　「うん！　探そう。今日はルウちゃんといっぱい遊ぼう。探検隊だ、じゃあ、虫を探すために望遠鏡作ろうかな」

「ルウちゃんも！」

トイレットペーパーの芯2つとスズランテープを使って、望遠鏡を作り、図鑑を持って、園庭に虫探しにでかけました。すると、「先生、ブランコ押して」とユメナちゃんが来ました。

そこで、「ごめんね。今、先生、ルウちゃんと遊んでいるの」「ね、ルウちゃん」と言うと、ルウ君は「うん！」と大声で答えて、うれしそうな顔をしました。図鑑を見て、「ダンゴムシはここにいるって！」とルウ君が言います。探してみると、ダンゴムシを発見しました。「バケツ取ってくる」と、ダンゴムシを入れるバケツも持ってきて4匹捕まえました。しばらくダンゴムシを観察し、「ダンゴムシが鬼ごっこしてる！　ほらほら、喉乾いちゃったから、ダンゴムシに水あげよう」と言って、バケツに少し水を入れます。「飲んでる、飲んでる、もっと入れよう！」と、今度はバケツにたっぷり水を入れました。しばらく観察していると、ダンゴムシが水から出ようとバケツを登っているのが見えました。

「なんかダンゴムシ、水から逃げようとしているね」とルウ君。

「本当だね、なんでなのかな？」

「水が嫌いなのかな？　少なくしてあげよう」

そして、そう言いながら、もじもじしはじめ、「おしっこ行きたい」と言いました。

まさかの言葉にとても驚きました。「一緒に行こう」と呼びかけると、「でもここに置いといたら、ダンゴムシ、取られちゃう」と言うので、ダンゴムシも一緒に靴箱まで持っていき、トイレに行きました。ぬれずにトイレでおしっこができました。私はうれしさで胸がいっぱいになり、「ばんざーい！　ルウちゃん、教えてくれてありがとう。次も行きたくなったら教えてね。先生も一緒に行くから。トイレのときは先生とルウちゃん、2人だけでいられる時間だからね」と言いながら、思わずルウ君をぎゅっと抱きしめました。

「先生、お団子作ろう。鬼ごっこもしよう。給食、隣しよう、おやつも隣しよう」と言うルウ君。

「うん！　先生、ルウちゃん大好きだからうれしいな」と言うと、「ルウちゃんも先生大好き」と言ってくれた。「抱っこ」とたくさん甘えてくるルウ君。抱っこのときは、「今までごめんね」と言う思いを込めて、ぎゅっと抱きしめました。給食の後も、「おしっこ行きたい」と教えてくれ、一緒に抱っこでおしっこに行きました。

　おやつの後も「先生、おしっこ行こう！」と教えてくれ、あんなにおもらしをしていたルウ君がウソのように変わり、おもらしがピタッと止まりました。

　「今までさびしい思いをさせてごめんね」という気持ちから絶対に止めてみせると思いました。ルウ君だけを心の底から愛するようにし、伝わるように精一杯関わったからこそ、ルウ君にも気持ちが伝わったのだと思いました。そして、本当におもらしがピタッと止まって驚きました。本当に心の底から愛することで子どもは変わるのだなと、ルウ君から教えてもらいました。

事例22　絵アラカルト
子どもたちの表現

◇ カニに大興奮

　4月にH保育園に移ってすぐ、保育者が「年長の担任はできない。変えてください」と訴えてきました。「では、先生は、事務室で事務をお願いします」と言って、年長の保育室へ向かいました。保育室では、カニを囲んで、子どもたちが大興奮。年長クラスのダイキ君が両親と種子島に行き、おみやげにカニをバケツいっぱい持ってきてくれたのでした。

　一日中カニと遊んだ子どもたちが降園した後、ワタル君が、「餌がないと死んじゃうから」と小さな煮干しを袋に入れて持ってきてくれました。

　翌朝、登園した子どもたちは「カニの餌がある」と煮干しを見つけました。夜、ワタル君が煮干しを持ってきてくれたことを話すと、「ワタルちゃ

ん、ありがとう、ありがとう…」とみんなから言われ、ワタル君は部屋の
すみへ行ってしまいました。

　なんとなくワタル君のようすが気になって見ているうちに、1週間ほど
前、保育者から「年長の子どもの中で、ワタル君は絵を描いたことがない」
という話を聞いたのを思い出しました。そこで、「今日はね、絵の具の用
意をしたので、絵を描いてみてー」と声をかけました。10人くらいがいっ
せいに寄ってきて、申し合わせたように「カニ」を描き始めました。見れ
ばワタル君もみんなと同じように、太筆でカニを堂々と描いています。保
育者を呼んでこの光景を見せると、「初めてです」とワタル君を見ていま
した。

　どの子どものカニも、のびのびと一筆でぐんぐん描かれています。色
も、実物の色とはまったく違って、ピンク、赤、むらさき、緑、オレンジ
と、きれいな色を使っています。紙からはみ出しそうです。4月になって
からの絵や、昨年の4歳時代に描いたどの絵よりもいきいきとした大きな
絵になりました。

◇ 東京タワーに行ってきた

　子どもたちと、東京タワーに行く約束をしました。行く前に、東京タ
ワーの絵を描いてもらうとどのタワーも弱々しく、ヒョロリとしてどう見
ても東京タワーとは思えません。

　10日後、東京タワーに行きました。地面に大きく張ったタワーの脚の
部分をしっかり触り、展望台にも登りました。眼下には、車がミニカーの
ように小さく見えます。そんな一つ一つに感動して園に帰り、用意して
あった紙に東京タワーを描きました。タワーに行く前と、見て遊んできた
後の絵とは、まったく違います。

　翌日の職員研修で、このタワーの絵を取り上げ、保育者全員で、絵を描
く活動にも細心の注意を払っていくことを話し合いました。

◇ 躍動する動物

　動物園に行く前と帰った後も、描く絵がまったく違います。特に動物園では、クジャクが羽を広げたところを見たので、クジャクの絵は躍動感にあふれています。

　また、ワシの一生を書いた、椋鳩十の『大空に生きる』という物語を読んだ後だったので、ワシの絵も男女を問わず、精悍な感じを「よくもここまで」と思うほど描き出していました。

◇ 両親の離婚

　ある日、ヨウコちゃんが絵を描いていました。ところが、人物を３枚描いて、描き終わると、黒や茶色でその人物をぐしゃぐしゃに汚しているのです。今までこんなこと一度もなかったのに…。

　お迎えに来られたおばあちゃんに「家で何かありましたか？」と聞くと、おばあちゃんは、ハッとしたようすで、「ヨウコが何か言いましたか？…実は、ヨウコの両親が離婚し、昨日、ヨウコの母親が家を出ていったのです」と言いました。そして、その日、ヨウコちゃんが園で描いた３枚の絵を見て、「子どもには何の罪もないんですよね、さびしかったんでしょう」と涙ぐまれました。

◇ おばあちゃんの入院

　タカキ君は、登園するとすぐにクレヨンと紙を持ってきて、いきなりめちゃくちゃに力いっぱいなぐり描きを始めました。それでも３枚描くと気が済んだのか、ロッカーにしまって外に出ていき、ひとりでブランコに乗りました。

　お迎えのとき、お母さんに「何かありましたか？」と聞いてみました。「タカキ、何か話しましたか？」とお母さんは、逆に質問をしてきました。３枚の絵を見せると、「昨日おばあちゃんが吐血して救急車で病院に行ったんです。まだ子どもなので、何も話さなかったのですが…」と説明してくれました。

「安心するように話してみます」とお母さん。この会話は、タカキ君にまだ会わない前に事務室のとなりの玄関で話しました。

事例23　年長児とのかかわり

T保育所の公開保育より①

　女の子たちと本吉先生が遊戯室で遊ぼうと保育室から移動してきました。男の子たちも後から遊戯室へ出てきます。巧技台の上には、ヒロト君。本吉先生が遊戯室の隅にあった巧技台を動かそうとすると、ヒロト君が言いました。

　「あーだめ、それ、オレの」

　「だって、私たちが先に来たのよ。何も『オレ』がここ持ってるわけじゃないんじゃない？」

　「だって、ヒビキと、昨日、延長（保育）のときね、作ってるんだよ」

　「これはおもしろい！　だって今、君たち、ブロックで遊んでいたでしょ」

　「直して！」

　トモヤ君、マサト君、タカフミ君が巧技台のまわりに集まってきました。

　「おばちゃんはあそこ（保育室）で本当は遊びたかったけれど、君たちがせっかく遊んでいるところを壊しちゃ悪いなあと思ったから、じゃあ遊戯室で遊ぼうって出てきたの。そしたら、『これ僕たちのだ』って言うんだもん」

　「なんで！　オレたちの場所なのに！」

　カイト君も巧技台の上に上がって、ヒロト君に加勢します。

　「だっていなかったんだもん」

　本吉先生はカイト君に答えると、呼びかけました。

　「あっ。ちょうどいい、女の子たち、ちょっと来てみて。すごーくおもしろい事件が発生したの」

　遊戯室で遊んでいた女の子たちが本吉先生のところに集まってきます。

「今、おばちゃん、あの積み木をずーっと並べてね、おもしろいゲームをしようと思ってね。あっ、ここに積み木があるからおいすの代わりに並べようと思ったの」

「これ、オレたちが延長のとき、作ってたんだよ」とカイトくん。

「ほんとに」とヒロト君。

「そうだよ」とヒビキ君。

「『オレたち』がさっき作ってても、今はいなかったじゃない。じゃ、『オレたち』が作ってたら、ずーっと『オレたち』のなの?」

「だって遊びたかったんだもん」

ヒロト君は少しもゆずりません。

「じゃあ、あのブロックはどうしたの?」

「違うのに作りたかったから変えてきた」

「あのブロックは出しっぱなしで来たの?」

「片付けてきた」

「じゃあ、あの下に敷いてあったダンボールなんかは片付けてきたの?」

「ううん、タカフミ君が使うみたいだった」

「ちょっと、みんなこのお話聞いて」

本吉先生は子どもたちを集めました。話をするスペースをつくるために、ヒロト君がつくった巧技台を動かそうとしますが、しっかりひもでつないであるので、びくともしません。ヒロト君は巧技台に手をかけたままじっとそのようすを見つめています。

「すごいこと考えたねえ、これはかっこいい! 子どもの知恵とは思えないくらいしっかりとしてる」

ヒロト君はちらっと木吉先生の顔を見上げ、　緒に動かそうとするが、なかなか動きません。結局、動かすのをあきらめてステージの前に円をつくって腰を降ろしました。そして、本吉先生は子どもたちに今までの経緯を話しはじめました。ツバサ君だけは輪の中に入らず、ヒロト君とミオちゃんの後ろでミニカーで遊びながら話を聞いています。誰もツバサ君を輪の中に入れてあげようとしません。本吉先生は、ヒロト君がひとり占め

して遊んでいた事実を一つ一つ明らかにしていきました。

「この保育所に来て、とってもすてきな子どもたちだと思ってたの。ところが今聞いてびっくりしちゃった。『これ遊んでたからもう使っちゃだめ！』って言うんだもの。おばちゃんの保育園の子どもたちは、女の子でもブロックでいっぱい遊ぶし、男の子でもおままごとでお父さん役になってもらうし、会社に行ったり、いろんな配役で遊ぶんだけれど。『これ遊んでたからもう使っちゃだめ！』っていうの、納得できる人？」

ツバサ君がこっくりうなずきながら手を挙げました。

「いい？　ずーっとヒロ君がひとりで遊んでた方がいい？」

ツバサ君は、先生から視線をそらしながら首を横に振ります。

「ちゃんと聞いてからお返事してちょうだい！　おかしいと思う人？」

全員が手を挙げました。ヒロト君は功技台にもたれかかりながら、そのようすを見ています。そして言いました。

「だって、作ったので遊びたいんだもん…」

「作ったので遊びたかったら、また作ればいいのよね！」

子どもたちが、全員、大きくうなずきました。それでもヒロト君は続けます。

「でも、取られたらさあ…」

「取られたらって、これ、誰のものなの？」

「保育所！」

ヒビキ君が間髪入れずに答えます。

「そうよ、ヒロ君のものじゃないのよ、みんなのものなのに、どうして『僕は取られたらいやだ』なんて言うの？」

「だって使いたいものは使いたい」

「じゃあ、私たちも使いたいから使うの」

そこでユウナちゃんが言いました。

「なかったら、工夫して作ればいい」

「みんなで遊びましょって来たのに、後から来て、『さっきこれオレたちが作ったんだからだめだ！』って言う。そういうの、今までみんな、だ

まーって許してたの？　ヒロ君のするようにさせてあげてたの？　けんかしないように、ここには触らないようにしてたの？」

「ヒロト君が怒るから触らないようにしてたの」とミホちゃん。

「あっすごくいい意見！　これは勇気ある発言。あなたはエライ！　ヒロ君が怒るからもう言わないようにしてたんだ」

子どもたちは口々に「オレも！」「オレも！」「私も！」と言いはじめた。

「そうだったの、ヒロ君が怒るからこういうふうにつくったものは触らないのね。さっき、おばちゃんがブロックで遊ぶのを見てたときもそう思いました。ヒロ君はすっごくいいものを作ってた。精巧で色もよく考えてるしね。あれ、何て言うの？」

「ドラゴン」

ヒロト君が答えます。

「とってもすてきなのを作ってるけど、ほかの人は使ってなかった。ヒロ君がブロックをひとり占めして、いいのをたくさん使って作っちゃってて、うれしい人？」

「私たちもつくりたい」というのはミオちゃんです。

「ヒロ君みたいにいいブロックをぜーんぶ使って自分もやってみたいなあと思う人」

全員が手を挙げました。

「じゃあ作ればいいじゃん」

ヒロ君は、小さな声でつぶやきました。

「だって、レゴブロックちょっとしかないもん」とヒビキ君が言いました。

「今ね、『作ればいいじゃない』って言ったでしょ、だからおばちゃんも円くいすをつくればいいと思ってやったの、そしたら、『だめだ！』って」

「私たちだってかっこいいのとか作りたい」

ミホちゃんが言います。

「ヒロ君はね、こーんなにいっぱい使ってて、私たちには使わせてくれなかったんだよ」

サキちゃんは両手を大きく広げながら訴えます。

「そういう人、好きな人！」と本吉先生。

「前なんかカイト君だっていっぱい使ってた」とヒビキ君。

「使ってないよ」とカイト君が応じます。

「使ってた」それでもヒビキ君は引き下がりません。

「あっ。ヒロ君とカイト君がわりとボスなんだ。いいボスは、すごくいいんだけど、だんだんと見えてきた。おかしいなあーと思って、あのブロック、見ていた。あのブロック、ヒロ君のものなの？」

　子どもたちは首を横に振って「みんなのもの」「保育所のもの」と口ぐちに答えますが、「どうして。オレひとり占めしてないよ。すごーく中くらいのでブロック、はめてったらこんくらいのができたんだもん」と、ヒロト君が、手を大きく広げながら応戦します。

「とんちんかんな話はするな！」

　それに対して、本吉先生が厳しく言いました。

「聞いてみます。あのブロックはヒロト君がお父さんやお母さんに買ってもらって保育所に持ってきた玩具なの？　違うと思う人？」

　子どもたち全員が手を挙げました。ヒロト君も一緒に手を挙げています。

「それなのにどうしてヒロ君だけがああやっていいブロックを全部取っちゃって遊んでいるの？」

「じゃあ、みんなで遊ぼうよ」

　ミホちゃんが答えるかわりに言いました。

「でもね、すっごく力も強いし、お口もばばばばんと話すし、おばちゃんみたいなこんな大人にも『だめだ！　これは。僕たちがさっき作ったんだからだめだ！』って言う。おばちゃんも少し恐いくらい。だからみんなもきっとヒロ君にはなんにも言えなかったんだろうと思う。そうでしょ、言えなかった人？」

　全員の手が挙がりました。

「はい、それじゃあ、これから戦いごっこをします。ヒロ君はひとり。あとの全員がこっちになって、ヒロ君と戦う。どっちが勝つと思う？　こっちが勝つと思う人？」

子どもたちが、手を挙げました。カイト君は、手を挙げていません。

「全員でバーン！ってね」

本吉先生が、すごい迫力で両手を押し倒す動作をしてみせました。

「でも、オレ強いからいい」

ヒロト君は言います。

「そう、強いからいいよね！」

「ひとりでもいい」

「ひとりでもいいよね！」

「でも、本気でパンチとかするとさ、お腹とか本気でパンチとかするとさ…」

カイト君が口を開きました。

すると、「されたことある」とユウナちゃん。そこで子どもたちが「オレも」「されたことある」と、次々に言いはじめました。ヒロト君は下を向いています。

ヒビキ君が付け加えました。

「おれ、お腹けっぽられたことある」

「ヒロ君にパンチされたり、お腹たたかれたりしたことある人？」

ユヅキちゃん、トモヤ君、ナツちゃんの３人以外は手を挙げています。「カイト君にもやられたことがある」「百回もやられた」「年少のときにやられた」など、子どもたちは口々にカイト君にやられたことがあると訴えています。

「あのね、私、カイト君にいっぱいいじめられたことある」

ミホちゃんがそう言うと、カイト君にいじめられたことのある子どもが何人も本吉先生に訴えました。

「あっそれでさっきのお話が見えてきたわ。女の子たちがちんまりとおままごとの方に行っちゃって、男の子の方は割合とヒロ君とカイト君が中心になっていばってて、みんなは余りのかすのブロックでちょこちょこっと遊んで。ヒロ君だけがいっぱい使ってるわけだ」

そこで本吉先生が担任に向かってきっぱりと言いました。

「先生、お願いします！　明日からしばらくの間、ヒロ君とカイト君にあのブロック使わせないでください。そうすると、あとの人たちはわりあい仲良く遊べると思います」

「やだー！」というのは、ヒロト君です。

「この意見賛成の人？」

子どもたち全員の手が挙がりました。

「わかったよー！　ちっとでちっちぇーのつくればいいんだろ」

涙目をこすりながら話すヒロト君のようすをのぞき込むように子どもたちは見ています。

「そうだよ」とカイトくんが答えました。

「じゃあ、なんで。カイト君だってでっけえの作ってた、こんくらいの…」

ヒロト君は泣き声になって言葉が続きません。でも、そんなヒロト君には目もくれず、本吉先生は話を続けました。

「いいねえ、泣くのは。すっごくいいね」

その横でユウナちゃんが言いました。

「私ね、パンダ組（年中）のとき、ヒロ君にお腹、パンチされたの」

「お腹パンチされたの」

「すっごく痛かったの」

「私も」

ミホちゃんが続きました。すると子どもたちが「オレも」「私も」と言いはじめました。

「ちょっと待って。その話、お家に帰ってお母さんにした人？」

「私ね、お家帰ってすぐにママにお話した」

「オレ、パパに言う」

「グーでパンチされたことある」

「ちょっと待ってて。今ね、みんな、おばちゃんにお腹パンチされたとか、キックされたとか、けっとばされたとか、お話したでしょ。後でおばちゃんがいなくなったときに、ヒロ君が『さっき、あんなこと言ったな』ってぶんなぐるかもしれない。でもね、ちゃんと、きちっと本当のことが言

えるってことはすっごく勇気のある人なの。そういうときにちゃんと先生がいらっしゃる。先生が見ててくださるから大丈夫」

ヒロト君は顔をひざに押し当てたまま、じっとうずくまって聞いています。カイト君に本吉先生は話しかけました。

「ちょっと、君に聞いてみます。今、みんながね、ヒロ君とカイト君のことが恐くてみんながまんしてやられたままだって。で、君もヒロ君が恐いんでしょ？」

「パンダ組のときのことなんだけどね、お腹パンチされた。パンチされて痛かった」とカイト君。ユウナちゃんが「グーでパンチされた」と続くと、子どもたちが口々にパンチされたことがあると話しました。

「そういうことは絶対あってはいけないことなの。一度もやっちゃいけないことなの。じゃあ、これからね、ヒロ君にあの玩具はなしです。これは決めました。絶対に使わせない。今までね、みんながこれだけ使いたいのに、みんなにがまんさせていたから、ヒロ君はしばらく使わないで、みんなが遊ぶの見ている。ヒロ君はすごく暴れると思う。そうでしょ？ そのときにどうする？ みーんなでやれば勝つと思う？ じゃ、みんなでゲンコツでもって全員でヒロ君をパンチしてみようか」

ヒロト君は両手を拳にして構えて立ち上がろうとしました。

「ヒロ君、闘志満々、すごい！」

「こういうことは、みんなが小学校に行ってもあるの。いじめっ子っていうの。だけどね、先生がちゃんとしてて、いじめっ子の実態をちゃんと見て、みんなでお話して、いくらどんなに強いいじめっ子でもね、何十人がみんなでわあーっとやったら絶対いじめっ子は負ける！」

ヒロ君は拳を握りしめ構えています。本吉先生はヒロ君に問いかけました。

「負けない？」

「ジャッジャッとやっていけば…」

ヒロ君が拳でパンチの動きをしてみせます。

「後ろから５人来るよね。横からも５人来るよね。前からも来るよねえ。

ほーら、みんなの顔がニコニコしてきた。そうだ！ みんなでやれば絶対
勝つ！」

　ヒロト君は拳を引っ込めて、また腰を下ろし、話を聞きはじめました。

　そこで本吉先生は山形県の保育園で出会ったリョウジ君の話をしまし
た。そこの保育所で子どもたちがドッジボールをしていたとき、どの子も
自分が拾ったボールを全部リョウジ君に渡し、リョウジ君が投げるので
す。リョウジ君はボールが来ると線の外側に逃げてしまいます。子どもた
ちに「どうしてそうするの？」と聞くと、どの子も先生の顔を見てしまい、
自分の思ったことが言えません。

　「でも、キリン組のみんなは、先生の顔を見ないできちんと自分の思っ
たことがおばちゃんに言えるからすばらしい」と子どもたちをほめてくだ
さいました。

　そして、本吉先生は子どもたち一人一人にヒロト君に何をされたか聞い
ていきました。ツバサ君、ユウヘイくん、チカちゃんは、「何もされたこ
とがない」と言います。首を横に振ったタカフミ君に本吉先生が問いかけ
ます。

　「パンチされたことうまく言えない？ それとも家来なの？」

　それでもタカフミ君は首を横に振るだけで何も言いません。

　「大勢の人がみんなパンチされて、しかもお腹をやられて。絶対に一度
もあっちゃいけない！」

　本吉先生はそう言うと、今度は違う質問をしました。

　「じゃあね、ヒロ君にやさしーくしてもらったことのある人」

　「一緒に遊んでくれた」とヒビキ君。

　「仲間に入れてくれた」というのはカイト君です。

　「そういうのがやさしいんだ」と本吉先生。

　「今日おばちゃんが帰るでしょ。その後ヒロ君が『さっきあんなこと言っ
ただろ』って、またパンチしたり、キックしたりしてくるかもしれないよ。
恐いね、恐いと思う人？」

　子どもたち全員が、手を挙げました。

「あなたたち2人はヒロ君に何もされたことないんでしょ。それなのにどうしてヒロ君恐いの？」

「タカはねえ、1回ね、ヒロト君と闘ったことあるよ。それでねえ、お腹パンチされた」

ヒビキ君が代わりに答えます。

「タカちゃんはぜんぜんお話しないよね、さっきから。ヒロ君と闘ったのはエライ！　ヒロ君強いのに」

「ずっと見てたらね、タカは何回かヒロを倒してたよ」

今度もヒビキ君が答えました。

「なんだ、どうしてそれを言わなかったの？　みんなも、タカちゃんも、ヒロ君にお腹をパンチやキックされてた。そうなの？　どうしてそれを言わなかったのかな？」

タカフミ君は本吉先生を見つめたまま黙っています。

「また、ヒロ君に後でいじめられる？」

それでもタカフミ君は黙ったままです。となりのユウヘイ君にも同じことをたずねました。

「一度もヒロ君にされたことなかったの？」

ユウヘイ君、首を傾げながら少しうなずきました。

「それでもみんながされてるのを見たって言ったよ」

ユウヘイ君は、黙っています。

「本当にされなかったんだったらそれでいいの。でも、ヒロ君にキックやパンチされたり、けんかしたりしたことあるのに何もなかった。みんなは見ていて知ってた。ちょっとそれ、おかしいんじゃない？」

「オレね、闘ったことある」とカイト君。「勇気ある人！」と本吉先生が応じると、何人かの子どもが闘ったことがあることを話しました。

「プロレスとかで闘ったけどね、すぐ負けちゃった」

「そうでしょ、私そう思う」

巧技台に顔を伏せて話を聞いていたヒロト君が顔を上げて本吉先生の方を向きました。

「ヒロ君とやったら負けると思う。すっごい力強い！　ヒロ君はこれだけクラスの友だち全員に強い、いじめる、キックやパンチする、いやーな人、みんなに嫌い！って言われて。みんながもし、ヒロ君だったらうれしいと思う？」

　子どもたちは先生の話を聞きながら、みんなヒロ君の方に目をやり、首を横に振って先生の顔を見つめ直しました。

「さびしいよね！　いばってても、みーんながいやだって言うんだから。本当のお友だちがひとりもいない。さっき、おばちゃんね、ヒロ君になんとなく聞いたの。『ヒロ君のお父さんはお友だちいる？』って聞いたの。そしたら、ヒロ君がね、いっぱいお父さんのお友だちの名前を言ったの。お父さんはたくさんお友だちがいるすてきな人なんだな。

　じゃあね、これからとっても難しい質問をしますから考えてちょうだい。どういう人とお友だちになりたいのか。たとえばね、キックやパンチがすごくうまくて、闘いが上手で勝っちゃう強い人が好きなのか、それとも泣き虫の人が好きなのか、それともやさしい人が好きなのか」

　子どもたちは手を挙げながら「やさしい人」と口々に言います。

「じゃあ聞きます。このお友だちのことを、やさしい人と思う人」

　ヒビキ君、カイト君のことを子どもたちに聞きますが誰も手を挙げません。ミオちゃんのことを聞くとみんなが手を挙げました。

「どう？　うれしい？　みんながやさしい人って、そうね。でもね、悪いことしてもやさしくしてくる人は本当のやさしさじゃないの。たとえばね、ヒロ君が悪いことしたとき、『ヒロ君、そんなことしちゃだめよ！』って言える人が本当のやさしい人。でも、そこまで勇気がないでしょ。なんにもしないのに、ナギサちゃんにいじわるされたり、暴力を振るわれたりしたことある人」

　カイト君が手を挙げる。

「えっ。なんにもしないのに？」

「でもね、けんかをしているときあるよ」と、今度はヒビキ君が言いました。

「ちょっと待ってて。けんかをするのは悪いことじゃないのよ」

「この3人」

「あなたの方がよっぽどおかしいよ。私がなんにも聞いていないこと、『この3人、けんかする』。当たり前です。子どもはみんなけんかします。意見が合わなければ、私はこう思う、そうじゃないってけんかするのは当然です。けんかしない子どもなんていません。みんなけんかしながら、『あっ、お友だちはこういうふうに思うんだなあ』『私はこう思うけれど、みんなは違うんだ』っていうことを聞きながら、感じながら大人になっていくの。けんかしなかったらなんにもわかりません。けんかしないでじーっとして、遊びもしないでじーっとしてたら大きくなれない。けんかするってことは悪いことじゃありません。だけど、なんにもしない人のことをつきとばしたり、ヒロ君に何も意地悪しないのにお腹パンチされたり、そういうことは、いけないこと。けんかはいいことです」

ヒビキ君は足を投げ出して手を後ろについてじっと聞いています。

「ヒビキ君はけんかは悪いと思う？」

ヒビキ君はこっくりとうなずく。

「じゃ、けんかしたことない？」

「したことある」

「どういうときにけんかした？」

「カイト君とごはんのとき、けんかした」

「なんでけんかした？」

「ヒロと一緒に食べたいから」

「そうでしょ。意見が合わなかったけんかするでしょ？ そのときに僕が悪いって先生がおっしゃったら、なんて思う？ 僕はこうしたいから言ったんだ。そしたらけんかになった。そのとき僕は悪い子なの？ おばちゃん悪いことだとは思わない。けんかしてほしいと思う。そういうときはきちっと話してけんかするべきです。時にはなぐってもいい」

ここで本吉先生は仙台の幼稚園の話をされました。年長組の33人のお友だちがカルタ取りをして、誰が一番たくさん取れるか競争しました。そ

のとき、最後に残ったタロウちゃんとゲンちゃんの2人が決勝戦を戦っているとき、ヨウちゃんが横から口を出して「ここだよ、そこにあるよ」と教えるのです。ゲンちゃんは「僕、自分で取りたいから言わないで」と何回も言いました。それでもヨウちゃんはやめませんでした。とうとう怒ってゲンちゃんが「言わないで！」と言って、ヨウちゃんをたたいてしまいました。

「さあ、そのとき、たたいたゲンちゃん、悪いと思う人」

「はーい」

カイト君、ヒビキ君、ミホちゃん、サキちゃん、カリンちゃん、ユヅキちゃん、ナツちゃんが手を挙げました。

「悪くないと思う人」

ヒロト君、ミオちゃん、ツバサ君、マサト君、トモヤ君が、手を挙げています。

「そう、たたいても悪くないの、そういうときは。私はそう思います」

「やめて！」と何回も言ったのに、やめなかったんだからたたかれて当然だと本吉先生は話し、たたいてはいけないと教えた担任に『バッテンをつけた』と話されました。

「どんなときでも、いやだって言ってもやられっぱなしで、ずーっとやられて、たたいちゃいけないと思う人？」

誰も手を挙げません。

「こういうときはたたいてもしかたがないなと思う人」

全員が手を挙げる。

「すごい！　この保育所の子どもたちはすごいよ。おばちゃんもこういうときはたたいてもしょうがないと思う。たたかれたヨウちゃんが悪い！たたいたゲンちゃん悪くない！」

そして続けました。

「ミオちゃんはよーく考えてきちっと自分の思ったことで手を挙げないときは挙げないってちゃんとできてるわね。すてきなお母さんとお父さんなんじゃない？　そう思うよ」

じーっと本吉先生の話を聞いて、しっかり手を挙げていたミオちゃんに
やさしく声をかけてくださります。ミオちゃんは、こっくりと深くうなず
きました。

　「さあ、ヒロ君の話に戻します。ヒロ君にいじわるしてないのにたたか
れたり、キックされたりパンチされたりしたことある人はちゃんと勇気を
もって判断して手を挙げる。一度もされたことのない人も勇気をもって
ちゃんと手を挙げる。あなたたち３人はされたことないでしょ？　されよ
うがないわよね。今日のようすを見ているとね」

　ユヅキちゃん、トモヤ君、ナツちゃんの３人に声をかけました。

　「それでは、もう一回聞きます。ヒロ君にたたかれたりパンチされたり
したことある人？」

　ユウナちゃん、チカちゃん、ユウヘイ君、サキちゃん、ミホちゃん、ミ
オちゃん、ヒビキ君、カイト君が手を挙げます。

　「一度もない人？」

　ユヅキちゃん、トモヤ君、ナツちゃん、カリンちゃん、ツバサ君、タカ
フミ君が手を挙げました。

　「君、一度もないっていうけど、さっき、やられてるのを見たって言っ
てるよ」

　タカフミ君に問いただします。

　「じゃあ、ヒロ君に聞いてみよう。ヒロ君はね、今、心の中でいろんな
こと考えてると思う。でも、おばちゃんね、ヒロ君が正直だったら、き
ちっとお話できると思う。聞いてみるね。ヒロ君、タカフミ君のこと、ぶっ
たりたたいたりパンチしたこと一度もない？」

　「ある」

　「すごい！　ヒロ君！　おばちゃんはきっと強くていろいろやってたけど
ね、きちっとすれば、考えられるすてきな子どもだと思う。今、みんなの
お話聞いていて悲しいでしょ？」

　ヒロト君はこっくりとうなずく。

　「正直！　タカフミ君はおかしい。ヒロ君はタカフミ君のことぶったこと

ある。君の方がよっぽどうそつきでおかしい。大嫌いだ！　そういううそ
つきは」

　タカフミ君は下を向いたり、横の子を見たり、ちらちら先生を見たりし
ています。

　「ヒロ君は今、みーんなにいろいろ言われてる。すっごく悲しい。でも、
ヒロ君はね、おばちゃんがちゃんと正直にって言ったら、『たたいたこと
ある』って言った。

　そしてほかの人もタカフミ君がヒロ君にやられているのを見たことあ
る。それなのに君は。もういっぺん考えてみて。ヒロ君はたたいたことあ
るって。君はいっぺんもたたかれたこともぶたれたこともキックもパンチ
もされたことも一度もないの？」

　タカフミ君は目をキョロキョロさせているだけで答えられません。

　「そんな目をキョロキョロ動かさないでいい。みんなけんかしてるの見
た。ヒロ君もたたいた」

　返事ができないタカフミ君に、本吉先生は「後でお話しましょ」と言っ
て、この話をやめられました。そして、ヒロト君を輪の中に入れてお話を
はじめました。

　「おばちゃんね、ヒロ君のお胸を見たときにね、この子はいい子になる
だろうな。本当はヒロ君は力もちで頭もよくて、よく考えるから、だから
家来もたくさんできているしね。でもこんなに大勢の人が嫌いだ、やだ。
いちばーん悲しいのはヒロ君」

　「どうしたらヒロ君がいい子になれると思う？」

　ヒロト君は、かかえた膝に顔を埋めて話を聞いている。

　「いじめなければいい」とユウナちゃん。

　「キックしたり押したりもしなくなるといい」とマサト君も言います。

　「今ね、おばちゃん、これ見ててね、『すっごい』と思った。遊ぶときに
ね、こんなこと考えて遊ぶ人ってすごいなあ。だから、ヒロ君は、本当は
やさしいんだ」

　先生がひもでしっかりつないである巧技台を指さしながら話すと、ヒロ

ト君は顔を上げ、話を聞きはじめました。

「さっきのドラゴンはすごいと思う。シンプルだけどすごいセンスです。すごく精巧に作ってある。ああいうの作れる人？」

ヒロト君とカイト君が手を挙げます。

「作れない人？」

２人以外の全員が手を挙げました。

「スイスイ作れるヒロ君ってすごいなと思う人？」

今度は、カイト君も含めて、全員が手を挙げました。

「ヒロ君、どう思う？　ヒロ君のすてきなところ、いいところ、みんなが認めてくれた。ほんとにすごいと思う」

ヒロト君が作ったドラゴンのすばらしさを、繰り返し、繰り返し認めて、ほめてくださいます。

「ドラゴンの作り方をヒロ君に教えてもらいたい人？」

本吉先生自身が一番大きな声で「はーい」と言いながら、子どもたちも全員手を挙げました。ヒロト君は、ブロックを持ってきてドラゴンを作ってみせます。ヒロト君が使いたい部品を子どもたちがみんなでさがしてくれました。そして「ありがとう」と自然に言うヒロト君を本吉先生はほめてくださいました。

みんなの輪の中に入れないツバサ君には、「君は何でそんなところにのそのそしているの？　だからたたかれないし、キックやパンチもされないんだ。さびしい人生だ。パンチされて生き生きしている方がいいと思わない？」と声をかけます。

女の子たちには『ブロックを使って何かをかならず作る』という宿題を出されました。

ヒロト君には、しばらくブロックを使ってはいけないが、教えてあげるのはいいと伝えます。今までいばり過ぎたけれど、今は、おだやかにちゃんと話せるとヒロ君を認め、「ヒロ君がやさしくなったらうれしいわよねえ。みんなもちゃんと見ててくれてすてきよ」と言いました。

ヒロ君がブロックを作っているようすをじっと見ている子どもたちに

もしっかりと言葉をかけてくださいます。

「ツバサ君はみんなの中に入らないで後ろにいるし」

「入る場所がない」

「人生ずっと『入る場所がない』って、いつも後ろだ。あれ、ほら、そう言ったら、よけてくれたよ。ツバサ君が『僕も入れて』って入るか、おばちゃんのとなりが少し空いてたからそこへ来るか、あっちの先生のところに行って『先生、僕の入るところない』ってちゃんと言えばよかった。それを言わないと誰にもわからない。おばちゃんは見ていて、いつまであああやってるかなと思ってた」

ツバサ君もやっとみんなの中に入って、ヒロト君がブロックを作るところを見ています。しばらくして、ブロックに取り組んでいたヒロト君の作品ができあがりました。

「ヒロト君の作った作品は、作ったヒロト君のものだけれど、このブロックはみんなのブロックです。堂々と使ってください」

そう言うと、本吉先生は、ブロックの入れ物の中に、作品を崩して入れました。

その後、ゲームをするためにみんなで保育室にいすを取りに行きました。ヒロト君は誰に頼まれたわけでもないのに、本吉先生のいすと自分のいすの2つを持ってきて、1つを本吉先生に手渡すと、先生のとなりに自分のいすを置き、腰かけました。

ゲームをしている中で本吉先生が「好きなものは？」と子どもたちに聞くと、誰かが「ヒロト君！」と答えました。一瞬、保育を見ている人たちからどよめきが起こりました。

本吉先生が言いました。

「子どもってすごいでしょ？」

この公開保育を見せていただいて、大変ショックでした。今まで私がいかに子ども一人一人を見ていなかったか、理解していなかったか、ただ、眺めていただけか、放任していただけか、という現実が先生に保育してい

ただく中でボロボロと出てきて、恥ずかしさを通り越して、泣きたいくらいでした。先生がひとときも気を抜くことなく、しっかりと子どもたちに向き合って、心を込めてていねいに、しかも一人一人の子どもがどういう子かを見抜いてかかわってくださって、本当に今までの保育がいかにいい加減だったか思い知らされました。「子どもたちが心配です」と言われた先生の言葉が胸に突き刺さりました。子どもたちに心から謝りたいです。この公開保育を新たなスタートとして、これからがんばりたいと思います。

　1か月たった現在、ヒロト君はパンチやキックをしていません。公開保育中にヒロト君の顔がみるみる変わっていくようすに感動しました。先生に出会ってヒロト君は変わりました。

　子どもと出会うすべての人が「あなたに出会えてよかった」と思うことができるように、ちゃんと子どもと向き合って、一人一人をしっかりと育てなければと思いました。本当にありがとうございました。これからもよろしくお願いいたします。

第3章

遊びとは

遊びを通しての総合的な活動

　どんな小さな遊びでも、その中で人間らしく生きるためのものを学ぶチャンスが必ずある。それらを見逃さず、過不足なく援助したり指導していくのが保育者の仕事である。

事例24　「音さがし」と「かくれんぼ」

０歳児（11月ごろの遊び）

◇ 音さがし

　「いないいないばあ」が大好きな月齢の子どもたち。ハルちゃん１歳３か月、リョウコちゃん１歳４か月、モモカちゃん１歳５か月、テツ君１歳６か月。大人が手や物で顔をかくして「いないいないばあ」をしたり、物陰にかくれて「ばあー」と顔を出したりすると、手をたたき、足踏みしながらキャッキャッと歓声を上げて喜びます。大きな布の下に保育者と一緒にもぐって「シーッ」「シーッ」と口に手をあてて、見つけられることを待つ子どもたち。今にも誰かが布をめくって、「ばあーッ」と来ることを想像するうれしさが大きな布の中でもよくわかります。

　保育者が「見ーつけた！」と布を持ち上げると、キャーッと大きな声を出して走り回ります。０歳児が、友だちと一緒に歓声を上げ、走り回り、心から楽しんでいる遊びは多くはないのですが、体全体でキャッキャッと全身で大喜びして遊びます。

　遊びを少し変化させてみようと、実物の写真を見せて「これ、何でしょう？」と聞いてみます。「カチカチ」とモモカちゃん。「そう時計ね、カチカチって言ってるね」とみんなの耳に時計をくっつけて音を聞かせ、「今度は違う音よ」と言ってから、リーン、リーンと鳴らしてみます。子どもたちは、目覚ましの音にびっくり。その後は、みんなでその時計の取り合いっこです。

　「もういいかーい」

　ひとりの保育者が時計をかくします。

　「もういいかーい」

　「もういいよー」

　時計は鳴り続けます。

　「どこかな、どこかな」

時計はどこかなとさがしているうちに、音は止まってしまいました。

次に、防犯ブザーを使うことに。よく聞こえる音が鳴り続けます。音が止まらないのは0歳児には都合よく、「どこかな」「どこかな」と、あちこちのぞいています。

「あった、あった」

玩具箱の中。ロッカーの中。

「あれ？ 今度はテツ君の洋服の中に！」

子どもたちは手をたたいて大喜び。誰が見つけても、手をたたいて自分がさがしたように喜んでいます。

引き出しの中。戸棚の中。音は聞こえてもなかなか見つからないと、部屋を本当にウロウロ歩きます。何回もするうちに、一度自分が見つけた場所にかならず行って、あるかないか確かめるようになりました。

実はこの遊び、ある保育園の0歳児の遊びの記録を読んで、まねをしてみたところ、子どもたちが本当に大喜びでまったく同じ行動をしたのです。おもしろそう、まねしてみよう、と保育雑誌を読むと、ときどき大当たりがあります。続きも紹介します。

◇ **かくれんぼ**

前述の「音さがし」で十分遊んだ後、子どもとかくれんぼをしてみました。

部屋のすみにしゃがみ、手を顔にあて、保育者と一緒に「もういいかーい？」

「あら、リョウコちゃん、ホンダ先生いなくなっちゃった。どこにかくれちゃったかな？」

玩具箱の中、押し入れの中、ロッカーの中をさがします。

「どこかな、どこかな」

「バァーッ」

モモカちゃんに見つかっちゃった。

保育者と2人でかくれたり、時には抱かれて押し入れの中へ入ったり。

保育者と一緒なら押し入れも怖くありません。

「見つからないように…。ホラ、誰か来たよ。びっくりさせちゃおうか！」

「シーッ」

「バァーッ」

　かくれていた保育者とリョウコちゃんが、押し入れからバァーッと出て
くるという予想外のできごとに、子どもたちはキャッキャッと歓声を上げ
ておもしろがります。さがす相手が保育者なので、見つかったときはタイ
ミングよく抱き上げてもらえたりするので、またまた大喜びです。

　「もういいかい」「もういいよ」「みーつけた」の単純な言葉の繰り返し
もおもしろく、自分たちで布を引っぱりだし、布を持ち上げては、
「バァー」とやりはじめることもしばしばです。ただし、かくれんぼは、
かならず保育者が一緒に遊ぶこと。布１枚でも、プールの水10cmでも、
小さい赤ちゃんの場合は細心の注意をして、かならず大人が一緒に遊びま
す。どんなに楽しい遊びも、一瞬の目を離したときに何か起きると大変で
す。

事例25　かみつく子ども

１・２歳児

　１、２歳児の集団生活の中で、友だちをかむ赤ちゃんに悩んでいる保育
者の話を聞いていました。Ｈ保育園に４月に異動してすぐのことです。事
務室のとなりの１、２歳児の保育室から泣き声が聞こえてきました。泣き
声の主は、かまれた子どもでした。保育者によると、かむのは、いつもミ
ノル君とのこと。登園してきたミノル君を抱いて庭に出ました。水道の水
を細く出して、小さな茶碗に水を入れては、砂場や花に水をまくことを
30分以上続けました。そして、インコの鳥かごの水の取りかえと餌やり
をミノル君に任せることにしました。缶の中の餌を、ミノル君がスプーン
で鳥かごの中の餌入れへ運ぶのです。

ところが、これがひと仕事。鳥かごの中へ入れようとするのですが、ミノル君は、全部こぼしてしまいます。こぼれた餌を集めて缶に戻すと、ミノル君はガバッとつかんで、餌入れに投げ入れます。当然、餌はこぼれます。水も同様に、何度も何度もこぼします。水道の蛇口からは、水が勢いよく流れています。

　それでも、見守られる中、「ぶんで（自分で）」と言いながら、なんとかかごの中に水と餌を入れ終えました。初日は１時間以上かかりましたが、だんだん慣れてきて、１週間後には、30分程度であまりこぼさずにできるようになりました。ミノル君が毎日ベランダでインコの世話をしているのを見て、自分もやりたい１、２歳の子どもたちが次々とやってくるのですが、そのたびに「大丈夫よ、ミノルちゃん、ゆっくりどうぞ」「上手にスプーンで入れられるようになったわね」「そうそう、水道のお水、ソーッと出すとこぼれないわね」と声をかけました。

　ミノル君は、餌の菜っ葉を給食室にもらいに行くのも楽しみにしています。ある日、給食の方から、緑やピンクの動物ビスケットをもらって戻ってくると、そばに来たダイゴ君やケイコちゃんにも分けてあげました。

　駅の近くの園だったので、「抱っこで電車を見に行こう」と言って出かけ、帰りに大きく伸びたヨモギやタンポポの葉を摘んで、鳥かごに入れることもありました。

　また別の日には、インコの餌やりがすんだところで、テラスにはしごを寝かせて置いてみました。ミノル君ははしごの棒と棒の間に足を入れて歩いたり、片方の足を縦の太い棒にのせ、片方の足を横棒の上にのせて歩いたりしています。

　「ちょっと先生にもやらせてね」

　１本のはしごでも、いろいろな渡り方をするのを、じっと見ている子どもたち。

　次は、玉入れの紅白の玉を横棒と横棒の間に投げ入れてみます。大人はケンケン跳びで挑戦です。これもミノル君が優先です。

　「ミノルちゃん、おもしろいね。リョウコちゃんも、コウタロウ君も、

じーっと見ているね」

　すると、ミノル君は玉を1つずつお友だちに渡しはじめました。そして、玉を投げては、はしごの中を歩いて取りに行くのを、みんなで何度も繰り返しました。

　ミノル君は、いただきもののビスケットを缶ごと持ってくると、みんなに1つずつ分けてあげています。手洗いなどしていません。

「ミノルちゃん、ありがとう」

　子どもたちが、口ぐちに言いました。

　気がつくと、ミノル君のかみつきはぴったり止まっていました。子どもは、自分が満ち足りれば、まわりの友だちにもやさしくできるのです。こんなとき、「子どもってすごいなー」とつくづく思います。この園では、このミノル君を最後にひとりもかみつく子どもは出なくなりました。

　3年後、異動でK保育園に勤務することになりました。なんとこの園にも、かむ1歳児が2人いたのです。

「その子どもにぴったり寄り添って、やりたいことを心ゆくまでやらせて、見守ってください。そして、1分も目を離さずに一緒に遊んでください」

　職員会議の折、全職員に話してみたところ、新人の保育者がこれを忠実に実行しました。1分も目を離さず、かみつくその子どもを抱いて外を歩き、水で遊び、洗濯バサミで遊び、ちり取りやほうき、はたきなどでも遊びました。「アリがいた！」と楽しくお話をしたり、犬を飼っている家の前でちょっと下ろして遊んだり、抱くときも無言ではなく、心を込めて抱きました。それまで保育者は15分抱けばよい方でしたが、午前中いっぱい、昼食までの2時間たっぷり抱くことにしました。すると、2人のかみつきはぴったりと止まりました。保育者の保育を見る目も変わりました。3歳未満児は、家庭での生活のように、親と子のような一人一人の会話を楽しむことを重視するように変わっていったのです。以降、この園でも、在職中に、かみつく赤ちゃんはひとりも出てきませんでした。

3園目のS保育園に異動してみると、ここにも、やはりかむ子どもがい
ました。

　H保育園、K保育園の実践の話をし、「かむ子どもが朝来たら、夕方ま
で抱きしめて。かわいいと思って、1分も離さず…」と話したのですが、
全職員が反発し、「悪いことはきちんとしかるべきです」という意見が出
ました。

　実は、この職員会議中にK保育園の保育者から「あのう、またかむ赤
ちゃんが出てしまったのですがどうしたらよいでしょう」と電話がかかっ
てきました。

　「さびしいから、かんだり、けったりするんです。かわいそう、と思っ
て抱きしめてください。1分も離さずに」と答えて電話を切りました。

　そして3週間後。また偶然にも職員会議中に、K保育園の保育者から電
話がかかってきました。

　「ご心配かけましたが、かみつきは、ぴったり止まってもう10日間まっ
たくかんでいません。ありがとうございました。子どもって本当に1分も
離さず毎回2時間抱っこして、『かわいい！』って、それだけでこんなに
もかわいくなるんですね」

　そこで言いました。

　「先生、今ちょうど、うちの園の職員会議中なの。実は、先生から前回
電話をいただいたとき、この園にも、かみつく子どもがいて『どうしま
しょう』と話し合っていたの。でも、『かみつく子どもをかわいがるなん
て、そんなことできません』『いけないことはいけないと言うべきだ』と
いうことで、うちの園では、かみついたらしかることに決まったの。その
結果、かみつきは止まるどころか、増えたの。ご連絡をありがとう、グッ
ドタイミングでした。先生のなさったことをこれからS保育園の先生方に
知ってもらい、やはり『かみつく赤ちゃんにはあふれるほど愛を』という
のが間違っていないことを話します」

　そして、電話を切り、職員に向けて、改めて言いました。

「今、みなさんが聞いたとおりです。さびしくて、かみつかざるを得ない子どもの心を汲んだK保育園の子どものかみつきはぴったり止まったんです。これからどうか、子どもがかみつく前に、愛される快さや喜びを感じるように園全体で努力しましょう」

この後、かみつきはぴたっと止まりました。かみつきへの対応は、単に1、2歳児のクラスの保育のみに限られたことではありません。実は、その園全体の子ども観や保育観を反映しているのです。

事例26　入園当初は手のかからない赤ちゃんだったが…
1歳児担当の保育者より①

1歳児の月齢の低い8名を担当することになりました。保育者として日も浅く、同室のほかの保育者に任せっきりの毎日。まずは自分にできることから、と思うのですが、その思いが空回りすることもたびたびでした。

8名のうち、ナナちゃんは、あまり手のかからない印象でした。0歳児から保育園に通っており、ベビーベッドに入るとひとりで寝てしまうような赤ちゃんでした。

ところが、日が経つごとに甘えが激しくなり、玩具の取りっこやおんぶの背中の取りっこでかむようになりました。「あっ」と言う一瞬のできごとに後悔する日が続きました。

ある朝、あまりの激しい行動に、同室の保育者が「本吉先生の一対一のかかわりを覚えていますか?」と話しかけてきました。「ほかの子は見ているから、ナナちゃんと2人で過ごしたら」とアドバイスをもらい、ナナちゃんを連れて、合同保育室へ行きました。

「ナナちゃんも遊ぶ?」と言うと、ワ～と笑顔になり、玩具や本を引っぱりだしたり、ブロックをひっくり返したり、ダイナミックに遊びはじめました。「楽しいね」としばらく見守っていると、今度はだんだん、そわそわと出入口を気にしはじめました。「そろそろお部屋帰る?」と聞くと、

「うん」とナナちゃん。２人で片付けをして、部屋に戻ると、ほかの友だちがマット遊びをしていました。ナナちゃんは、すぐに仲間に入り、「しぇんしぇー」と腕に飛び込んできます。その行動を見て、他児も腕に飛び込んで来ます。先ほどまでは、友だちのそのようすを見るだけで転がって泣いて怒っていたのに、今はニコニコ笑いながら自分の順番を待って見ているのです。

　あまりの変わりぶりに同室の保育者と、「すごいですね、こんなに効果があるなんて」と、びっくりしました。そして、同時に、本吉先生の保育のすばらしさに、ただただ感心しました。

事例27　初めてのおやつタイム
１歳児担当の保育者より②

　新入園児のリク君（１歳８か月）。１週間目は午前中のみの保育でした。「保育者に触られるのいや！」「部屋の中に入るのいや！」「食べたくない！」

　そんな調子で、園にいる大半の時間を泣いて過ごしました。お母さんと離れるさびしさや不安、初めての人、場所に対する不安から泣かずにはいられないのです。

　「リクちゃん、泣きたいね。悲しいよね」と泣いているリク君に声をかけたり、以前、母親から好きだと聞いていた車の絵本を見せたり、ミニカーを出したりもしてみるのですが、５分と泣きやんでいません。お母さんと離れて悲しみでいっぱいの涙するリク君の顔を見ていると、泣いてばかりで体力を使い、さぞしんどいだろうに…と心が痛みました。

　２週間目、少しずつ泣かないで過ごす時間がでてきました。それでもやはり部屋の中で食べものを口にすることは拒みます。唯一、リク君が食べられる場所が園庭でした。リク君をおんぶし、後ろのリク君に目線をかけるように話しかけます。

　「いいお天気だね。あったかいね。ほら、ワンワンいるよ」と園庭の遊
具を見せると、「ウッ！」と指を差して返事をしてくれました。落ちつい
てきたころにそっと背中から下ろしておやつを見せると、「マン！」と言っ
て欲しそうにしています。暖かな日差しが注ぐ園庭のステージにシートを
敷き、リク君にとって、保育園で初めてのおやつタイムとなりました。入
園から11日目のことでした。

　安心できる人、場所があってこそ、子どもは生活し、成長していけま
す。おやつを初めて食べてくれたとき、リク君にようやく認めてもらえた
ような気がして、うれしかったです。

事例28　泣いて登園をいやがる
新入園の2歳児

　お母さんと別れるのがつらくて玄関で泣く子どもたち。ひとりが泣く
と、ほかの子どもも泣きだします。

　最近は少なくなりましたが、新入園の2歳が泣くというのは、それまで
家庭でゆったり楽しく何の不安もなく、幸福な時間を過ごしてきた証拠な
のです（これが当たり前なのです。何十年か前までは3歳も4歳も5歳も
新入園児が泣くのは珍しいことではありませんでした）。

　そんな中、いつまでも泣き続けるサヤカちゃん。

　大勢いる保育室から誰もいない部屋に連れていき、保育者がゆったりと
膝の上に抱いて、「サヤカちゃん、泣かないで遊んでいれば、お母さん、
ちゃんとお迎えに来てくれるから大丈夫」と話しかけてみます。「うん」
とはうなずくものの、またもや「お母さーん」と泣きはじめます。

　そこで保育者は、今度は逆のことを言いました。

　「サヤカちゃん、『お母さーん』って行きたいなら、行ってもいいよ」

　すると、ピタッと泣きやみました。

　サヤカちゃんは、一目散に玄関へ。でも、サヤカちゃんの外靴は、わざ

とかくしてあるのです。保育者は、「シメタ！」と思いました。靴がなければ出ていかないだろうと予想していたのです。ところが、玄関に行ったサヤカちゃんは、靴箱を見て靴がないのに気づくと「アレ？」と言ったかと思うと「いいや」とつぶやいて、そのまま、靴下だけで外に出ていこうとしたのです。

「あー、作戦はみごと失敗」

保育者が苦笑いしています。

そこで、「広い外でのびのびと受け入れてみては？」と助言しました。

保育者が、サヤカちゃんを庭に連れだします。最初は泣きながら遊具の方へ。そのうち泣きやんで、「先生、こっちだよー」と声さえかけてくるようになりました。外に出て遊ぶと解放感もあるし、先生も自分ひとりを見て遊んでくれます。そんな日が、3、4日続きました。そして、泣かないで登園してきた日にはノートにシールを貼ってあげたり、「保育園は楽しく遊ぶところ」と思わせるようにしたところ、サヤカちゃんは、笑顔で登園するようになったのです。

事例29 共感してともに遊ぶと別の遊びへ
水遊びをやめない2歳児

手洗い場に興味を持ちはじめたタケヒト君（2歳1か月）。初めのうちは、蛇口をひねることができなかったので、蛇口の前に立ち、手を洗っているつもりで遊んでいましたが、蛇口が回せるようになると、勢いよく水を出して、水遊びをはじめました。

「お水もったいないからね」「お水、大事、大事」と保育者が水を止め、別の遊びに誘ったり、外での水遊びに誘ったりして遊ぶのですが、「手洗い場」への興味はなくなりません。

そこで、「よし！　一緒に遊ぼう」と気持ちを切りかえ、手洗い場で一緒に水遊びを楽しむことにしました。ただし、「水は大切」ということを伝

えながら、です。手洗いをしたり、下にたまっている水を両手で触ったり。ときどき水を勢いよく出すので、「お水は小さくね」と伝えると、自分で弱めることもできるようになりました。

「冷たいね」などと会話をしながら楽しむこと、約20分。手洗い場での水遊びを十分に楽しむと自分からやめ、別の遊びへと移動しようとするのでした。「ぬれちゃったから着替えようね」と、すべてを着替えると笑ってほかの子どものところへ行きました。

これを3日間続けると、タケヒト君の手洗い場での水遊びはなくなりました。

事例30　ままごと遊び
２歳児（６月ごろ・11月ごろ）

◇ ６月ごろのままごと

ごっこ遊びが好きな子どもたち。人間の子どもが一番初めに出会う母や父などの家族の模倣が「ごっこ」の第一歩です（５、６歳児などの「ごっこ」は、総合活動としての重い遊びを言います）。ままごと、お風呂ごっこ、お掃除ごっこ、洗濯ごっこ、レストランごっこ、電車ごっこなど、いろいろな遊びの中で、子どもたちの実にリアルな表現に驚かされることがたびたびあります。また、その遊びの中で、子ども同士のかかわり方も変化していきます。６月ごろは、ままごとをしても、それぞれの子どもが料理し、作ったごちそうを人形や保育者に食べさせることが中心です。

部屋を、ままごと用のタンスや玩具の棚、布を貼った段ボール箱などで仕切り、それぞれの家を作ってみました。子どもたちは、自分の家にままごとの道具や人形を持ち込み、ごはんを作ったり、赤ちゃんの人形をあやしたりしています。

仲良しのアスカちゃんとトモミちゃんは、家もとなり同士。ときどき「こんにちは」とお互いの家を訪問し合っています。

「もう、うちの子には困るんですよ」とトモミちゃん。

アスカちゃんも「うちの子も、このごろ、全然寝ないんですよ」。

実感のこもった2人の会話に思わず吹き出してしまいそうです。

コンコン。

「こんにちは、おじゃましてもいいですか？」

保育者が来客者になって、クミちゃんの家を訪ねると「どうぞ」と言って箱をずらし、中に入れてくれます。クミちゃんはちょうど、赤ちゃんにミルクを飲ませているところでした。

「わあ、かわいい赤ちゃんですねえ」と言うと、今度は、ふとんに寝かしつけています。

ずうずうしく「私、お腹がすいたんだけど、何か食べさせてください」と言うと、黙って台所らしきところで料理のまねをし、お皿に移して「ハイ」と差しだします。

「これなあに？」

「スパゲティ」

「いただきます」

「モグモグ…、あっ、おいしい。お代わりちょうだい」

お皿を渡すと台所に行ってよそうまねをします。食べ終わって「ごちそうさまでした、とってもおいしかったから、また来ますね」と家を出ました。

次に行ったのは、マイちゃんの家です。マイちゃんは、赤ちゃんの添い寝をしているところでした。でも私が行くと起き上がり「どうぞ、入っていいよ」と招き入れてくれました。そして人形用のふとんを置き、「ここに座っていいよ」とすすめてくれるのです。座ぶとんのつもりなのでしょう、座ると「ハイどうぞ」と、もてなしてくれました。

その日は、午睡もそれぞれのままごとの家でしました。赤ちゃんに添い寝をしてトントンしているアスカちゃん、本を読んであげているトモミちゃん。マイちゃんは、ぬいぐるみがいっぱいで、自分はふとんからはみ出して寝ているのでした。

◇ 11 月ごろのままごと

　同じままごとでも、秋になるとずいぶんようすが違ってきます。

　ままごとコーナーを設定していると、みんなが集まってきます。普段、あまりみんなと遊ばないタカノブ君やシュン君もやってきました。

「トモミ、お母さん」

「私はお姉さん」

「ヒトちゃんもお姉ちゃんがいい」

「わたちも、わたちもお姉ちゃん」

「僕、お父さん」

「先生は、赤ちゃんね」

　コウタ君は、というと「僕は犬」と言って、つくえの下にもぐり込んだのです。シュン君やタカノブ君もまねしてもぐり込むと「ワンワン」と吠えたり、うずくまるようにして眠るふりをしたりしています。

　お父さんは新聞を読むかっこうをし、お姉さんたちはそれぞれお料理、トモミお母さんは「あー忙しいね、忙しいわー」と言いながら、あわただしく動き回っています。「オイ、めし」と言うお父さんに食事を運んだり、赤ちゃんに「ハイごはんよー」とスプーンで食べさせてくれたり。「マンマもっとちょうだい」と言うと「もっと食べるの？」とおかわりを持ってきて、また食べさせてくれるのです。でも3度目には「ハイ、もうおしまい。赤ちゃんはもうねんねしなさい」とふとんをかけられ、思いきりトントンされてしまいました。

　お父さんが「会社に行ってくるよ」と出勤。お姉ちゃんたちは犬に餌をやります。適当に「ポチ」などと呼んでお皿を差しだすと、犬もちゃんと反応して、四つんばいになり、顔をお皿にくっつけて食べ、ときどき「ウー」とか「ワン」とか言いながら、すっかりなりきっているのです。今までお父さんだったカンタ君までが、いつの間にか犬になって四つんばいで歩いていたり、ワンワン吠えたりしているのです。赤ちゃん役として「ワンワン〜」と言ってなでたりすると、みんなやさしく「ワン」と鳴いて、頭や体をすり寄せたりするのですが、それが、なんとも犬らしいしぐさな

のです。

　突然、ウェーンと泣くと、お母さんやお姉さんたちが飛んできて、「どうしたの？」「お腹、痛いの？」「おしっこ？」とお尻をさわったりして、いろいろ心配してくれます。「抱っこー」と甘えると、「エーッ！」と言いながらもお母さんが、おおいかぶさるようにして抱きかかえてくれるのです。

　それぞれが役割を意識して遊ぶようになり、保育者もその中のひとりとして遊びに参加させてもらいました。男の子の「犬」にはびっくりしましたが、なぜかいつも人気の役でした。そして、保育者は、なぜかいつも「赤ちゃん」です。

事例31　おもらしが止まった
双子の兄はザリガニチャンピオン

　空港に迎えに来てくださった園長先生から「年長の双子の兄弟の兄、タツヤ君が毎日おしっこを少しずつもらして1日に10回ぐらいパンツを取りかえるのですが、どうしたらよいでしょう。弟のカズヤ君の方は何でもできて活発、双子でもまったく違う性格のようで」との相談を受けました。

　園に着いて玄関を入ると、すぐそばのテラスのつくえの上にガラスの飼育箱が置いてありました。数人の子どもが見ています。ボストンバッグを持ったまま見に行ってみると、大きなザリガニがたくさん入っていました。

　「これ、誰が捕ってきたの？」

　「あのね、僕とね○○とね…」と大声でまくしたてるように話しだすカズヤ君。

　「…ちょっと静かに聞いてね。誰が捕ってきたの？」

　またもやカズヤ君がわめきはじめ、ほかの子どもたちが黙ってしまいました。その大声には、ただ呆然とするばかりです。

　そこで、カズヤ君に負けぬ大声で一喝しました。

　「だまれ！」

　一瞬、しんとなる子どもたちに、「よく聞いてください。このザリガニは、誰が捕ってきたの？」と問いかけました。

　子どもたちが「タツヤちゃん」と言ったかと思うと、カズヤ君が「あのね、僕とねー」と話しだします。

　「ダマレ！」と、また一喝。「カズヤ君には何も聞いてない！　カズヤ君は黙って聞くの！　カズヤ君は黙ってください、ほかの人に聞きます。ザリガニは誰が捕ってきたの？」

　「タツヤちゃんが捕ってきたの」「タツヤちゃんひとりでぜーんぶ捕ってきたの」と子どもたちが次々に言うと、またもやカズヤ君が大声で「だってさ…」と何やらわめきはじめ、ほかの子どもは黙ってしまうのです。

　「なんにも言わないこの人がタツヤ君なの？」

　「そう」「タツヤ君がね、全部捕ってきたの」。すると、またまた、カズヤ君が「あのねー」。とにかくカズヤ君のような子どもは例がないと思うほど、ものすごい勢いでしゃべります。

　「あなたがタツヤ君なの？」と問いかけると、またもカズヤ君が「あのねー、僕のね…」

　「ダマレ！　ウルサイ」

　ザリガニの入った飼育箱のまわりには、この騒ぎに子どもと保育者が寄ってきて、何ごとかと聞いています。

　「タツヤ君、すごいねー。こんなにたくさん、どこで捕ったの？」

　答えるのは、またもやカズヤ君です。

　「ダマレ、ウルサイ」。子どもたちも大人もシーンとなりました。

　「タツヤ君、何匹捕ったか知ってるの？」

　こっくりうなずいて、「19匹つかまえたの」と小さな声でポソリと話すタツヤ君。

　「すごい、子どもチャンピオンだ」

　「あのね、おばちゃん、タツヤはなわとび跳べないんだよ、僕はね」とまたもやカズヤ君。

「カズヤは向こうへ行け！　おばちゃんは君とは話したくないの、チャンピオンでもいばらない、すてきな子どものタツヤ君とお話したいの」

　おやつの時間になり、年長児は全員この騒ぎの顛末につき合うことになりました。おやつを食べながら「タツヤ君、おやつを食べたら、なわとびの練習をしようね」ととなりに座って話しました。

　なわとびを持って、庭の日陰になっている涼しい場所で練習をはじめましたが、タツヤ君はオドオドして、まったく跳ぼうとする気力が見えません。

　「おばちゃんはね、鉄棒も、なわとびも、とび箱も、ボール投げもぜーんぶ、全部できなかったのよ。運動会も大嫌いなの」

　タツヤ君が驚いたように視線を上げました。

　「本当なのよ。でもね、ちょっとだけいいことあるの。私は自分ではできないけれど、子どもには跳べるようにしてあげられるの。おばちゃんはね、できなくて困っている子どもに教えてあげるのは大好きなの。こうやってなわとびのひもを持ってね、両方の手を自分の体の前にこうすると跳べないのよ。見ててね。両方の手にひもを持って、こういうふうに手を上から下にするとき、バッテンにならないようにして、ぴょん」

　「１回ずつ、ぴょん、と跳んで」

　「そうそう」

　気がつけば年長児がみんな、ひもを持ってタツヤ君と一緒に、１回ぴょん、とやりはじめました。

　「そうそう、すごい、跳べた、跳べた」「はい、ぴょん」「もう一度、ぴょん」

　10分くらいするとひもを「前に回して、ぴょん」「できた、できた」「前に回して、ぴょん」「前に回して、ぴょん」「すごい、すごーい」

　30分経ち、１時間経ちました。

　日が西に傾いて、お迎えで子どもも１人、２人と減っていきます。

　「はい、ぴょん、ぴょん、ぴょん」

　２時間が経ち、タツヤ君の表情が引きしまりました。

「もうやめる？」と聞くと、「もっとする」とタツヤ君。

「1、2、3、4、5、6」

「1、2、3、4、5」

「1、2、3、4、5、6、7、8、9」

「1、2、3、4、5、6、7、8、9、10、11、12」

「タツヤ君、20回跳べるよ。大丈夫、10回以上跳べると、20回跳べるの、本当よ」

「1、2、3、4、5、6、7、8、9、10、11、12…」

「もう1回ガンバロウネ」

　6時を過ぎ、子どもたちは数人になってしまいましたが、園長先生も、手の空いた先生たちも全員、見て応援してくださっています。

「タツヤ君、お部屋に入ってやろう！」

「5、6、7、8、9、10、11、12、13、14、15、16、17…あっ、だめだー」

「8、9、10、11、12、13、14、15」

　さあ、もう1回。

「10、11、12、13、14、15、16、17、18…あっ、だめだー、もう1回」

「…15、16、17、18、19、20、21、22、23、24！　やったあ、バンザーイ。バンザーイ」

　お迎えのお母さんたちも、ホールに来て見てくださいました。

「バンザーイ」

　そのタツヤ君の姿は、見ている全員の涙を誘いました。

　時刻は7時。夏の太陽もそろそろ地平線にかくれるころ、タツヤ君とカズヤ君の両親がお迎えに来ました。

　この日のおやつの後、タツヤ君がおもらしをすることは1度もありませんでした。2日目、3日目もおもらしをしませんでした。そして、その後も。

事例 32 ウサギの玉入れ

工夫を重ねてみんなで楽しく

　１m四方くらいの大きさの段ボール板に、洋服を着たウサギの上半身の絵を描きました。ウサギの口の部分と、洋服のボタン３個分は、直径20センチくらいの穴を描いて、くり抜き、的あてのように玉を投げ入れられるようにしました。

　運動会で使う玉入れ用の玉を使って遊びはじめたのですが、玉の勢いで、すぐに段ボールが倒れてしまいます。後ろにいすや箱などを置いて立てかけるなどの工夫をしていましたが、今度は、次々と友だちが増え、思い思いの場所から投げはじめたためにトラブルになりました。すると、クニヒコ君が言いました。

　「じゃ、線を描いて、そこから投げれば」

　そして、みんなに聞きながら、段ボールから２メートルくらいのところに線を引きました。今度は、その線にいっせいに並んで、ウサギめがけて玉を投げます。投げ入れに成功すると、「バンザーイ」「やったー」と歓声が上がります。しばらくすると、ミノル君が段ボールを逆さまにし、穴の位置を変化させました。

　翌日、ミノル君が「野球みたいに白いのを敷いて、その上に僕が立って玉を投げてみたい」と言いだしました。その「白いもの」をさがしはじめましたが、思うような物が見つかりません。

　「そうだ。白い線で四角い場所を描けばいいや」「オーイ、みんなもこの中からやっていいよ」というミノル君の誘いに、一直線上に並んで玉を投げていた遊びから、ひとりずつボックスの中から玉を投げ入れる遊びに発展しました。

　しかし、３〜４回ボックスの中から投げると、今度は、自分に合った距離をさがすかのようにボックスよりも後ろに下がって投げはじめました。年長の子どもたちは、数回投げただけで、個人個人の投力の違いにも気づ

いたようです。

「段ボールの後ろ側に大きい箱をくっつけたい」とアツシ君。大きなトイレットペーパーの空箱を見つけ、ガムテープで段ボール板を貼りつけました。

地面に置くよりも自分たちの身長に合わせた高さにした方が入れやすいと考えたショウタ君は、ビールケースを台にしてその上にウサギの板を立てかけました。でも、遊びはじめると、玉にかなりの勢いがあることが判明。「ガムテープで貼ってもはがれてしまう」「貼っても無駄だ」とみんなに知らせます。

ショウタ君の話を聞いて、子どもたちは、「じゃあもう貼るのはやめよう。ウサギを寝かせよう」と、大きな段ボール箱を上に向けて置き、箱にふたをするようにしてウサギを描いた段ボール板をのせました。こうしてウサギが空を向いて寝ている状態での玉入れがはじまりした。

すると自然に玉の投げ方も変化しました。それまではスピードのある、野球のような投げ方だったのですが、置き方を変えてからは、スローで、円を描くような投げ方へと変わっていきました。ガムテープがはがれて立てかけられなくなったことで、遊びの工夫が生まれたのです。板を立てかけていたときは、一方向からしか投げられなかったのですが、板を上にのせると、ウサギを囲むように広がる円の上であればどこからでも投げられるので、大勢が参加できるのです。2歳児まで「ウサギちゃんポトン」と言いながら、玉を入れる遊びに加わっています。まわりの子どもたちも応援して、2歳児は大喜びです。

しばらく遊ぶと、ユリちゃんが、ビールケースを運んできて、その上に立って玉を投げはじめました。

「この上から投げると入りやすいよ。ウサギの口がよく見えるもん」と得意顔。玉を投げるときの目の位置にまで気づいたのです。

アキテル君は、チューリップ型に切り抜いてあった段ボール板を見つけて、2枚重ねにすれば、穴の位置や大きさを変化させられることを発見。ウサギの板1枚のときと比べ、チューリップを重ねて穴が小さくなった分

だけ、入らなかった玉が板の上にたくさんたまった状態になって、次に投げるときにその玉をめがけて投げれば、外の玉が穴の中に入ることも発見しました。段ボール板1枚のときには見られなかった新しい遊びです。少し難しくなり、投げ方を工夫すれば1度に2個も穴の中に入れられる、ワクワクする楽しさがありました。

「いくつ玉が入ったか、すぐわかるように野球みたいに点数をつけたい」とショウタ君。「柔らかい紙だと土の上で書けないから固いのにしな」というコウイチ君の助言で、厚めの紙を持ってきて得点表作りがはじまりました。

でも、「たまいれ」の「れ」という字が上手く書けません。とうとう、「おーい誰か、『れ』っていう字教えてよ」と助けを求めると、カオリちゃんが自信をもった表情で書いてくれました。それに刺激されたのか、ナオコちゃん、ミホちゃん、カスミちゃんまで、手に手に紙を持って「たまいれ」と書いてくれました。

みんなの協力でできあった紙に、玉が1個入ると1、次にまた入ると2、と順番に数字を書き入れていきます。一番最後に書かれた数字が自分の得点です。

「誰が一番早く10点になるかゲーム大会しよう」というアツシ君の提案でゲーム開始。早く10点入れたい気持ちから、子どもたちは、どんどん段ボール箱に近づいていきます。

「ヒサシ君、ズルした」とクニヒコ君。

「クニヒコ君だって前に出ていた」とヒサシ君。

ズルした、しない、の言い合いで、どちらもゆずりません。まわりの子どもに聞くと、「初めは線のところから投げていたけれど、早く10点入れたいから少しでも入りやすい前の方に少しずつ出てきた」ということがわかりました。でも、実は、それは2人だけでなく、全員がそうだったということもわかりました。

そういうときはどうしたらよいか考えると、「線だからズルしちゃうのかもしれない、ビールケースなら大丈夫じゃない？」とミズホちゃんが提

案。ビールケースも用意してくれましたが、今度は、ケースを同じ距離に
置くのが難しく、「あの箱が前に出過ぎている」とか「ちょっとずれてる」
と言いだします。どうしたらどのケースも同じ距離で、同じ条件で投げら
れるかを考えていくと、「運動会で使った丸いので調べれば」とクミちゃ
んが巻尺のことを思い出しました。段ボール箱から3メートル離れたとこ
ろにケースを置くことができました。

　ウサギの口とボタンがくり抜いてあるだけの1枚の段ボール板から遊び
出した子どもたち。自発的に遊ぶ子どもの活動は「もっとおもしろく遊び
たい」という気持ちに後押しされて発展していきます。その意欲があった
からこそ、遊びの中で自然に、いろいろな局面に遭遇し、解決し、相手を
思い、自分も主張しながら伸びていくのです。

　「意欲ってどんなときに育てられるのですか？」という質問があるたび
に、このウサギの板で遊んだ子どもたちのことが思い浮かびます。

事例33　「いす取りゲーム」1年間の記録
3歳児担当の保育士より

　本吉先生から「3歳児のいす取りゲームをルールも何も説明せずに3か
月ごとにやってみなさい。どのような発達をしていくのか見ていくときっ
とおもしろいから」とアドバイスを受け、やってみることにしました。

◇ 5月8日（水）第1回

　「いす取りゲームするから、いす持って丸く並べて！」

　わくわくした表情を見せたり、「何をするんだろう」と戸惑いの顔を見
せる子もいる中、声をかけると、子どもたちはいすを持ってきました。果
たしてゲームがどのようなものなのか理解しているのか、何も指示をせず
不安の気持ちもある反面、子どもたちがどういう動きをするのか楽しみで
もありました。

「私はここに座ろうっと！」「じゃあ、○○ちゃんのとなり」と自分の好きなところにいすを置きます。どこに置いていいかわからなくて、まわりのようすをうかがいながら置いている子もいます。

　ユウナちゃんが「まーるく置いてよー！」とみんなに伝えますが、できあがりはうず巻のような並べ方でした。いすの向きは全員中心を向いています。

　「音楽がはじまったら立って、止まったら座ってね」

　最低限のやり方だけ説明し、ゲームがスタートしました。最初は誰も動かず、1回、2回とようすをうかがっているようでした。やり方がなんとなくわかってきたのか、回を重ねるにつれて、次第に動く人数も増えていきました。そんな中、直前までハルト君が座っていたところにサクラちゃんが座りました。

　「そこはハルちゃんのとこだったよ！　ハルちゃんの！」

　ハルト君は、急いで自分のいすへ戻ってきて、強い口調でサクラちゃんに伝えます。しかし、サクラちゃんには、ほかに座る場所がなかったのです。

　「そうなんだ。みんなは見てた？　どう思う？」と聞いてみます。

　「ハルちゃんが座っとった」

　「ユウマもハルちゃんと思う」

　ハルト君に同意しながらも、言っている2人は同じ場所に座り続け、片時もいすを離れようとしませんでした。「だってずっと座っとったもん」と言い続けるハルト君。

　「そうかー。困ったね。こういうとき、どうしたらいいんだろう」

　「誰かがどいたらいいんじゃない？」とアヤノちゃん。そうは言いつつも、自分のいすはしっかりと握っています。

　「誰かどいてくれるのかな？」

　そう言った瞬間、まわりを見渡すと、座っている子全員が「渡さない！」と自分のいすをギュッと握りしめ真剣な表情になりました。ホノカちゃんがサクラちゃんに席をゆずってゲームを再開しましたが、「もうやらない」

と言って、次々に子どもたちが抜けていき、結局ゲームになりませんでした。

◇ 7月4日（木）第2回

　前回と同じように「いす取りゲームしよう！　いすを持ってきて置いてね」と伝えました。今回は、保育者を前にして扇形のような形になりました。

　前回と違い、最初からほとんどの子が動き出しました。数人は自分のいすからほかのいすへ移動をしていましたが、ほとんどの子は、また自分のいすの場所に戻ってきます。数回やると、サツキちゃんがポツンと困ったようにたたずんでいるのに気づきました。

　「アヤノちゃんのとなり…」

　それだけ言うと、サツキちゃんは、泣きだしてしまいました。ずっと座っていたアヤノちゃんのとなりに座れなかったので、どうしたらよいかわからなかったのでしょう。アヤノちゃんの両どなりには、すでにモモカちゃんと、コウタロウ君が座っていました。

　「どうしたらいいんだろうね？」と問いかけてみます。

　すると、コウタロウ君のとなりに座っていたタクマ君が「代わってやるよー」とサツキちゃんに言いました。しかし、サツキちゃんはどうしてもアヤノちゃんのとなりがいいのか、首を横に振りました。

　「サツキちゃんにいすをゆずってくれたんだ。タクちゃん、ありがとうね。でも、アヤノちゃんのとなりがいいんだって」とタクマ君に伝えます。

　タクマ君は「席はどこでもいいんだよ！」と言い、空いたいすに座っています。ぽっかりと空いたコウタロウ君のとなりのいす。それを見て、「コウちゃんが1つずれて、タクマ君の座ってたところに座れば、アヤノちゃんのとなりに座れるよ」とサヤカちゃんが言いました。そこで、「そうなんだって、コウちゃんはどう？」と聞いてみます。

　「うん。よかよ」

　コウタロウ君がこれを快く受け入れ、サツキちゃんは無事にアヤノちゃ

んのとなりに座ることができました。

　ゲームが進むにつれて人数が減っていきますが、何ごともなく進んでいくように思えたところ、アヤノちゃんが、ユウナちゃんに「ここ取っておいて！」と言いました。そのため、次の回から保育者もゲームに入ることにしました。

　ユウナちゃんは動かず、必死の表情でアヤノちゃんの席を守っています。楽しそうに安心した表情で走り回るアヤノちゃん。音楽が終わると同時に、その席に保育者が座りました。その瞬間、「アヤちゃんのー！　うわあああ！」と怒り、アヤノちゃんが威嚇するように保育者につかみかかってきました。

　「どうしたの？　アヤちゃん」

　「アヤちゃんのだよ！　アヤちゃんのー！」

　「さっき、タクマ君が『席はどこでもいいんだよ』って言ってたから、先生も『そのとおりだよな』と思ってここに座ったんだ」

　その横では、ユウナちゃんが「どうしよう…」と、気まずそうにようすをうかがっていました。必死でいすを取り返そうと、アヤノちゃんは涙、涙で訴えますが、どうにもなりません。結局、アヤノちゃんがあきらめて、外へ出ていきました。

　その後、ユウナちゃんはどうしていいかわからないように、ずっと自分の席から動きませんでした。次々にいすが減っていく中、最初から今まで一所懸命遊んで席を取ってきたミサキちゃんは負けてしまって、くやしそうにユウナちゃんを見ています。

　「ミサキちゃん、どうしたの？」と聞くと、「ユウナちゃんが動かなかったから、座れなかった！」と泣きながら声を上げます。うつむくユウナちゃんに、ミサキちゃんは「いやだった！」と必死に訴えます。

　「ユウナちゃん、今つらそうに見えるけど、本当に楽しかった？」という問いかけに「ううん、楽しくなかった」と、答えるユウナちゃん。

　「そうだよね。ずっと座ってても、楽しくないよね」と声をかけると、その後はスッキリしたように遊びはじめました。しかし、その後もトラブ

ルが続いてゲームを続けることができず活動を終了しました。

◇ 10月3日（木）第3回

　今回のいすの配置は楕円形のような形でした。全員が座るまでしばらく見ていると、コウタロウ君が、「もうちょっと広がらんば」と言い、何人かが丸くなるよう調整をはじめてきれいな円ができあがりました。久しぶりの活動にもかかわらず、こうした動きが起きたことに驚きました。ところどころでトラブルにはなるものの、確実に「いす取りゲーム」の形になりつつあり、活動もスムーズに進んでいきました。

　ゲームも終盤。先ほどの回で負けたアヤノちゃんが不満そうな表情を見せています。話を聞くと、「マリちゃんがずっと動かなかったから」と訴えました。一緒にゲームしていたミサキちゃんも加勢します。アヤノちゃんとミサキちゃんは、マリちゃんに対して「いやだった！　何で動かんと？」と強く言うのですが、マリちゃんは下を向いたまま、しゃべりません。そこに、さらに何人かが加わり、容赦なく続けました。

　「だって勝ちたかったんだもん！」と、マリちゃんが口を開くと、「アヤちゃんたちも勝ちたかった！」「マリちゃんはズルい！」「なんで何もしゃべらんと？」とアヤノちゃんたちが応酬します。あまりの勢いに、マリちゃんも考えたようで「もうせん！　ちゃんとするもん！」と答えました。

　ほかの子どもたちの「うん、じゃあいいよ」という言葉を聞くと、マリちゃんはスッキリしたように楽しそうにグルグルいすのまわりを走りました。音楽が止まると、アヤノちゃんが座れませんでした。

　「アヤちゃん残念やったね」と声をかけると、「うん。でも誰も変なことしてなかったもん」と晴れ晴れとした表情で出ていきました。マリちゃんも最後までゲームに残ることはできませんでしたが、こちらもアッサリ抜けていきました。

　この日は、いす取りゲームの活動で初めて1等賞が決まりました。今回はみんなが参加しているという自覚があったようで、変にフラフラする子も少なく、優勝したコウタロウ君に「おめでとう！」と声をかけていまし

た。

◇ 1月30日（木）第4回

　相変わらず円の向きは内側ですが、「そこ離れてるよ」「じゃあ、くっつ
こうよ！」と、子どもたちだけで円を作るのも、だいぶスムーズにいくよ
うになりました。ゲームがはじまると動かない子が出てきたりしますが、
まわりの子が「ちゃんと動かんばー！」など言い、子どもたちが主体となっ
てゲームをやっていることがわかります。今までのトラブルばかりの活動
がうそのようにスムーズにゲームが進行していきました。

　何回かゲームを繰り返したときのことです。カイ君が座ろうとすると、
となりの席に座っていたタクマ君がカイ君を押して、それを遮りました。
カイ君が泣いている一方で、タクマ君は座れなかったサツキちゃんをその
席へ誘導していました。

　「先生、今ちょうど見ていたんだけど、タクマ君、なんでカイ君を押し
たの？」

　「タクマ君が変なことしてた」

　子どもたちが訴えてきます。

　しかし、「してなかったよ！」と、タクマ君も反論します。サツキちゃ
んを見ると、浮かない顔をしていました。

　「サツキちゃんどうしたの？」

　「あのね、座りたくない…」

　「タクマ君、サツキちゃんのために取ってくれたんじゃないの？」

　「だって、おもしろくないもん」

　「おもしろくなかったんだ。先生はサツキちゃんの気持ちわかるなー」

　すると、カイ君も「僕も。先生、もう抜けるよ」と言うと、スッキリし
たように軽い足取りで、輪を出ていきました。となりにサツキちゃんを座
らせようとしたタクマ君はショックでしばらく浮かない表情をしていまし
たが、同じようなことを繰り返すことはありませんでした。

　しかし、いすも残り少ないゲームの後半になると、コウタロウ君とハル

ト君の間でいすの取り合いが起こりました。お互いちょうど半分ずついす
に座っている状態で、相手を押しだそうとしているのです。

「ハルちゃんが先で、コウタロウ君が後からだよ」とサクラちゃん。

「そうなんだ。先生はどっち早かったのかはわからなかったんだ」

すると、「コウちゃんが先やったよ！」と、コウタロウ君が、顔を真っ
赤にして怒っています。

「コウタロウ君はこう言ってるんだけど、ハルちゃんはどう？」

「……」

「このまま何も言わないでおく？」

「ううん…。あのね、コウちゃんが最初に座ったの」と言って、ハルト
君は、スッと立ち上がりました。

「そうだったんだ。ちゃんと『最初に座ったのはコウちゃん』って言え
てすごい！　かっこいい！」

「うん。かっこいい！」とコウタロウ君も同意しました。

ハルト君の表情が明るくなり、走って円の外に出ていきました。コウタ
ロウ君もその後すぐに負けてしまいましたが、笑顔で円の外へ。そして、
「ミサキちゃん、がんばれよー！」とほかの子の応援をするのでした。2
人の気持ちが晴れ晴れとしたのがわかりました。ゲームを続けていくと、
何回か席の取り合いはあるものの、「あのね、ミサキちゃんが早かった」
などと自分が遅かったことを認めて、トラブルにはなることはありません
でした。

今回のゲームで一番印象的だったのは、コウタロウ君です。ハルト君た
ちが動かなかったりすると、「何で動かないの？　おもしろくない！」と声
を上げていました。サクラちゃんとコウタロウ君の2人が最後に残ったと
きのことです。音楽がいつ止まるかと電子オルガンにチラチラ目をやるコ
ウタロウ君。しかし、座ったのは、サクラちゃんでした。コウタロウ君は、
自分が負けたのがわかった瞬間に、顔が真っ赤になり、一瞬涙目になりま
したが、「あー！　目が回ったー！」とおどけてみせました。誰よりもくや
しかったはずです。いろんな葛藤があったことがよくわかったと同時に、

成長を強く感じました。

　一年を通じて、いす取りゲームに取り組みましたが、振り返ってみると、4月ごろ、玩具の取り合いで激しいつかみ合いをしていた自己中心的な子どもたちの姿を思い出します。同時に「私たちが指示しなくても、子どもたちは自分たちで考えてルールを作っていくのだな」と子どもの力と成長に感動を覚えました。「自分のいすに執着」というところから「どこに座ってもいい」へ、「いすを取られないように動かない」から「おもしろくないから、やっぱり動く」へ、「席を取ってあげる」から「取ってもらってもうれしくない」へ、「席の取り合いになる」から「本当は自分が遅かった」へと、個人差はあるものの、それぞれがいす取りゲームで段階を経て発達していったのがわかります。自分たちでルールを作り上げていったり、トラブルを解決したり、時には葛藤が生まれたりと、記録に書くたびに、子どもたちの発達が目に見えてわかります。一年間の幅を考えられた結果になりました。

事例34　「つな引きしよう」
勝ちたかったシンジ君

　「ゆり組としよう」「ひまわり組としよう」
　子どもたちの中から、そんな言葉が自然に出てきました。早速、5歳児のゆり組と4歳児のひまわり組に分かれて、つな引きをしました。結果は、何回やってもゆり組の圧勝。
　「もう1回やろう」と言うのは、ゆり組です。何度も負けてくやしいひまわり組の子どもは、ポロポロ涙をこぼして泣き出しました。
　「ゆり組とやりたくない」「だってゆり組は大きいんだもの、負けちゃうもん」
　一方、ゆり組は、ニコニコして言います。

「もっとやりたい」「やればひまわりも勝つかもしれない」「ひまわりに勝ってうれしい」

そこで、ひまわり組の子どもたちに、提案してみました。「ねえ、ひまわりさんが、すみれ組やれんげ組（3歳児クラス）とやってみたらどう？」

「勝つと思うけどいやだー」

「どうして？」

「だって小さい子だもん」

大きいゆり組に負けて悲しい経験をしたひまわり組の子どもたちは、小さい子に勝っても本当に喜べないということを全身で学び取ったようです。

さて翌日、この4歳のひまわり組の子どもたちの声を聞いたゆり組の子どもたちは、ショックを受けたようです。それでもゆり組のシンジ君は「れんげ組とすみれ組とやりたい」と言ってゆずりません。一方、ほかの子どもたちは「同じくらいの力の人と引っぱりっこした方がいい」と考えはじめたようです。「ゆり組とひまわり組がそれぞれ半分ずつに分かれればいい。人数も同じにしなくちゃあー」という意見も出てきました。そこで子どもたちに問いかけます。

「同じ力の人、ってどうしたらわかるの？」

「あのね、背くらべすればいい」

「それじゃ、背の高いノブコちゃんと背の低いヨウコちゃん、ちょっと引っぱりっこしてみてー」

予想に反して、背の低いヨウコちゃんの方が勝ってしまい、ひとりずつ引っぱりっこをしてみることになりました。男の子は男の子同士で、女の子は女の子同士で引っぱりっこです。

「次は？」

「勝った人と負けた人が別々に分かれてするの？」

分かれてみて、これは変だ、と気づいたカツヨシ君やアヤト君、そしてヨウコちゃんたち。

「勝った人がまた勝っちゃうよ、だって今負けた人はやっぱり負けるかもしれない」

「そうそう」

「でもちょっとやってみる？」という保育者の声で、やってみることに。

「やっぱり、さっき勝ったカツヨシ君たちの方が勝って、ノブコちゃんやシンノスケ君の方は負けちゃった」

「どうしたら、両方が同じぐらいの力になるかな？」

「わかった、さっき勝った人が二つに分かれて、負けた人も二つに分かれて、それを赤組と白組にすればいい」

「ヨーイ、ピィッー」笛の合図で、オーエス、オーエス。赤白同じぐらいの力でしたが、赤が勝ちました。

「もう１回しよう」

２回目も赤の勝ち。もう12時半です。それでも「もう１回する」と子どもたち。用務のフジタさんも、給食のヤマモトさんも応援に来てくださいました。

「じゃあ、もう１回、しゃがんでしっかりつな持ってぇー」

園長、主任、もう給食を食べ終わった子どもたちも見に来ました。

ヨーイ、ピィッー。オーエス、オーエス…。でもまた、赤の勝ちです。

「お食事してからまたやろうか！ 疲れたでしょう？」

白組の子どもは、泣きそうな表情をして「もう１回やる！」と訴えます。

「よーし、もう１回元気を出してやろう」

ヨーイ、ピィッー。オーエス、オーエス。白組の子どもの顔は、みんな引き締まって真剣そのものです。

「勝ったー」「バンザーイ」「バンザーイ」

今度は、白組の勝ちです。２歳、３歳の子どもたちもパジャマのまま、飛び出してきました。

「いい体験しましたねー」

「何度も負けた白組の方が、より大きな宝物をつかみましたね」

給食のヤマモトさんたちも目をうるませています。

「やっぱり、みんなが一生懸命、赤、白、同じぐらいの力に分けてやったからこうなったんだと思う。最後までシンノスケ君もがんばったし、先

生、とってもうれしい」

　この日の給食は、頭も体もたくさん使ったせいか、みんな、10分もかからず、あっという間に食べ、ビスケットやおせんべいを特別にもらって食べながら、「いつもと同じ給食なのに、いつもより少なかったみたい」などと言い合っていました。食事の量も少なく、食べ終わるのに時間のかかるアヤカちゃんもすぐに食べ終わり、スキップして食器を片付けていました。

　「明日は、今日と違う友だちと引っぱりっこして、赤と白と違う人とグループになって、またつな引きやってみたい」という声も聞こえます。

　翌日、子どもたちは、違うメンバーのグループを作って、つな引きを満喫していました。

　後日、「すみれ組とつな引きしたい」と言っていたシンジ君がすみれ組とつな引きすることになりました。観客となるのは、4歳、5歳の子どもたち全員です。年長のヒロカズ君は「僕は、自分よりずっと弱い人に勝っても絶対に喜びたくない」と真剣な顔で話しています。するとほかの年長の子どもたちも次々とそれぞれの考えを口にしました。

　「僕も、自分と同じぐらいの力の人と競争したい」

　「弱い人に勝ってもいやな感じ」

　「勝ってもバンザイしたくない」

　「勝つときと負けるときとある方がいい」

　「僕も」「私も」

　「だけどちょっとだけ勝ちたい」

　そこで、こんな話をすることにしました。

　「先生は、運動会のかけっこで、アサコちゃんが転んじゃったとき、二番で走っていたカンタ君が、『大丈夫』ってアサコちゃんのそばに来て、起こしてあげてビリになったとき、涙が出るほどうれしかった。人間がみんなカンタ君みたいにやさしい心をもっていたらいいなーって思ったの。そしたら、見て応援していたみんなのお父さん、お母さんたちが、カンタ君のやったことに感動して、すごーく大きな拍手したでしょ。先生は、一

番になることもすばらしいことだと思うけれど、思いやりのあるやさしい人に感動するのね。カンタ君のようにね。いつもやさしくて、あのときも自然に、友だちを心配してたよね。それが、先生はとってもうれしかったの」

「あたしのママも言ってた。カンタ君のこと、かけっこの1等よりもっと大きな1等賞だって」

シンジ君は途中入園でもあり、本の読み聞かせの時間も少なく、片付けのときなども「先生にしかられるから…」と言う声が聞こえて、心配していたところでした。愛される喜びや、負けることは恥ずかしいことではない、ということをシンジ君に十分に伝えることができていたら、シンジ君の気持ちも違ったものになっていたかもしれません。

どの子どもも、自信をもてるように、困難を突破したうえでの達成や成就の経験の機会を作らねば、と反省させられました。

事例35　園庭のぬかるみに砂まき
みんなの「賛成」でクミちゃんに変化

雨の後は、園庭がぬかって靴が汚れます。

「困ったね」と誰に言うともなしに声に出すと、そばにいた3歳のクミちゃんが、「ここのトロントロンのところに砂を持ってきてまけばいいよ」と言いました。

これを聞いた子どもたちは、いっせいに「やろう」「やろう」の大合唱。シャベルやバケツを持って、作業がはじまりました。気がついたら、3歳児全員が加わっています。しかし、ぬかった土は小さなバケツ2、3回の砂ではとてもよくはなりません。ぬかるみはかえって広がっていくようです。一番先にいやになったのは担任の保育者のようですが、子どもは誰もやめるとは言いません。クミちゃんは始終ニコニコして、「先生早くしないとどんどん溶けていくよ」と必死です。ショウゴ君は「僕はお部屋で少

し休んだから、またやるよ」とがんばります。途中から見ていた年長、年中の子どもたちもやり出し、砂が庭全体にまかれたところで、やっと終わりました。はじめてから1時間半も経っていました。でも、そのおかげで、次の日から外で遊べるようになりました。

　そればかりではありません。毎朝お母さんと別れるときに泣いていたクミちゃんが、この日から明るく活発になったのです。いつも保育者の後を追っていたのに、まるで人が変わったように、登園するとすぐに友だちと元気に遊ぶようになりました。この雨の日以降、クミちゃんが泣いて登園することは1日もありませんでした。

　クミちゃんは、自分が言いだしたこの「仕事」にみんなが賛成してくれて、最後までやり通したことで、自信をもてたのでしょう。すばらしい1日でした。

事例36　新幹線に乗りに行く
駅名を覚えた5歳児

　新幹線が描かれた絵本を読んだ子どもたち。
　「新幹線って速いんだよ、風みたいに速いんだよ、大阪のおじいちゃんの家に新幹線ひかり号に乗って行くんだ！」と中心になって話すトシノリ君。地図を広げて見せながら、東京はここ、大阪はここ、と大騒ぎです。
　「私、静岡のおばあちゃんち行ったことある」
　「新幹線に乗ったの？」
　「ちがう。電車で行ったの」
　「新幹線のひかりとこだまに乗りたい人？」と問いかけると、もちろん全員総立ちで「乗りたーい」の大合唱。
　「この地図には北海道から沖縄までが書いてあるの。1都、1道、2府、43県。これを全部覚えて、次は東京から大阪までの新幹線の駅の名前も全部覚えられたら、新幹線に乗りに行こう！」

「えっ、本当に新幹線に乗るの？」

「そうよ、先生も地図を見ないで暗記して言えるように、東京から大阪までの駅の名前を覚えられるか、競争しましょう」

日本地図の輪郭を書き、「1 ほっかいどう、2 あおもり、3 いわて、4 あきた、5 みやぎ、6 やまがた、7 ふくしま、8 にいがた、9 いばらき、10 とちぎ、11 ぐんま、12 ちば、13 とうきょう、14 さいたま、15 かながわ、16 やまなし、17 しずおか、18 ながの、19 とやま、20 ぎふ、21 あいち、22 ふくい、23 しが、24 みえ…」とひらがなで県名を書き入れていきます。県名は、小さく漢字でも書いておきます。地図ができたら、壁に貼り、北海道、青森、岩手…と声を出して読んでいきます。

続いて、午前10時ごろから子どもと斉唱して暗記します。午前中で北海道から15番の神奈川県までぐらいはだいたい暗記できます。午後からの暗記では、続きの山梨からではなく、かならず北海道から読んでいきます。保育園は午後も夕方までいますから、本州全部と四国、または九州も覚えてしまいます。ただし、内陸の県は、言うたびに順番が変わるとクラス全員でそろって言えなくなるので、ある程度、言う順番を決めておくのがコツです。

そして、「30人全員で東京駅で新幹線に乗ると、ほかのお客さんの迷惑になるから、先に覚えた子どもから行くことにしよう」と提案すると…。そうです！ 子どもは大ハッスルで覚えます。2日あれば、日本中の県名も地図も頭に入って覚えてしまいます。

こうしてまずは県名を覚え、次は東京駅から大阪までの駅名を覚えるのです。覚えるのは、「こだま」の停車駅、次に「ひかり」の停車駅です。各駅停車の「こだま」の停車駅を覚えてから、「ひかり」の停車駅を言うのは簡単です。これは、苦い経験がもとになっています。まずは「ひかり」の停車駅を覚えて、次に「こだま」を…とやったときには大失敗でした。

日本の県名全部と東海道新幹線の駅名を覚えた子どもたち第1陣15人が、いよいよ新幹線に乗ることになりました。ラッシュを避けて、自動販売機で自分の切符を買い、電車に乗って東京駅へ。乗り換えでも切符を取

るのを忘れません。

　東京駅では、入場券を買って新幹線の改札へ。当時は、新幹線が開通してまだ1年。そんなに混んではいません。ホームには新幹線が停車中で、自由席の方はガラガラに空いています。

　乗車して腰かけてみました。そのときの子どもたちの神妙な顔といったら！　通路を歩き、連結部分を通って次の車両に行き、トイレも見てみました。そのころは、公衆電話も、軽食のビュッフェもありました。発車までの合間を縫って、急いで見て、降りました。

　反対側の14番線ホームにも新幹線が入ってきました。またちょっと乗せてもらいました。ホームの端からも新幹線を見ました。

　「これは『こだま』だね」

　「東京駅の次はどこに停まるのかな？　小田原、熱海、静岡…」

　「大きくなったら、切符を買って乗るんだ」

　子どもたちは大はしゃぎです。帰りの電車は日中で座ることができ、よほど緊張して疲れたのか、みんな、こっくりこっくり。

　駅から園までは、かけ足で帰り、迎えに飛び出してきた子どもたちに「かっこよかった！」「電話も、食堂車もあった」「トイレもあった」と報告します。留守番をした子どもたちも、大ハッスルでほとんど覚えてしまい、「明日行こう」とやる気満々です。県名は毎日折にふれて「北海道…沖縄」と唱えていました。

　数日前、みんなで新幹線を描きましたが、この日は、見て乗ってきた子どもたちが、「もう一度、新幹線の絵を描きたい」と言いだしました。描き上げた絵は、数日前とは、まったく違うものでした。紙いっぱいに、伸びやかな線で堂々と描いています。見た実物の新幹線は白と青の線だったのに、オレンジや黄の新幹線になっているものもありました。

　後年、新潟の園などで年長に同じような活動をしましたが、地方では実際に乗車する体験は難しいかもしれません。でも、こうした活動は、小学生になっても全部覚えているものです。すごろく遊びなどにも応用して発展もしています。

事例 37　本物のお金を使う

遠足のお菓子で兄弟におみやげ

　総合活動は、お金を使うと、いきいきしたものになることが多いのですが、シンプルな活動でも自由に取り入れることができます。

- 本屋さんごっこ（本物の絵本で）
- お菓子屋さんごっこ（おやつのお菓子）
- 遠足のお菓子屋さんごっこ
- 給食ごっこ、お弁当屋さんごっこ
- お風呂屋さんごっこ
- 劇場ごっこ
- お店ごっこ（洋服屋、花屋、魚屋、八百屋など）
- 乗り物ごっこ
- その他、何でも

　本物の硬貨（1円、5円、10円、50円、100円、500円）を、消毒して多めに用意します。数はお金を使うとわかりやすく、作ったお金よりも本物のお金のほうが、興味や意欲の面で、ずっと効果的です。

　保護者の要望に応えて、親子遠足を行っていたころは、お弁当の後、お菓子をいっぱい広げて、近くに座った人たちとお互いにあげたりもらったりする、楽しい光景が見られました。子どもだけの遠足では、1袋全部がおせんべいやビスケットになってしまいます。確かに量は十分ありますが、種類は少ないのです。

　「遠足にどんなおやつを持っていきたいの？」と聞いてみると、アメ、チョコレート、ガム、クッキー、おせんべい、ポテトチップ、缶のジュース、みかん、りんご、バナナ、その他、流行のスナック菓子などが挙がります。中には、大人の知らないようなお菓子の名前も聞こえてきます。

　アンケートを取ってみると、おやつにかけるお金は、300円～500円くらいです。保護者の賛同を得て、300円程度を徴集し、子どもたちが

遠足に持っていきたいものを子どもたちと一緒に買ってくることにしました。そして、園に戻ったら、そのお菓子を使ったお買いものごっこをするのです。

　5枚入りで100円のチューインガムは、1枚ずつに分けて1枚20円で売ります。おせんべいも1枚ずつ袋入りのものを30円で。チョコレートは1粒10円、アメも1粒10円、みかんは1つ30円、缶ジュースは60円、ビスケットやバナナなども同様に売ります。

　お店やさんは、保育者です。3歳、4歳には10円玉をたくさん用意し、5歳は10円玉を5枚、50円玉を2枚、100円玉を1枚などと、硬貨を組み合わせて持たせます。保育園の場合は、家からお弁当を持参すれば、当日の給食費を全額、果物やジュース、お菓子に使うことも可能かもしれません。

　さて、子どもたちを見てみると、一人一人、実によく考えて買っています。3歳のアサ君は、ジュース3本だけ。5歳のヒナちゃんは、お菓子を全種類1つずつ。ケイスケ君は、みかんとジュース。3歳のテルミちゃんはアメだけ。5歳のエイタ君は、えびせんスナックとコーンの袋詰め、おせんべい。フミコちゃんは、アメ、ガム、チョコ。

　給食の方が、パンを小さく切ったラスクと小さな丸いドーナツを作ってくださいました。ラップで包んでリボンで結び、保育園特製おやつとして1包み5円の「特別価格」で安く売り出します。

　全部のお店をじっくり見ていて、なかなか買いものをしないハナノちゃん。不思議に思って見ていると、一生懸命考えているようすです。指を出して計算したり、天井を見上げたり、残りのお金を見たりしながら、ハナノちゃんは、次のような買いものをしました。

● ドーナツ9包み（ラップ包みで1包み5円）
● ラスク9包み（ラップ包みで1包み5円）
● アメ9粒（1粒10円）
● ガム1つ20円
● ゼリービーンズ1袋10円

- みかん1つ30円
- 缶ジュース1本60円

合計300円

ハナノちゃんの家は、9人家族です。子どもが7人。お父さんは病気。お母さんは、朝から新聞配達、昼は会社勤め、夜は料理屋さんの手伝いで、寝る時間以外は働き通しです。

毎日お迎えに来るお姉ちゃん、お兄ちゃんもみんな仲がよく、遠足から帰ったハナノちゃんからラスクやドーナツ、アメをおみやげにもらって家族で食べるようすが目に浮かぶようでした。そして、こんなにもやさしい、家族思いのハナノちゃんのような子ども7人を育てられているお母さんはすごいと思いました。

事例38 子どもの育ち

研修後の1週間の保育日誌より

富士山の近くにある保育園の園長先生から「園内研修に来てもらいたい」との連絡をもらいました。園長先生からの希望は、年長の子どもたちが伸び悩んでいるので、どんな活動をしたらよいか、できるだけ具体的にその保育園の先生方にできるような例を出して話してほしいというものでした。急でしたが、1月9日に行くことになりました。1月10日から卒園までは、行事もあり、数十日しかありません。私の講演時間内に具体的に説明でき、翌日からできるようなレジュメを作りました。寒い地方なので、それも考慮に入れ、応用を考えました。

講演会のレジュメは次のようなものとしました。
- 文字、数など必要とする遊び
- カード類での応用
- 時計、時間の必要

入学前であることも考慮して、私の園では、入学する学校からその子ど

もの家まで歩いて何分かかるか、など、時計を読んだり、時間を体感したりできるような体験や学校ごっこを例年実践しています。また、その結果をマップ作りなどをしてまとめています。

- 東京では年に１、２度しか作れませんが、氷作りをぜひ（おすすめの活動）
- 冬の空に関心を。月や星を見てくる宿題と、図鑑の利用のしかた
- 物語を読む（絵本は保育者からは見せません。子どもから要求のあったときのみ）
  - 推せん図書：椋鳩十の全作品（ポプラ社刊、幼児向きなのは『カモの友情』『大空に生きる』『月の輪グマ』など）のほか、世界中の子どもに読んでほしい、ウィーダ『フランダースの犬』、芥川龍之介『蜘蛛の糸』など（本を持参）
  - 読むときは、ラジオのアナウンサーの朗読のように、凛として朗読を（実際に読む）
- 歌う
  - 世界中の人が歌い続けている歌、日本人だったら生涯、歌い続けてもらいたい名曲を
  - 「小学唱歌」（童謡とはちがう）

　会場には同じ市内の園の方も大勢出席されていました。研修会後、10日ほど経って、研修を行った保育園の年長クラス担任の先生から、１週間分の保育日誌が送られてきました。手紙を読む前に、この人はきっと椋鳩十の童話を読んでくださるだろう、と確信していました。これまで、何十回、いやそれ以上に全国で、私は「作家をただひとり挙げて」と言われれば「椋さんの本を」とすすめてきましたが、実際に読んでくださるのは、ほとんど皆無に近いのです。また、みなさん購入はされるのですが、その園に行くと、本箱に、真新しいままのポプラ社の『椋鳩十全集』があるだけ、ということも少なくないのです。読んで読んで、角がすり切れるまで読んだ人はひとりもいません。この本を感動して読んでくださった方は、青森県のひとりだけです。さて、この先生はどうでしょうか？

この1週間で年長のクラスの子どもたちは変わったと思います。1月9日（土）に本吉先生の保育を見せていただいて、今さらながら自分の保育のしかたが悪かったのだということに気がつきました。ヤスシ君が乱暴するのも、クラスがメチャメチャでまとまらないのも、みんな私の子どもに対する態度が間違っていたと深く反省します。昨年3月にクラスの担任が決まったとき、「こんなクラスの…」なんて思ったことが恥ずかしいです。卒園まであと2か月と少ししかありませんが、なんとか今までの分を取り戻すように夢中になって子どもたちに接していきたいと思います。

　先生のお話の中にあった活動例の中から、私にもできる活動を早速やってみることにしました。日常生活の中で時計を読むこと。ただ本を読むだけでなく、感動できる内容の本を選んで一生懸命読むこと。この冬だからこそ氷を作ってみる、など、いろいろやってみます。

◇ 1月11日（月）

　とても寒いが快晴、9時半に全員登園した。

　4月に入学する小学校から自分の家まで何分で行けるか、歩いてみよう。必要なもの、時計、鉛筆、紙などを黒板に書いて確認。保育園には、給食の人数や行き先などを報告しておく。

　さて出かけようとすると、ノリフミ君とユキヒサ君が「僕行きたくない」。理由を聞くと「寒いから」「疲れるから」「留守番に」ということでほかの保育者に2人を頼んで保育園出発。

　10時、学校の門着。10時15分、学校の門出発。学校の門からシオリちゃんの家へ。

　ちょうど歩道があり、楽しそうに歩く。途中に交差点があるが、信号はない。右、左を見て、手を上げて、「ワン、ツー、スリー、ゴー」と、渡り出す。「先生も手を挙げて渡るんだよ」と注意される。

「先生はズルイ！」

「えっ、どうして」

「ジャンパー着てる」

「みんなも着てくればよかったじゃない」

「うん」

いつもなら保育者が先に声をかけ、全員上着を着せて出かけていたので、今日はひとりも着てこなかった。マリエちゃんが首が寒い、とハンカチを首に巻きつけると、みんながまねして「これはいい」と喜んでいる。

そんなとき、マナブ君が「先生、ここ僕の家」と言った。時計を見て、「10 時 30 分」と書いてあげた。

しばらく歩くと、みんなと離れて後ろの方から追いついてきたヨシキ君とソウタ君が「先生ずるい、マナブ君ちのそばに僕の家があったのに」と言う。

「マナブ君はみんなと一緒に歩いて、『僕の家』って教えてくれたから先生たち、わかったのよ。ヨシキ君とソウタ君は、一緒に歩いていないから、先生たちわからないもん」と答えた。2 人はその後、みんなと一緒に歩くようになった。

途中、みかんの皮を拾ったヒロト君、しばらく持っていたが、道路の白い線の上に捨てていた（これは後で大いに役立つことになる）。

ヨシキ君の家についた。

「おじさん、今、何時？」とたずね、「今、11 時ぴったり」と教えてもらう。

「何時に保育園を出てきたの」と聞かれて、「10 時」と答える。

「何だ、ずいぶんかかったな」

聞いていたヨシキ君が「だって途中いろいろあったから」と言うと、ソウタ君が「そういうの道草っていうんだよ」と畳みかけた。おじさんに「よく言葉を知っているね」と言われる。

「帰りはマラソンで行こう」とはりきる子どもたち。「アメ食べたいな」とマリエちゃん。お店でアメを買うと、おばさんがみんなに大きなキャラメルを 1 つずつくれる。帰りはひたすら走る。

途中、保育者が「トイレに行きたい」と言うと、子どもたちが「がまんすれば！」「どこかでする？」と返事をした。

「でも、そのへんでするのは、先生恥ずかしいな」

「先生、行く前にちゃんとトイレに行ってくればよかったのに」

「そうすればよかった」

先を走っていたレン君が声を上げた。

「先生、見て、このみかんの皮ぺちゃんこになっているよ」

「それがどうかしたの？」

「だって、さっき、ヒロちゃんがこの白い線の上に捨てたんだよ。だからさ、この白い線の上を歩いていると、車にひかれちゃうってことだよ」

「すげえ、レンちゃんよく気がついたね」

それからはみんな、道路の端の方を走って帰った。早い子どもは、11時15分と書く。すると「ワー、行くときは時計が1周、回っちゃったんだよね」と驚いている子どもたちに「道草すると遅くなっちゃうんだね」とサオリちゃんが言った。

以前であれば、道路は2列に並ばせ、寒いから上着をとか、おせっかいを焼いていた私であったが、今日のように子どもにすべて任せて見守ると、子どもたちが、次々と体験をしながら発見し、「どうしてこうするのか」を理解して行動できるようになるということに気がついた。

昼食後は絵本『さいごのワシ』を見せる。ミツオ君、ヨシキ君、ヒビキ君、ヤマト君、ユキヒサ君を前にして読む。土曜日と同じように集中して話が聞けない子どもを前の席にし、後ろによく聞ける子どもを座らせる。いつもキョロキョロ落ちつかないユキヒサ君が、「生け捕りにされたワシがお腹が空いても人間のくれた餌を食べなかったところが、僕はとってもかわいそうだった、そして死んじゃったんだよね」と言った。

「すごい、こんな難しい本を聞いてすぐ感じたことを言えるなんて、ユウキ君真剣に聞いてくれたのね、先生うれしいな、読んであげてよかった、ありがとう」と言うと、「僕もそう思った」「私も」と子どもたちの声が続く。

「みんな、そう思ったんだ、よかった」

今まで本をこんなにじっくり真剣に読んであげたことはなかった。これ

からも毎日読んであげよう。また、行かなかった2人にはキャラメルはあげなかった。

◇ 1月12日（火）

　朝、ヒカル君が玩具のトラックを持って登園。調理の先生が「うちのヒカルがヨシキ君から『玩具を持ってこい』と命令され、それで今日、玩具を持ってきたんですけど」とお母さんが話していた、ということを教えられた。

　ヒカル君のところに行き、トラックを貸してもらい、乱暴に扱ってみた。すると「先生もっと大切にして…」と言うので、「いいじゃない、借りたんだから、自由にしても。じゃあ、どうして持ってきたの？」とあえてぶっきらぼうに話した。ヒカル君は、下を向いたまま何も言わない。

　数分経って「ヒカル君、ヨシキ君に持ってこいって言われたんじゃない？」と水を向けると、ヒカル君は驚いた表情で顔を上げた。

　「やっぱりそうだったの？」

　「だって持ってこないと、ぶっとばすぞーって言うんだもの」

　そばで2、3人が話を聞いていた。クラスの子どもを呼んでこの話をした。しばらくの沈黙の後、ユキヒサ君が「僕も、スピルバンの玩具、持ってこい、って言われた」と告白。

　「ユウキ君すごい勇気があるね」

　するとトオル君も「僕もレースカー持ってきたことある」

　今度は、セイジ君が「僕は庭で遊んでいるとき、ヨシキ君に砂を背中に入れられた」

　次々に声が上がりはじめました。初めは強がっていたヨシキ君も下を向き、涙がポロポロ。

　「ヨシキ君にそうされたとき、みんなはどう思った？」

　「うんといやだった」

　「ヨシキ君は今どんな気持ち？」

　「悲しい、みんなに悪いと思った」

涙声で言葉にならない。

「もしこれからこんなことがあったら、みんなでやっつけちゃおーよ」

帰りに本を読んだ。感想を一番にヨシキ君に聞くと、「年よりのゾウが仲間のゾウのために射たれて死んじゃってかわいそうだった」と答えた。

「ヨシキ君、真剣に聞いていたもんね、だからこんなに難しい話の感想が言えるんだね、すごーい」とほめる。

それまで沈んでいたヨシキ君だったが、そのとき、ニコッとしたので安心して家に帰すことができた。

朝、玩具のことが起こったので、今日は予定のレン君の家に行けなかった。もう11時。

「もうすぐ給食」とシンジ君。

「じゃ給食たべてから」とヒロミちゃんが言うと、ユキヒサ君が急に泣き出した。「僕、今日病院に行くから帰るんだ」と。

そうだ、ユキヒサ君は、昨日「疲れるから、寒いから」と言って行かず、キャラメルをもらえなかった。今日はなんとしてもユキヒサ君、ノリフミ君のためにも行かなければ。

困っているとヤスシ君が、「先生、少し早いけど給食食べて、行こう。ユウキ君は、1時30分にお母さんお迎えだから」と提案した。

給食もできていたので、急いで食堂へ。ユキヒサ君もニコニコだ。驚いたことに今日はノリフミ君も一番に食べ終わった。昨日はキャラメルをあげずに「かわいそう」と思ったが、そのようにしてよかった、と思った。

「先生、今日は学校の時計を見ていこう」とヒサシ君。

「そうだよ、学校から家までの距離と、歩いて何分かかるか、って本吉先生が言ってたじゃないか」と言うので、学校の時計を見た。11時55分、さあ行こう。

途中、「あそこ、僕の家」とレン君が言うので、戻って信号を渡る。おばあちゃんが、「遊んでいったら」とおっしゃるので、「どのくらい遊ばせてもらうの?」と質問した。時計を見ていたヒサシ君が「3分にしよう」。

子どもたちは玩具を夢中で出して遊びはじめたところ、「ハイ3分、帰

るわよ」。

「エーッ」「もう？」

しかし、約束だったからと帰ってきた。

「出たときは11時55分、帰った今は12時20分、何分かかったかな？」

すぐにヒサシ君が「25分」と答える。

「すごい！　先生なんて時計見て考えてやっと…」

するとレイジ君もミツル君も「僕もわかった」と言う。

次第に時計にも慣れてきた。そんな中、「先生は、毎日、みんなの家に行って何分かかるか計ってもみんな忘れちゃいそう」と口にしてみた。するとヨシキ君が「黒板に書いていけば」とアイデアを出した。内心では、地図を作り、子どもたちの家を描き入れ、園や自分たちのまわりに興味を持たせたかったのだが。

帰りに『ぞうのたび』を読んだ。年老いたゾウが仲間のために狩人に向かって行き、倒れるところでは「あっ」と顔をかくす子どももいれば、「ひどーい」と言う子どももいる。子どもたちの胸には、仲間のために命がけで、鉄砲に打たれてもまた起き上がって向かっていく場面が印象に残ったようすだった。

◇ 1月13日（水）

今日はユキヒサ君の家へ。「早く行こう」と急かす子どもたち。ジャンパーや手袋など、自分たちで支度をして出たが、戻ってきた。

「今日は暖かいから、いらない」と夢中で脱いでいる。今までなら保育者の方で、今日は寒いから、などと言って、いちいち世話を焼いてやらせていたのだが。

並び方も、3人で手をつないだり、バラバラ。学校の時計は10時半を指している。「出発」と号令をかけている。歩道を歩くのも、何も言わないのに自然に2列になっている。間も開け過ぎずに歩く。本当に不思議だ。子どもの顔も輝いている。

子どもに言われ、今日は大きな時計を背負って出かけた。

「あっ。〇時〇分だ」

ユキヒサ君の家に着いたのが10時48分。おせんべいをいただく。

「あそこが公民館だからあそこで食べよう」

どんどん歩く子どもたち。

「先生、今日は10分遊ぼう」とヒサシ君。昨日は3分で、今日は10分。よく考えている。

「それじゃ、長い針が1のところまで」と言うと、「そのこと1時5分ていうんだよ」とシホちゃん。

「すごい、シホちゃんもわかっちゃったのー」と、手放しでほめる。

「さあ帰りは、5分だけ走ろうか」と持ちかける。

「いいよ」と子どもたち。走るときの5分は長い。遊んでいる時の5分とはだいぶ違う。

「先生、まだ？」

「まだまだ」

帰ってくると、みんなで食事だ。ひとりだけライダーを作りはじめたノリちゃんを無理に誘わず、「終わったら食べてね、給食の先生に頼んでおくから」と伝える。

ノリちゃんがライダーをやっと作り終えると、もう1時。せっけんで手を洗い、たったひとりで楽しそうに食べている。食べ終わると、「先生終わったよ、今日は全部食べちゃった、おいしかったよ」と報告に来た。いつもなら、無理にみんなと一緒に食べさせてしまい、残す量も多かった。今日はとても満足そうだった。個を大切にするとはこういうことなんだ、と思った。ほかの子どもたちも製作活動に夢中で、目はキラキラ光っていた。

帰りに、「今日は図書室で本を読もうか」と声をかけ、みんなで図書室へ。『もりのなかのシカ』を読む。途中、ほかのクラスの先生や子どもたちが来たが、そちらを見る子どもはいない。2、3人は集中できず、キョロキョロしている。感想を聞いた。

●シカが何日も野犬に追いかけられ、食べものもなくフラフラになって

いた。
- 母ジカが子どもを逃がし、川のそばに立っている場面が悲しかった。
- 子ジカが何日も逃げて1匹で森の中に寝ているところへ、死んだと思っていた母ジカが来てすごーくうれしかった。

今日、よく聞けなかった子どもを明日は前に座らせて、読み聞かせてみよう。

◇ 1月14日（木）

昨日、子どもが全員集まった朝9時半ごろ、「明日14日は何をする日か知っている？」と聞いてみた。
「知ってるよ、どんど焼きで、だんご焼くんだよ」
「明日、保育園でもだんご焼き作りましょうか」
「やった！」と子どもたち。
「先生は、だんご焼きって作ったことないの」
「おばあちゃんが知ってるよ」
「粉で作るんだよ」
「みんな知っているのか！　それじゃお家の人に聞いてきてよ」
「ようし、紙に作り方、書いてくる」
子どもたちははりきっていた。私は、三角布やエプロンのことも話さず、帰りも話題にもしなかったので、7、8人は忘れてくるのでは、と予想していた。忘れたら、その子どもたちは見ていればそれでよし、とも考えた。
そして今朝。驚くなかれ、ひとりも忘れずに、全員がボウルやしゃもじまで持ってきた。
「今日は先生と、園長先生、ミツコ先生が一緒にお手伝いしてくれます」
このひと言だけで、10人のグループと11人のグループにさっと分かれる子どもたち。今までなら当然のように保育者がグループに分け、「このグループは園長先生」などと言っていたに違いない。まったく、「おせっかい保育」だったと思う。

子どもたちは、粉は6袋あるからグループに2袋ずつ分けて、ボウルに入れている。

「先生、色粉ちょうだい」

　赤、緑、黄の粉を、けんかもせずに分けた。1つのボールは白のままだ。

「先生、お湯ちょうだい」

　熱い湯だったので、作業を見守る。子どもは、少しずつ湯を入れていく。

「ホロホロができた」

　母親に聞いてきて、だんご焼きの作り方は、みんな知っている。手で触って「もう熱くない」とわかると、手でこね、だんごに丸めて並べていった。この間、大人たちはまったく手を出さなかった。

　今日は驚きの連続だった。本当に以前の私だったら、粉もグループに分け、お湯は危ないからと触らせず、保育者が勝手にだんごをこねてしまうダメ保育をしていたと思う。

　また、9日の講演で、本を集中して聞く、ということを本吉先生から指導していただいたことにより、子どもたちが保育者の話もしっかり聞いてくれるようになり、理解もできるようになった。だから忘れる子どもはひとりもなく、必要なものを自分で考えて持ってくることができた。本当に今までの自分の保育を反省する。

　そしてもうひとつ。だんご焼き作りの後、子どもたちが片付けをやったが、床にまったく粉がこぼれていなかった。このことも集中力につながるのであろうか。自分がやりたくて自発的にやったことには、子どもは全責任をもってやり通す。年齢も6歳になっている。任されて、見守られることで、子どもは伸びていくのだろうと実感した。

◇ 1月15日（金）

　昼食後、レン君とテツ君が「先生、本読んでくれる？」とやってきた。

「今日は僕たちに選ばせてよ」

「どうぞ」

「僕たちの好きな本でいいでしょ」

　ニコニコしながら図書室へ走って行った。今までずっと、椋鳩十の本ばかり読んでいたから、今日は違った種類の本を選んでくるのかなと思っているとすぐに戻ってきた。

　『日がくれる』（椋鳩十）を持ってきたのである。

　本当に驚く。ほかの子どもたちはもう全員黒板の前に座っている。

　下読みしていないので、ちょっと心配。でも夢中で読んだ。子どもたちも真剣だ。前に座らせたミヤコちゃんとサダヨシ君も、今日はよく聞いている。

　最後は静かな口調で読み終わる。何も聞いていないのに、ユウカちゃんが「先生、大人ってひどいね。この子はまったく悪くないのに、勝手に悪い子だって決めちゃって。そして学校の先生まで、『どうして』ってちゃんと聞いてくれないで、まったくひどい」と言いはじめた。するとほかの子どもたちも怒ったように「そうだよ」と口ぐちに言っている。

　ヒビキ君が、帰りがけに「先生、この先生はこの子を置いて帰っちゃったのかな。職員室の方で笑い声が聞こえたって、言ってたけど、ひどいね。この子、日が暮れて、真っ暗になってきて怖かっただろうな。その後どうしたのか知りたいな、帰れたのかな」と話していた。

◇ 1月16日（土）

　午前中、子どもたちが牛乳パックなどで飛行機を作ったりするのを見ると、銀紙をしわなく貼ったりしていて、大人より器用に作っている。

　久しぶりにホールで、ハンカチ落としや、いす取りゲームなどをした。最近は、クラス全員が集まってきて、楽しく遊ぶ。時間の経つのが早く、あっという間に半日が過ぎた。

　おやつの後、『森のおばけ』の本を読む。おばけの本だからカーテンを閉めて暗くして、声を少し低くしてゆっくり読む。この1週間で子どもたちの聞き方もぐーんと真剣になり、読む方も次第に熱が入る。こうなると明日はどんな本を読もうかな、と準備も楽しい。

　読み終わると、「小鳥が勇気を出して、大きいフクロウをやっつけてす

ごいな」とヒサシ君が言う。

「みんなが力を合わせたからやっつけられたんだよ」と普段はおとなしいヒロエちゃんがひと言つぶやいた。

「ヒロエちゃんすごいね、いいところに気づいたね。みんなで力を合わせたから、怖いフクロウをやっつけられたんだよね」とほめると、「うん」とうなずいた。

子どもたちは、力の弱い鳥たちがみんなで力を合わせ、勇気をもってフクロウをやっつけたところに感動したようである。

今日は、時計を持って早目に散歩に出かける予定であったのだが。

本当にうれしい。日本中の保育者に本を読んでもらいたい。絵本を卒業して、大きな感動のできる内容の本を子どもは待っています。このような読書体験をして成長していけば、いじめも不登校もなくなると思います。この本のここだけでも読んでいただきたいと切に思います。

第4章

. . . .

個と集団とは

一人一人の発達の特性に応じた指導

　一人の友人が淋しくて困っている時、愛され幸せになることは、他の子どもにとってもプラスであり、マイナスは全くない。この単純明快な理念をまずおさえておく必要がある。

　子どもは素晴らしい。保育次第で子どもが変わる。一人の子どもを大切にすることによって集団が育つ。

事例39　サイクリングで大合唱
帰り道は歌声とともに

　今年は、年長に目標をもたせて、自転車に乗れるようにしようと考えました。まずは、「先生は小さいころ、『転ぶのが怖い』『転ぶと痛い』といって、自転車の練習をしなかったのだけれど、今はとても不便で恥ずかしい。水泳も、『水が怖い』『目に水が入った』と泣きわめいて、大人になっても泳げない。大人で泳げなくてプールに行くのは恥ずかしい」と子どもたちに話しました。大切なのは、ここからです。

　「今日は5月10日。5月31日まではちょうど3週間あります。カレンダーをよく見てください。本当は1日でしっかり練習すれば30人全員自転車に乗れるようになるんです。でもそれはできないんです。自転車が人数分あれば、みんながいっせいに乗れるけれど、5台しかありません。それで31日まで練習します。みんなが乗れるようになったら、お弁当を持って総合運動場のサイクリングコースで自転車に乗って走ります」

　自転車に乗れるようにするときは、大人が2人で押して、支えて、「前方でしっかり受け止めるから大丈夫」という安心感をもたせるようにしています。一方で、「ヘラヘラしないで、さっさと今日1日で乗れるように」と厳しく言い渡して、練習をします。

　さて、5月30日になりました。エイジ君がひとりだけ、まだ自転車に乗れません。

　「みんな転んだり、すりむいたりしながら、20日間一生懸命練習してお庭を5周、10周乗れるようになりました。みんなが乗れるようになったら行くと約束したけれど、エイジ君は乗れません。どうしましょう？　乗れないのに行っても、ひとりだけ自転車を貸りる事務所でポツンと待っていなくてはならないの。みんなは、約束だからエイジ君が乗れるまで待つ？　それとも明日行きますか？」

　「明日行きたい」

「行きたい」

「だってエイジ君、練習しよーって誘ってもしなかったから」

「そうだよ。みんな一生懸命やって、転んでもやったから乗れるようになったんだもの」

子どもたちが自分の考えを表現します。

「いいと思うな、みんな一生懸命練習した。エイジ君は、なんとかなるぐらいの気持ちだったと思う。みんなは一生懸命やった、決してエイジ君に意地悪したわけではない。それでは明日行きます」

こうして「明日、行く」と宣言しました。

サイクリング場までは、大人の足でも 25 分から 30 分は歩きます。うれしくて走るように歩く子どもたち。今日は真剣です。いきなり 1000 m コースに挑もうとする子もいます。それが自転車で走るとどのくらいの距離なのか、実は私にもわかりません。500 m と 300 m コースのどちらにするかを子どもたちがそれぞれ決めて、各コースに保育者 1 人がついて出発します。みんなを見送ってから、エイジ君が言いました。

「本吉先生、自転車乗りたい」

でも、今日はここでは教えたり練習したりしない約束をしてきたはずなのです。

「今、先生はみんなの安全を見なくちゃいけないから、あなたに教えてあげられないの。見ていて。ホラ、もう 1 周して、オサム君たち走ってきた。ノブ君も、ユウカちゃんも…」

それでもエイジ君はあきらめずにスカートの端をつかんで引っぱります。あっ！ もしかしたら今日初めてエイジ君のやる気が出たのかも！

「それじゃ、練習しよう。さあ自転車に乗って！ こうやって右足にぐいーっと、次は左足にぐいーっと力を入れて。手はハンドルをしっかり持って自転車が、横にブレないようにするの」

真剣に聞くエイジ君を自転車に乗せます。「しっかりハンドル持って、前を見て、右足グイーッと、左足グイーッと、そうそう。もう一回、そうそう。右一、左一、ハンドルしっかり！ そうそう」

　自転車管理のおじいさんが見に来られました。
「先生、教え方上手ですねー」
「ええっ！ えっ！ 私、自転車乗れないんです。なので教え方も、理屈で考えるだけで、だめなんですよー。さあエイジ君、しっかりハンドル持って…できたー！」
「やったあ！ 乗れたあ！ すごい、すごい」
　エイジ君が乗れました。コツを体で覚えたのでしょう。フラッとしながらも、どんどん進みます。ちょうどそこに子どもたちが集まってきました。「エイジ君、乗れるようになったよ！」と教えると、たちまち自転車に乗るエイジ君を目で追いました。
「えーっ、本当？」
「うわー。すげえ。本当だ」
「よかったね、一緒にやろう」
　サイクリングコースは、今日は貸し切りのようです。エイジ君を先頭にして、横や後ろから子どもたちが守るようにして走ります。その後のお弁当の時間では、食べるのが早いこと早いこと。あっという間に食べ終わり、またまた自転車に戻っていきます。水を飲み、「あっ。そうだトイレ」と自分たちでトイレもすませます。
　帰り道でのこと。
「先生、僕ね、今歩いているでしょ」
「歩いているわね」
「でもね、僕、何だか雲の上をふわふわ歩いているみたいなんだよー」
「そうかー。きっとうれしかったんじゃない」
「うん」
「先生も練習して自転車乗りたいな」
「今度は僕が先生に教えてあげるよ」
　エイジ君は、上機嫌です。エイジ君が何やら節をつけて即興で歌いだすと、やがて、誰からともなく集まってきて、大合唱が始まりました。長く長く続く水道道路を、子どもたちの歌声とともに 30 分歩いて帰ってきた

のでした。大合唱となり、全員で『アルプス一万尺』『おお牧場はみどり』『故郷の空』『椰子の実』『カチューシャ』などを歌いました。どれも歩いて歌える調子のよい歌ばかりです。メンデルスゾーンの『歌の翼に』などは歩調に合わないので、好きですが歌っていません。

　このとき、エイジ君は『夏は来ぬ』『静かな湖畔』を歌ったり、自転車に乗れたことを『アルプス一万尺』『雪山讃歌』の替え歌や、即興の歌詞で歌ったりしました。

　「エイジちゃんが乗れた　エイジちゃんが乗れた
　　自転車乗〜れてうれしいな　ジャン」
　「サイクリング　サイクリング　うれしくなった
　　俺たちゃ保育園にはいられないよ
　　エイちゃんがー自転車乗れたからだ」

事例40 「みんなで歌を歌いたい」
鉄棒の逆上がりを助けたカナエちゃん

　カナエちゃんは、誰からも好かれる、自然体でやさしい年長の子でした。
　その日は３人の年長女児たちが鉄棒で逆上がりに挑戦していましたが、ひとりもできません。「先生やってぇ！」と手伝いを求めましたが、保育者は誰もそばにいませんでした。
　その状況を察したカナエちゃんは、そばのベランダでサイコロのゲームをしていましたが、靴を持ってきてはくと鉄棒のところに行き、逆上がりを手伝い始めました。友だちのお尻を一生懸命に持ち上げますが、逆上がりはなかなかできません。カナエちゃんはいやな顔もせず、ずっと３人の背中やお尻を一生懸命押し上げるように手伝っています。遊びと思っているからでしょうか。楽しそうにずっとお尻を持ち上げてあげるのです。

　その少し前のことです。愛媛県のある保育園に出かけて公開保育を行い

ました。園庭では、子どもたちが大回しのなわとびをしていました。回し手の一方には次々と代わってくれる友だちが来るのですが、もう一方のアキちゃんの方は誰も回し手を代わってくれません。時おりアキちゃんはそれらしいサインを出すのですが、誰も交代しに来てくれないのです。見学の方は何十人もいて、大人はみんなその状況がわかってハラハラしながら見ています。

　長い長い時間でした。1時間以上、経っていたかもしれません。「さあ、お給食」の声で子どもたちは庭から保育室に入っていきました。このとき、アキちゃんはひとり、広い園庭の向こうの垣根のところに行って、のどかに広がる畑をじいーっと見ていました。

　10分くらいして、アキちゃんはうつ向き加減に歩いて部屋に入って来ました。みんなもう食事のために席に座っています。給食は、まだ配られていません。そこで、「ちょっとお話があるんだけど」と呼びかけました。

　「今、お部屋に入ってきたアキちゃんはね、なわとびしているとき、ずっとなわを回していたの。誰も代わってあげなかったので、1時間以上もずっとよ。見て知っていた人？」

　見学者の先生方が全員手を挙げる。キョロキョロしていた子どもたちの中からも数人の手が上がる。

　「私もずっと見ていて、『アキちゃん、腕が痛くなったんじゃないかしら。大丈夫かしら』と心配していたの。見ていたほかの園の先生方はいかがでしたか？」

　見学者は全員また手を挙げる。子どもたちもシーンと静まりかえっていたが、「ちょっとかわいそうだと思った」「知らなかった」と、ちらほら口を開いた。

　「もし自分があんなに長い時間、ずっとなわを回していて、自分はなわとびを跳べなくて、誰も代わってくれなかったらどう思う？」

　「いやだと思う」

　「誰かが『代ってあげる』って言ってくれないかな、と思う」

　「僕だったら『誰か代わって』って言う」

「よかった！ この保育園の子どもたちは、本当はやさしくて、わかる人たちだったのね」

耳をそばだてている子どもたちに向かって、話を続けます。

「おばちゃんは今日、この保育園の子どもが思いやりのある子どもになるには、どうしたらいいのかを勉強するために、ここに来ました。まわりのみんなが黙っていても、気がつかない人ばかりでも、勇気を出して『これはオカシイ、変だ』ときちんと言える人になるためには、どうしたらいいんだろう。『僕（私）が代わってあげる』と行動できる人になっていくためには、どうしたらいいんだろう。今、ずっと見ながら、考えました」

教室はシーンと静まりかえっています。

「アキちゃん、とっても疲れたでしょ。何の文句も言わずに、ずっとずっと回してくれてありがとう。アキちゃんはなわとびを跳べなくても、ずっとなわを回してくれたのに、ただ『ありがとう』だけでは、私はお食事をする気持ちになれないの。そこで考えたの。ここにいる何十人もの大人と子ども全員で、1枚の折紙を四つに切って、小さな小さな風船や鶴などを折るの。そして、それをひもに通してレイ（首かざり）を作って、アキちゃんにプレゼントをしたらどうかしら？」

大人たちも全員大賛成。大人も子どもも一緒になって、折り紙を折り始めました。あっという間に何十という小さな鶴や花、風船や奴さんが集まり、凧ひもに通してすばらしいレイができあがりました。子どもたちは、「アキちゃんありがとう」「ごめんね、今度アキちゃんに代わってあげるね」などと言って、レイをアキちゃんの首にかけてあげました。

そのとき、私の耳元にひとりの男の子がきて小さな声でささやきました。

「あのさ、黙っていても、がまんして、いいことをすれば、とってもいい気持ちだよね」

この日の講演のテーマは「自主性、意欲、思いやりを育てるには」。このお昼のできごとを通じて、この保育園の子どもたちにはみんな伝わった、と思いました。

さて、そこで、前述のカナエちゃんです。

「先生はね、ずっと見ていたの。カナエちゃんは、サイコロゲームを置いて、お友だちの逆上がりの練習を手伝ってあげていたのね。私はカナエちゃんが喜ぶことを何かお礼にしたいんだけど…」

子どもたちには、アキちゃんのことも話しました。ニコニコして、その話を聞いていたカナエちゃんが、口を開きました。

「あのね、みんなで歌を歌いたい」

「えっ？　歌でいいの？」

「カナエちゃんの好きな歌ってどんな歌？」

「保育園で歌っている歌」

「今歌っている『椰子の実』とか？」

「うん」

「ほかには？」

「『夏は来ぬ』と『庭の千草』と、おとといレコードで聴いた歌」

「えーと、メンデルスゾーンの『歌の翼に』？」

「うん、そう」

食事のときやおやつのときなどに何十回も聴いて覚えた歌ばかりです。子どもたちは、カナエちゃんに「ありがとう」の気持ちを込めて大きな声で歌いました。

事例41　自分にとっての「特別」
3歳児は一人一人の誕生日に祝う

今までは、園全体で行っていた誕生会。でも、3歳の子どもにとっては、月1回、自分の誕生日でもないのに参加する、ただ見ているだけの行事です。誕生児であるその子ひとりのためにみんなが祝ってくれる、本当にうれしくて楽しい一日にしてあげたいと考えていました。

◇ 4月の誕生児

4月の誕生児はユカリちゃんです。ユカリちゃんの希望でマジックをしたり、歌を歌ったりした後、らくだ公園に散歩に出かけました。お誕生日のプレゼントは、ビーズで作ったブレスレットと首飾り。おやつはチョコレートを散りばめたカップケーキです。みんなが『ハッピーバースデー』の歌を歌う中、ユカリちゃんがカップケーキに立てたろうそくの火を吹き消しました。

「ユカリだけでやったんだねー」と何度も繰り返し、一日中ご機嫌でした。大好きな保育者にも見せたいと言うので連れていくと、保育者が「おめでとう」と抱っこしてくれました。うれしそうにはにかんだ顔が印象的でした。

◇ 5月の誕生児

5月の誕生児は、アキヒロ君、ショウマ君、ミズホちゃん、ヒサシ君、ユキコちゃんの5人です。

「アキヒロ君、もうすぐ誕生日ね。何かやりたいことある？ 欲しいものでもいいのよ」と聞くと、すぐに「マジック！ この前のウサギのやつ。あれおもしろかった〜。また見たい」と目を輝かせて答えました。「そうかぁ、マジックね。わかった。ほかには？」と聞きましたが、どうやらこれでよいようです。

ショウマ君のリクエストは「みんなでブロックで遊びたい」。ブロックで遊ぶのが大好きで、よく新幹線や飛行機などを作っては動かして遊んだり、見せに来たりしていました。

「みんなで遊ぶなら、ブロック足りるかな…？」

「う〜ん。ない。もっといっぱいないと足りないよ！」

「本当だね、でも園にはこれだけしかブロックないもんね、ごめんね」

せっかくのお誕生日なのです。できることなら、ショウマ君の希望をかなえてあげたいと知恵をしぼります。

「ねえ！ ショウちゃん、本当はブロックたくさん使って遊びたいでしょ」

と聞くと、ショウマ君はうなずきます。いつも友だちと一緒に遊ぶので、なかなかブロックを思い切り使うことができないのです。そこで提案してみました。

「じゃあ、こんなのどうかな。ショウちゃんが保育園のブロックをぜーんぶ使って、何か作ってみたら？　それをみんなに見せてあげよう。ショウちゃん、いつもすごくかっこいい新幹線や飛行機を作ってるもんねー」と言うと、ぱっと明るい表情になりました。

ミズホちゃんは、風船が欲しいと言います。

「えっ、風船？　どんな風船が欲しいの？」

「えーとね、犬さんとか…」

話を聞くと、以前、妹が保育園から持ち帰ったバルーンの犬がうらやましかったようです。

ヒサシ君は、誕生日の話をした途端、「たんたん」と言いました。意味がわからず何度も聞きますが「たんたんがいい」としか言いません。「もしかして、『たんたん誕生日』の歌？」と聞くと大きくうなずきました。「みんなに歌ってもらいたいの？」「うん」とニコニコしています。「それだけでいいの？」と念を押すように何度も聞くのですが、うなずくだけなので、思わず「じゃあ、何か食べたいものはないの？」と質問を変えると「スイカ」と答えました。

ユキコちゃんの希望は、「アンパンマンのぬり絵」です。

子どもたちの願いは、保育者にはおよそ考えつかないようなことばかりでした。でも、ひとつも同じものはありません。ここで、改めて子どもは一人一人違うんだ、ということがわかります。大人から見れば、ささやかなことばかりで「こんなことでいいのかな？　もっとほかにはないのかな？」と気にはなりましたが、「本人たちの願いに、大人の価値観なんて関係ないんだ」、そう気づくと、どれも実に子どもらしく、かわいい願いに思えてきました。

子どもたちのリクエストをもとに、誕生日のお祝いを考えてみました。ちょっと欲張りな内容になりそうでしたが、一人一人が、主役になれるよ

うな場面をつくりながらクラス全体を楽しいことに巻き込んでいきたい、と願って進めることにしました。

　まず、お昼寝の時間にショウマ君と2人、ブロックをあるだけ全部出しました。

　「さあショウちゃん、いっぱいブロックあるぞ～。これぜーんぶショウちゃんが使っていいのよ。何を作ろうか?」

　「ワーイ! やったあ! ショウマ、新幹線作る! 大きいの」

　新幹線や飛行機に乗ったときの話をしながら、ショウマ君が作るのを見ていると、ショウマ君は「うれしいなーうれしいなー」と鼻歌を歌いながら、ニコニコ楽しそうにしてしゃべり続けます。こんなにおしゃべりなショウマ君を見るのは久しぶりでした。あんまり声が大きいので、「シーッ、みんなが起きちゃうよー」と笑いました。新幹線は、途中で何度か壊れたりもしましたが、笑ってやり直すショウマ君を見ながら、大切なのは「結果ではない」と強く思いました。明日の誕生日のお祝いを前に、担任の保育者と2人きりで、たくさんのブロックを使えて遊べるこの時間がうれしくってたまらないように見えます。形や結果でなく、子どもの気持ちに寄り添うことを子どもは求めているのです。

　「先生も一緒に作ってもいい?」

　「いいよ」

　新幹線が通るための鉄橋を作ったり、「ロボットも乗せたら…」と空想の翼を伸ばしてみたりしました。できあがると「早くみんなに見せたい、見せたい」とぴょんぴょん飛び跳ねます。「明日の誕生日のお楽しみにしようね、きっとみんなびっくりするよ」と言うと、その後、「楽しみー。先生と2人だけで作ったもんねー」と何度も言いに来ました。

　ユキコちゃんには、登園したら、すぐにでもできるようにアンパンマンのぬり絵を用意しました。誕生日のお祝いでは、ユキコちゃんのぬったアンパンマンをみんなに見てもらうのです。早速、ぬり始めたユキコちゃんのまわりを子どもたちが囲み、うらやましそうに見ています。「いいな」「やりたいな」と言う子どももいますが、「ごめんね、今日はお誕生日のユ

キコちゃんだけね」と断るのです。

　ユキコちゃんは「クレヨンでぬる」と言って、色を選んでいます。元気よくぬるので、はみだしていますが、「今度はみどり」「お日さまは何色にしようかな〜」と言いながら楽しそうにしています。みんなに注目されるのがうれしくて、ときどきおもしろいことを言っておどけます。ユキコちゃんらしい明るい色で、元気いっぱいのアンパンマンができあがりました。

◇ **誕生日を祝う日にこんなことも**

　誕生日のお祝いでは、こんなサプライズもありました。ユカリちゃんが色紙を持って登園したのです。「何するの？」と聞くと「お誕生日の人にプレゼントする」と言います。折り紙でチューリップを折り、目や口を描いて「ネコ」「リス」などと動物を作っています。せっかくなので小さなカードくらいの大きさの画用紙を台紙として出してあげると喜んでそれに貼ってバースデーカードを作りました。ユカリちゃんは、前月、自分の誕生日をみんなにお祝いしてもらったのがうれしかったのか、今度はお友だちを祝ってあげたいという気持ちが芽生えたようです。とてもうれしいことです。

◇ **誕生児① ヒサシ君**

　テーブルを長く並べ、花で飾った特別席に誕生日のヒサシ君に座ってもらいました。

　「ヒサシ君はね、誕生日にみんなにぜひやってもらいたいことがあるんですって。『たんたん誕生日』の歌をみんなに歌ってもらいたいんですって」

　すると、「いいよー、歌ってあげる」と子どもたち。みんなで歌いました。手拍子する子、体でリズムをとる子もあり、ヒサシ君はニコニコうれしそうにしながら、ずっと「アハハーッ！」と笑いっぱなし。次はピアノに合わせて、次は肩をたたいて…と何度か繰り返し歌いました。ヒサシ君の顔を見ていると、たったこれだけのことでも十分喜び、満足していることが

伝わってきました。

◇ 誕生児② アキヒロ君

アキヒロ君の誕生日のお祝いは、保育者によるマジックショーです。「僕だけだよ」と前の方に座り、保育者のマジックを見るのです。ほかの友だちも目を輝かせて見入っていますが、アキヒロ君は、「エーッ、すごーい！ お金が消えた」「もう1回出してみて！」と大興奮。思わずテーブルの前に出ていく友だちには、「だめー、見えないから、どいて！」と席に座るように促します。リクエストコーナーでは、アキヒロ君の希望でウサギのマジックをやることに。マジックのアシスタントも務めて、アキヒロ君は大満足のようすでした。

◇ 誕生児③ ショウマ君

ショウマ君のお誕生日のお祝いでは、ショウマ君が見せる側です。前の日に作ったものを早く友だちに見せたくて仕方がありません。

「昨日ね、みんなの寝ている間に先生と一緒にショウマ君が作ったものがあるの。みんなを驚かせたいからって隠してあるの」

「みんなでさがしてみよう」

みんなが、テーブルの下や玩具箱の中をさがしているのを、ショウマ君はニコニコしながら見ています。

「見つからないね。ショウマ君、みんなに教えてあげて！」

ロッカーの上に置いてあるものを壊さないように運んで、つくえの上に置きました。

「ジャーン」とかけてあった布をめくると、みんなから歓声が上がりました。

「オーッ」「すごーい」

「これが新幹線、東京タワー、トンネル、ロボットも乗ってるよ」

ショウマ君が動かして見せると「すごーい」と子どもたちの拍手が巻き起こりました。

◇ 誕生児④ ユキコちゃん

ユキコちゃんは、先生が用意してくれたアンパンマンのぬり絵をみんなに見てもらいました。元気よく描かれたアンパンマンは、とてもにぎやかで色とりどりです。「わあーっ、きれい」という声と一緒に、園長先生にも「すてきねえー、とてもよくぬれてる」とほめてもらいました。

描きたくって、描きたくって、うれしくて描いた絵です。3歳の子どもたちが見ても思わず「キレイ！」「ステキ」と感じるほど充実した絵でした。

◇ 誕生児⑤ ミズホちゃん

ミズホちゃんがお誕生日に欲しかったのは、バルーンの動物です。バルーンをふくらませ、ねじって、形を作っていきます。ミズホちゃんは黙って、目を輝かせて見入っています。まわりの子どもたちもシーンと静まりかえって先生の手元を見ていました。

「ワーッ」

できあがった犬を見て、みんなの顔がほころびました。バルーンの犬をもらったミズホちゃんは、ニコーッと笑い、両手でそーっと大事に抱きかかえました。そのようすはなんとも言えずうれしそうで、微笑ましいものでした。

◇ 先生から

「先生は、みんなに謝らなければいけないことがあるの」

お誕生日のお祝いムードの中、誕生児たちに保育者が切りだしました。

「なーに？」

「みんなに『ほかに欲しいものは？』なんて聞いて、みんなが『スイカ』とか『ケーキ』とか言ってくれたのに、先生は用意することができなかったの。それで今日はゼリーを持ってきたから、これを誕生日の人にあげます」

そう言ってゼリーの入った袋を渡そうとすると、誕生児が「だめ」と袋に手を伸ばしました。

「えっ、どうして？」

「お誕生日じゃない人にもあげたい」

「だってお誕生日じゃない人にあげたら少なくなっちゃうでしょ」

すると、「だってうれしかもん」と誕生児たち。

その言葉に「それを聞いて先生はもっとうれしい」と伝えました。

　食べ終わると、みんなで「アブラハムの子」を踊りました。いつもは踊りに入ってこない恥ずかしがり屋のヨシノリ君やアミちゃんたちも、自然に楽しそうに踊っていました。いつもなら食事に時間がかかる子も、この日はさっさと食べていました。

◇12月の誕生日のお祝いでは

　こうして、10か月間、クラスの友だちの誕生日のお祝いを経験した後、12月生まれの子どもが自分の誕生日に望んだのは、「赤橋（天草の島と島を結ぶ跳ね橋）を見に行きたい」でした。先生と2人で園から歩いて10分ほどのこの橋を見に行きたい、と言って、自分にとっての「特別」なプレゼントをリクエストしたのでした。

事例42　「おねしょしてもいいよ」
マサエちゃんのふとん

　H保育園は、山に囲まれた高地にあり、冬は厳しい寒さに見舞われます。この保育園には、就学前の4人兄妹が在園していました。年に1、2度、研修会でH保育園を訪れるのですが、この兄妹のことは、よく覚えています。たとえば、年長の兄は、冬の寒いときでも家から服を2枚しか着てきません。そこで、園外に出かけるときには、園の上着を貸し出すのです。続いて4歳児も散歩に出かけます。このクラスにいる妹のマサエちゃんも、服は2枚しか着ていません。園の上着を貸し出そうにも、兄の方が着ていってしまっています。どうしたものか、と、頭を悩ませました。

　そんな中、マサエちゃんの担任が、園長先生に申し出て、上着になるような暖かい服を買いに行くことになりました。目的地は、日用品ならひととおり何でもそろうスーパーです。そばのふとん売り場には、子ども用のかわいい柄のふとんがありました。見るからに暖かそうな、ふわふわのふとん。毎日、薄いふとんで午睡しているマサエちゃんに、「おふとんも買ってあげよう」と考えました。

　園に帰り、給食を食べたら、午睡の時間です。買ってもらったふとんの中に入っても、マサエちゃんはなかなか眠りません。マサエちゃんは毎日おねしょをするので、もしかするとそれが心配なのかもしれないと思い、声をかけました。

　「マサエちゃん、おねしょしても大丈夫だから安心して眠ってね」

　長いこと寝つけなかったマサエちゃんも、さすがに最後にはとうとう寝てしまいました。

　目が覚めたマサエちゃんは、ハッとしています。おねしょをしていなかったのです。この日から、卒園までずっと、午睡時はもちろん、家でも、おねしょはぴったり止まりました。

事例43　消えたパジャマ入れ
友だちが真剣にさがしてくれた

　ノブマサ君（5歳）は、いつもひとりで自転車やスクーターに乗ったり、年少の組に入ったりして遊んでいます。実は、だらしがないことでも知られていました。自分の持ち物、かばん、クレヨンなどは、いつも放りだしたまま。降園時も、園帽をきちんと身につけて帰ったことがありません。

　「先生、昨日、ノブマサがパジャマを持って帰らなかったと家内が言うんですが…」と迎えに来たお父さんがたずねました。あわててさがしましたが、パジャマはどこにもありません。「家では靴もきちんと脱いでそろえさせ、パジャマもたたませるのに、どうして園ではだらしがないんで

しょうね」とお父さんは厳しい口調で言いました。「すみません、私の保育が行き届かなくてご迷惑をおかけします」と言うと「パジャマ入れはさがしておいてください」と帰ってしまいました。ノブマサ君は、帽子もかぶらず、お父さんの後を追いました。

　次の日、子どもたちに「ノブマサ君のパジャマ入れがなくなっちゃったんだって。先生、昨日さがしたんだけど、見つからないの。みんなどこかで見なかった？」と聞いてみました。「知らない」という返事でしたが、シンゴ君が「みんなでさがしてあげるよ」と言うと、ほかの子どもたちもさがし始めました。30分ぐらいさがしましたが、やっぱり見つかりません。そこへヒトミちゃんが、「パジャマじゃないけど、帽子があった」と持ってきてくれました。結局、パジャマは見つかりませんでした。ノブマサ君は、真剣にさがそうともせずウロウロしているだけです。ヒトミちゃんが見つけてくれた帽子を渡すと、パッと取って、ロッカーにかけに行きました。みんなが一生懸命さがしているのに、ノブマサ君はなんにも感じないのかしら…。

　しかし驚いたことに、その日、ノブマサ君は大嫌いな生野菜をぺろりと食べてしまいました。いつもなら、食事をこぼして大変なのに、落ちついた食べっぷりです。

　そのうえ、「先生、僕、保育園中をお花畑にしてあげる」と言って、チューリップの絵を何枚も何枚も描き、壁やオルガンに貼ってくれました。

　「本当にお花畑になったね。お部屋にお花の匂いがするみたい」と言うと、ノブマサ君はニッコリと微笑みました。

　その日からは、みんなの中に入って行動ができるようになりました。きっとみんながノブマサ君のパジャマを真剣にさがしてくれたことがうれしかったのでしょう。後日、パジャマは家にあったとお母さんから連絡がありました。

事例44　「僕を入れてくれないの」

色紙をハサミで切る遊びに入りたい

「先生、僕、『入れて』って言ったのに、入れてくれないの」

オサム君が事務室にいた担任の保育者に泣きながら訴えてきました。

「オサムちゃん、先生に言いに来てもだめなの、遊んでいるお友だちに『入れて』って言うのよ」

オサム君は、保育者の言葉にコクンとうなずき、両手で涙をふきながら保育室の方に走っていきました。オサム君と保育者のやり取りを耳にして、その異常さに事務の執務どころではなくなってしまいました。立ち上がろうとすると、ちょうどオサム君が入ってきました。

「また『入れて』って言ったけど、入れてくれないの」

「オサムちゃん、さっき先生が言ったでしょ、先生のところに言いに来ても、先生は入れてあげられないの」

同じことの繰り返しです。そこで、立ち上がって言いました。

「オサム君、私はこの保育園に来た本吉という先生なの、私でもいい？」

こっくりうなずくオサム君と手をつないで3歳児の保育室に入りました。室内にいた3歳児たちが「だあれ？」と寄ってきます。

「この保育園に来たばかりの本吉という先生なの。今、オサム君がお友だちと遊びたいけれど、入れてもらえない…って呼びに来たから来たの」

見れば、1つのつくえで4人の子どもたちが、細長い色紙をハサミで切っては、ヨーグルトのびんに入れています。オサム君は、この遊びに入りたかったようです。

「オサム君が一緒に切って遊びたいって言うんだけど、どうして入れてあげないの？」

「だってオサムちゃん、大きく切るから」

「あっ、そうなの、じゃオサム君、先生と一緒に小さく切る練習してみよう」

ハサミを使って、まずは1枚、切ってみました。

　「これ難しいなあ！　あっ大きくなっちゃった。オサム君、難しいけど、一緒に練習しましょう」

　子どもたちは、初めて見る先生とオサムちゃんの方を横目でチラッチラッと見ています。部屋には20人の3歳児がいて、粘土や積み木、ミニカーなどで遊んでいます。担任の保育者はまだ事務室で、教材の紙をそろえているので、この部屋にはいません。

　「難しいなあ。あっ。先生大きく切っちゃった、失敗失敗。オサム君は？」

　そう言いながら、オサム君の手元をのぞき込みます。

　「オサム君上手になったわねー。あっ。また大きく切っちゃったね、そうそう、あっ、もっと小さく、今度は小さく切れたねー。すごい！　先生のは、こんな大きくなっちゃった！」

　オサム君は、一生懸命に切っていますが、初めての体験らしく、難しそうです。

　「うわー、みんな上手。お名前教えて？」

　「私、ユウカ。あと、ヒロカズ君と、シュウヘイ君」

　「あっ、これいいね。とっても小さく切れたね。オサム君、すごい。一生懸命切ったわね〜。先生は不器用なのよね、編み物も下手だし」

　オサム君は、真剣に切り続けています。

　「オサム君、見せて。うん。そうそう。小さく切れた、どんどん小さく切れた、もう大丈夫かもしれない、『入れて』って聞いてみたら？」

　「入れて」

　「いいよ、いいよ」「入れてあげる」

　「先生は、どうも大人で手が大きいからだめなのかなあ、オサムちゃんみたいに小さく切れないなあ、ちょっと大きいんだけど…入〜れ〜て！」

　「だめ、だめ。大きいからだめ〜！」

　するとオサム君が口を開きました。もうちっとも泣いていません。

　「先生、もっと練習するといいよ、切れるようになるから」

　「そうそう、先生、オサムちゃんみたいに練習しなよ！」

　ユウカちゃんもアドバイスをしてくれます。

　「先生ね、この保育園に来たばかりで、まだ誰も知らないの。でも今来てみてね、このれんげ組の子どもって、とってもステキって思ったの。だってね、『オサムちゃんは小さく切れないから入れてあげない』って本当のことを言ってくれたでしょ。だから練習してオサムちゃんは切れるようになったの。私が、入れてって言っても、大きく切るからだめって本当のことを言ったでしょ。オサムちゃんよかったわね、切れるように練習できて。そしてできるようになったら、ユウカちゃんも、ヒロカズ君も、シュウヘイ君も、相談なんかしないで、3人とも『いいよ』って言って、スカッと入れてくれたでしょ。すばらしい3歳の子どもたち。先生、この保育園に来てよかった。とってもうれしい。じゃあ、これからまた事務室でお仕事してくるわね」

　部屋を出ようとすると、遊んでいた子どもたち全員が戸のところに来て、言いました。

　「今度来た園長先生、またすぐ遊びに来てもいいよ、遊んであげるから」

　「ありがとう、今度は小さく切るのも練習してくるから遊んでね」

事例45　スキップができた
3歳児の喜び

　2月6日。数日前からスキップを一生懸命練習するシュンヤ君。まだできない子どもはほかにもいるので黙って見ていました。片方の足がうまくできないようです。

　「先生と一緒にやってみる？」と言い、手をつないで一歩一歩ゆっくり、園庭を1周してくるとしっかりできるようになったのです。

　そのときのシュンヤ君のうれしそうな顔。それを見ていたケイト君とユキヒサ君が走ってきました。2人ともまだできません。ひとりずつ手を引いてやらせるとシュンヤ君と同じくあっという間にできるようになりまし

た。いつも全員でやっているときはいくらやってもできなかったのが、10分くらいの間に3人ができるようになりました。奇跡を見ているようでした。

しばらくするとシュンヤ君はキョウヘイ君のところに行き、身ぶり手ぶりでスキップをキョウヘイ君に教えているのです。キョウヘイ君もまた真剣にシュンヤ君の言うことを聞いています。キョウヘイ君があきてしまうと頭をなでたりして励ましています。3歳児にして目標に向かって努力する喜び、そして完成した喜びを知ったシュンヤ君は、すばらしい宝物を身につけたと思います。

ユキヒサ君もこの日から変わりました。気が弱く、「絵は描けない」と言って、豆粒のような小さな丸しか描いていなかったユキヒサ君が、しっかりと大きな人の顔を描き、最近では手足も描き、花も描いています。「絵は心」といわれますが、本当だなと思いました。

事例46 スリッパ入れ
完成後は描く絵も華やかに

リカコちゃんの連絡帳に、お母さんからのこんなメッセージが書かれていました。

「朝、登園して私がスリッパを入れようとするとリカコが『ママ、何だかママたちのスリッパ、けんかしてるみたいだね』と言いました。見てみると、本当に窮屈そうにスリッパが重なり合っています。今、保護者の使うスリッパ立ては、先生方が作ってくださったのを使っていますが、それだけでは足りないことに、今日のリカコの言葉で気づかされました。そこで、新しいスリッパ立てを、『リカコと一緒に作ろうか』と考えていますが、いかがでしょうか」

弟が2人いるリカコちゃんは、消極的で、いつも弟たちにゆずっています。担任にも甘えることなく、描く絵はいつも小さく弱々しい線。担任は、

なんとかもっと自信をもって自己主張もしてほしい、と小さな発言なども認めるようにしていましたが、大きな声を出したり、心から笑ったりすることはなく、心配していたところでした。

　そこで、リカコちゃんとスリッパ立てを作ることにしたのです。スリッパ立てを作る計画をクラスの友だちに話してもらうように頼むと、リカコちゃんは少し照れたように、でもうれしそうに話したのです。一緒に作りたいと言ってくれたのはリカコちゃんの友だち3人です。自分から前に出る子どもではなく、コツコツやる子どもたちです。リカコちゃんは、大好きな友だちとの製作になり笑顔いっぱい。牛乳の空箱を集め、高さ13cm、牛乳パックが12個入るくらいの段ボール箱を2つ見つけてきました。のりに接着剤を混ぜるとしっかり貼れることも知り、牛乳パックを園の中をかけ回ってさがし集めてきては、箱の中に並べてきちんと貼りつけていきます。

　「リカコちゃんが言ってたけど、スリッパ、窮屈そうだね…」と子どもたちが言い出しました。そして、しばらく考えてから、言いました。

　「先生、わかった！　牛乳パックが1つだから窮屈なんだ。だから2つにする」

　箱に16個並べ入れた牛乳パックの側面を2本で1つになるようにカッターで切っていきます。これが切ってみると大人でも大変です。4人の子どもたちは、朝から夕方まで、食事とおやつの時間以外はずっと、切る作業にかかりきりです。カッターを使うので、保育者もずーっと交代で見守ります。外側には布を貼ることにして、小さくてもかわいい花柄のところを選んで切って、貼りつけています。

　ときどき男の子たちも「カッコイイなー」と寄ってきます。保育者たちも「すごくかわいい」「こんなのデパートにも売っていない」「リカコちゃん、いいこと考えてくれてありがとう」と声をかけていきます。リカコちゃんも、そのたびにうれしそうに、ニッコリ微笑みます。

　牛乳パックの内側にもピンクや黄の色をぬり、お人形や花など描いて、本当にすばらしいスリッパ入れができました。

「ママの場所、ここにしてあげよーっと」と、お花をいっぱい描いた場所に「ママの場所」を決めているようです。4人のおとなしい子どもたちはみんな、うれしくてたまらず、先生たちにも見てもらいました。どの保育者も、心の底から「かわいくてステキ！」と言ってくれました。

リカコちゃんも、ほかのおとなしいリサちゃんやユウカちゃんたちも、みんな自分のやりたいことに夢中になって楽しむ活動を求めていたのです。

その日から、絵の具のテーブルに行き、絵を描くリカコちゃんの姿が見られるようになりました。画用紙の真ん中に顔を描き、髪の毛に花を3つも描き、「これ、リカコ」と、描き上げた自画像を見せにきてくれました。以前、小さな顔に大きな口の顔の絵を描いていたリカコちゃんの絵とはまったく違う、堂々とした華やかな絵に変わりました。パパの車、ママの車など、日に何枚も絵を描いています。リサちゃんやユウカちゃんも、まったくといっていいほど同じように、華やかな絵を描くようになりました。顔にリボンや花を描いたり、両耳に花を描いたり。

「『生活が楽しくなれば、歌ったり、描いたりする』『うれしいときに花を描く』など職員会議で話し合ったことは、本当でした」と担任の保育者が職員室に飛び込んできて、リカコちゃんたちの絵を見せてくれました。

事例47　ウサギのうんち掃除
実習生の日誌より

私の実習した園では、ヤギ、ウサギ、チャボを飼っていました。子どもたちは、好きな動物を決めて、それぞれ掃除、餌やりなどをやっていました。自主性に任かせていて、先生から強制するような言葉かけはありませんでした。

ハヤト君は、ウサギの餌やり掃除など毎日よくやっていました。子ウサギを取り合う友だちには目もくれず、うんち掃除をやっていました。

クミちゃんが、「あたしウサギは好きだけど、うんちはくさいから、う

んち掃除はやらないの」と言ってきました。

　私がなんと答えようかと考えていると、ハヤト君が横から「あのね、うんちはくさいけど、ウサギもくさいと思っているよ。うんちがあったら病気になっちゃうよ」と答えてくれました。

　私は、「本当にハヤト君の言うとおりだね、でも、動物係はやりたい人がお仕事していいんだから、無理にうんち掃除しなくていいよ」と声をかけました。

　翌日、驚いたことに、ハヤト君とクミちゃんが2人で早々とうんち掃除をしていました。ハヤト君はクミちゃんに「鼻をこうやって片方の手でつまんで、もう片方の手にほうきを持って、歌を歌いながらするとくさくないよ」と教えています。2人は歌を歌いながら掃除をしていました。

事例48　刺激の連鎖
ミクちゃんとサキちゃん

　2歳0か月のミクちゃんは、3姉妹の末っ子、同じ月齢のサキちゃんはひとりっ子です。ミクちゃんは姉の影響を受けてか、言葉の習得も早く、身の回りのことも自分ひとりで考えながらする姿が見られます。

　そんなミクちゃんの姿を見て影響を受けているのが、サキちゃんです。ミクちゃんのやること一つ一つが刺激的で、よいこともよくないこともまねて遊んでいます。

　しかし、サキちゃんにできて、ミクちゃんにできないこともあります。たとえば、おやつの袋を開けるとき、サキちゃんは前後に指先と手首をひねらせて開けることができるのですが、ミクちゃんはできません。そっと見守りながらも、「できん〜」と援助を求めるミクちゃんには、少しだけ切れ目を入れます。そうすることで、自分の力で開けることができたミクちゃんは満足そうにするのです。

　その姿を見て、ほかの子どもたちもまねをし始めます。ミクちゃんの姿

から刺激の連鎖が起こり、「自分も」という気持ちが一人一人高くなってきているのです。

事例 49　大事な虫の命

「ダンゴムシ、またな」

5月。ショウ君（2歳2か月）は今日も虫さがしをしています。ダンゴムシやアリ、カエルを見つけては「エイ！」と靴底で踏みつけています。

「悲しいな。痛かっただろうな」と保育者は毎回言い続けていますが、やめる気配はありません。

7月上旬、気温30℃。ショウ君は水遊びの途中でカエルを発見しました。ギュッと指でつかんでいるので、カエルはくたびれています。

「ショウちゃん、カエル、死にそう。お水、持ってくるね」とあわてて水をくみに行きます。クタッとしていたカエルは、水の中でいきいきと泳ぎ、気持ちよさそうです。ちょこんとおわんのへりにつかまり、こちらを見ていたので、「『ショウ君ありがとう』って言ってるよ。『死にそうだったけど助かった』って」と言ってみました。ショウ君は、ウンウンとうなずいて、カエルをいとおしそうに見ていました。

翌日も虫さがしです。

「先生、水、持ってきて！『暑いよ』って言ってる。ユウ君のカエルも死にそうだぞ！」とショウ君がリーダーシップをとって、友だちに見せています。「カエル、生きてる」という、みんなの喜びの拍手を受け、ショウ君は得意気でした。

9月。「ショウ君、お昼ごはんできたけど、どうする？」と声をかけると、「ダンゴムシ、またな。ママのごはん食べに家に帰りな」とつぶやいて、捕まえておわんに入れていた虫たちを逃がしました。

「先生、虫、おうち帰った。ショウもごはん食べる！」と走って保育室へ帰ってきました。

　1匹のカエルを助けたことから、虫にも命があること、大事に守らなければいけないことに気づけたようです。保育者自身が「そのカエルがかわいそう」と思ったことがショウ君に伝わったのではないかと思っています。

事例50　障害児の保育①

クラスの一員

　障害をもった子どもに対して、保育者たちは臆病過ぎるほど、当たらず障らず、成り行き任せです。あるいは、障害児を保育者ひとりに任せていて、クラスの一員でありながら、あまり子ども同士のかかわりがありません。それでは何のために毎日一緒の生活をしているかわからないと思うのは、私だけでしょうか。

　ある幼稚園の公開保育に招かれ、園庭で5歳児がドッジボールをしているのを、ほかの大勢の参加者たちと見学していたときのことです。
　5月になり、葉桜となった大きな桜の木の下で、全身麻痺の5歳の男の子がストレッチャーに寝かされていました。ときどきそのストレッチャーの下や、そばにボールが転がってきますが、ボールを取りにくる子どもたちは、ボールを拾うとさっと走り去っていきます。ストレッチャーの下に転がってきたボールを拾っても、拾った子どもは、ただ拾って何ごともなくコートの方へ走っていくのです。
　午後の研修会で、考えられる問題の一つとして、このことを取り上げてみましたが、会場はシーンと静まりかえり、討論にはなりませんでした。参加者に求められていたのは、その園の保育と年長のドッジボールを見学することで、障害児の研修ではない、ということだったのかもしれません。

　障害児の保護者は、幼児期に限らず、わが子を特別支援学校よりも普通学級へ入学させたいと希望する人が少なくありません。わが子が普通学級

の子どもとともに生活し、学び、時には思いやりや愛を受け、楽しく、ほんの少しでも伸びて、充実した、喜びのある生活をさせたいとの切なる願いもあってのことであろうと想像します。

　私は、身体障害児や、聴覚、視覚（全盲）、自閉症、ダウン症、知的発達（最重度）などの障害がある子どもの入園を心待ちにしていました。というのは、普通の子どもが、人間的な成長をさせてもらえるからです。

◇ 重症心身障害児のタロウ君

　ある重症心身障害児施設でのこと。最重度の寝たきりで、目も見えず、耳も聞こえず、味覚もない…そんなタロウ君の担任になったのは、新人の保育者でした。保育者はこのタロウ君に、一度でもよいから外に連れていって、あの仲良しブランコに乗せてあげたい…そんな思いで、毎日毎日、「タロウ君、おはよう、先生よ」と話しかけ、「おいしいのよ」と食べ物を食べさせていました。でも、まわりの人は「耳も聞こえないし、味もわからないのに、あんなことをしても無駄」と冷たい視線を投げかけたそうです。

　それでも保育者は、毎日「先生よ…」と話しかけているうちに、タロウ君は保育者の方を向くようになり、そばに行くと微笑むようになり、とうとうブランコに乗れるようになったといいます（東京育成園の長谷川重夫先生の講演で聞いたエピソード）。

◇ 最重度の身体障害のあるNさん

　身体障害者雇用促進協会の会長だった方が、次のような話を新聞に寄稿されていました。

　「ある障害者コロニーに、Nさん（33歳）が入所を希望して母親と一緒に来園しました。『この子に一度でもいい、日の当たる家で過ごさせてあげたい』という母親の願いを聞き、Nさんを見た所長の長谷川さんは、重度の中でも最重度の障害のあるNさんの入所を即決。寝たきりのNさんを職員の方がおんぶして毎日散歩していたのですが、ある日、鶏の餌をNさ

んに持たせて任せたところ、Nさんが興味を示したので、毎日の鶏の餌やりをNさんの日課にしてみたそうです。そのうち、Nさんはベッドから自分で起き上がるようになり、歌を口ずさみながら、餌やりを仕事としてやるようになったといいます。今、私のいる会長室の壁にNさんの写真が貼ってあります。」

◇ 歩行障害のあるナオミチ君

　この記事を読んで、毎日、保育園の垣根ごしに、園庭で遊ぶ子どもたちを見に来る方がいたのを思い出しました。

　いつも乳母車に乗せたお孫さんを連れています。聞けば、4歳6か月のナオミチ君は、生まれたときから歩けず、今は肢体不自由児施設に週に何回か通っている、とのことでした。

　「事故があったときの責任はとれませんが、同じ区民です。よければ中に入って一緒に遊んでくださっても、見るだけでもどうぞ」と言うと、その日からナオミチ君は大喜びで入って来て、砂場で遊び出しました。

　遊んでいるうちに園児たちはナオミチ君の左右の手をつなぎ、後からも支えるようにして歩かせています。驚いてナオミチ君のおばあちゃんに聞くと、学校でも、先生方がこうして手をつないで、一方は教室の手すりを使って歩行訓練をする、とのこと。ナオミチ君と背丈が同じくらいの子どもたちは、みんなが順番で喜んでやっているようすです。もし事故が…と心配しましたが、おばあちゃんは一向に動じず、「大丈夫です」とうれしそうです。子どもたちは砂場からとなりのブランコまで歩かせ、ブランコに乗せて、押してあげています。

　そしてナオミチ君はどんどんひとりで歩けるようになり、翌年度、年長に入園してきました。入園後も、子どもたちはまったくの自然体です。ナオミチ君が歩きたいときは誰かが手をつないでいます。

◇ ダウン症のあるアオイちゃん

　アオイちゃんも、やはり毎日のようにお母さんと垣根ごしに保育園を見

に来ていました。ある日、私の方から話しかけました。

「保育園に入園をご希望ですか？」

母親は自営業を営んでおり、入れて預けられるのなら、こんなにありがたいことはない、との返事。

そこで、「実は12月、転居のため退園する子どもがいます。福祉事務所に行ってみてください」と伝えました。

そして、1月。アオイちゃんが途中入園してきました。初めてアオイちゃんが登園した日、同じ4歳のクウヤ君が言いました。「園長先生、今度保育園に入ったひと、何だか変な顔してるでしょ。だから僕、『おはよう』って言わなかったの。それなのに、ニコッて笑ってくれたんだよ。だから僕、おはよう、って言ったの。そしたらまた笑ったよ」

しばらくすると、また年中の子どもたちが事務室に入って来ました。

「園長先生、保育園は、お部屋のこういう板のところと、テラスのところが、段々になってるでしょ。平らにしなくちゃだめだよ」

「えっ？　どうして？」

「だってさ、今日から来たアオイちゃん、お部屋に入るとき、お部屋がちょっと上で高くなっているから、両方の手をついて上ってきたよ」

「あなたたちは、すごーい。やさしいし、よく気がつくのね。今度、新しい保育園を建てるときのために、区役所の人にお話しておくわね」

「じゃあ、もう建ててある保育園では、私たちが手つないであげるよ」

事例51　障害児の保育②
・・・
遠足には連れていけない

「子どもたちとミドリちゃんのこと話し合ってみましたか？」

年長のミドリちゃんはダウン症です。ミドリちゃんの運動能力や持久力、動作のスピードを考えて、広い野原や山登りではない遠足を子どもたちと話し合ってみてほしいと保育者に伝えました。

　すると保育者たちは、「恥ずかしいです」のひと言。

　最終的に、子どもたちとの話し合いの結果、遠足は交通博物館に出かけることに決まりました。

　いざ出かけてみると、ミドリちゃんは歩かないし、遅いし、持久力もありません。年長児たちの希望で行くことになった交通博物館の中も、歩かないでしゃがみ込んでしまいます。それでも子どもたちは、なんとかミドリちゃんを歩かせようと、知恵を働かせます。平日午前中のガラ空きの博物館の中、子どもたちは、かくれんぼを始めました。みんながいないことに気づいたミドリちゃんが驚いて、さがし回って、歩きだすようにするのです。かくれんぼが通用しなければ、鬼ごっこを始めて、また歩かせようとします。博物館の展示は、幼児には少々難しいものもあり、疲れ気味の空気が漂っていましたが、ミドリちゃんのお陰で、遠足に活気が出てきました。大変ではありますが、そこは子ども。なだめたり、すかしたり、おんぶしたり、すぐに下ろしたりしながら、いろいろ考え、ミドリちゃんもニコニコしながら、初めて展示品を全部見て歩きました。

　博物館のあとは、ニコライ堂へ。ロシア正教の教会で珍しい建物です。少し予定の時間を過ぎてしまい、「さあ、帰りがラッシュアワーになると大変」と急いでいると、「先生、ここに神社があるよ」と子どもが言いました。

　「ああ、これは湯島天神といって、学問の神様なの。『頭がよくなりますように』とお願いして、勉強をいっぱいする人になれるようにしてくれる神様なの」

　「えっ。それじゃ、もうすぐ学校に行くから、拝んでこなくちゃあ」

　保育者の思惑などはどこ吹く風とばかりに、子どもたちは、どんどん階段を上り始めます。お願いをする社までは、実は長い階段があるのです。今度は大人がミドリちゃんを背負って階段を上りました。

　お参りを終えて、やっと下りてきたと思ったら、思い出したようにシンノスケ君が言いました。

　「あ。僕、自分の拝むの忘れた！」

「え？　誰の分を拝んだの？」

「ミドリちゃんの頭がよくなりますようにって。僕の分は忘れたから、もう一度、拝みに行ってくる！」

すると、なんと「あ、僕もだ」「私も」と言いながら、子どもたちは、また、高い階段をかけ上っていきます。

ええっ！　私たち保育者は、自分のことだけお願いしていたのに。立派なことを言った自分が恥ずかしく、色を失って階段の下で子どもたちが戻ってくるのを待ちます。子どもたちはなんと、あれほど歩かないで自分たちを困らせたミドリちゃんのことだけを願って祈っていたのです。この顛末を、ミドリちゃんは、終始、ニコニコして、いつもと変わらぬ笑顔で見ていました。

事例 52　障害児の保育③

立派なことを言って恥ずかしい

絵本を読んでもらうため、いすを並べて座り始めた子どもたち。保育者が、「今日はおもしろいお話だからノブコちゃんも座ってね」とノブコちゃんに声をかけました。

言葉はほとんど話せず、歩くのもやっと、よだれがずっと出ているノブコちゃんがいすに座ろうとすると、となりに座っていたミオちゃんがさっと離れました。それを見た保育者は絵本を読むのをやめました。

「ねえ、みんな、自分のとなりにノブちゃんが来たら、さっと避けて別の席に行っちゃうのってどう思う？」

突然先生がこんな言葉を投げかけたので子どもたちは、まわりをキョトキョト見回しています。するとミオちゃんが半泣きになって、「あのね、私のとなりにノブちゃんが来たから…ちがうところにいすを変えたの」と言いました。

「ノブちゃんはね、赤ちゃんのとき高い熱が出て、みんなのようにお話

ができなくなって、よだれも出るようになっちゃったの」と保育者は話しました。

　このことがあって1か月くらい後のことです。ホールで紙芝居を見た後、子どもたちはいすを持って保育室の方へ移動しようと待っていました。そこへ2歳児クラスの子どもたちが来て、「バカ」「バーカ」と言いながらノブコちゃんを追いかけたのです。

　これを見た保育者は、2歳児たちを座らせ、「今、何を言ったの。先生はとっても悲しい」と涙をポロポロこぼしました。

　「自分のことで先生が泣いている」と感じたのであろうノブコちゃんは、自分のスカートの裾を両手で持つと先生の涙をふき始めました。いすを持って部屋から出ようとしていた子どもたちは、先生を凝視していました。外で遊んでいた子どもたちも何ごとか、と入ってきてこの光景を見ています。

　「先生は、恥ずかしいし、とっても悲しい。困っている人やできない人にむかって、バカ、バカ、なんて言う。そんな子どもに育ててしまった。バカ、バカ、と言って弱い人をいじめているたんぽぽ組（2歳児クラス）の子どもたち。やさしい子どもに育ててあげられなくてゴメンナサイ。そしてノブコちゃん、ごめんなさいね」

　そんなことがあってから、子どもたちは一番いすを置きやすい場所を「ここ、ノブちゃんのいすを置くところ」と決めたり、「先生、ティッシュをテラスにもホールにも置いておけばノブちゃんがすぐ使えるから」と台を作ってティッシュペーパーの箱を置いたり、水道の水をさり気なく調節してあげたりするようになりました。どの子も「やってあげてるんだ」というのではなく、自然体で、さり気なく、居合わせた子どもが手を差しのべています。

　12月発表会の前、合奏の練習をしていたときのことです。ノブコちゃんはカスタネットを持って、楽しそうにたたいていました。曲目は「楽しき農夫」です。ピアノに合わせて30人がカスタネットをたたきます。タターンタターン、タ、タタ、ターン。何度やってもノブコちゃんのカスタネッ

トが、カチャ、カチャ、カチャ、カチャ。

「ねえ、ノブコちゃんは、今度、ちょっとお休みして見ててくれる？」
と保育者が話すと、ミオちゃんが間髪入れずに言いました。

「先生！　先生はノブちゃんがみんなと同じようにできないからお休みしてね、って言ったんでしょ。ノブちゃんができるようにすればいいじゃない。ノブちゃんだけお休みなんて変だよ、先生だってピアノ間違えるじゃん！」

保育者ははっとして、「先生、恥ずかしいよ。先生は口先だけの人間だ。みんなには『ノブちゃんを大切に、やさしく』なんて言ってたくせに、恥ずかしい。ノブちゃんごめんね」と言いました。

ノブコちゃんは感じています。わかっているのです。先生のそばに行って背中をさすっています。30人の子どもたちは固唾を飲んで状況を見ています。

「ねえ、みんなでノブちゃんが、できるように考えればいいんだよ！」
とミオちゃんが呼びかけました。タターンタターン、タ、タタタタタ、ほらね、カチカチ、タタンタタタ、タンタンタタタッタッタ、ほらね、カチカチ、タターン…。小節の区切りのところで、全員が「ほらね」と唱え、ノブちゃんとみんなで、カチカチ。すばらしい合奏に編曲ができました。

発表会当日、担任の先生は、4月からのノブコちゃんと子どもたちのエピソードを話してこの合奏をしたのです。

翌日、ヒロカズ君が「先生、昨日の『楽しき農夫』の合奏、ノブコちゃんがいたから、すっごくおもしろくなったんだよね」

「先生もそう思った、何でも子どもに相談するといい、と改めて思ったの」

事例 53　障害児の保育④

片手だけで生活する体験

　年長のクラスに入ったら、ちょうど給食を配っているところでした。みんな、いすに腰かけているのですが、ふと見ると左手がつくえの下に入っています。何だかちょっと不自然です。担任の保育者に聞くと、コウスケ君という左半身麻痺の障害がある子どもがいて、「クラスの子どもたち全員に、片手だけで生活する体験をさせてみよう」「コウスケ君と同じ立場でいろいろ感じてもらおう」ということで、早速、給食を右手だけで食べることにしたのでした。それで、みんなの左手がつくえの下にあったのです。

　コウスケ君と同じテーブルに座ったアイリちゃん、ジュン君、ヒサシ君も「難しい」「いつもと違う」と早速、不便を感じています。いつも左手を食器に添えているコウスケ君も左手はつくえの下に置くようにして、黙ってこの会話を聞いていました。ほかの子どもたちからも「食べるのが難しい」と聞こえたり、つい左手で食器を持とうとして「今日は（左手を使ったら）だめだったんだ」とあわてて引っ込めたりする子がいました。毎日保育者が「お茶碗持って食べたらステキだよ」と声をかけなければ食器に手を添えることもしなかったアツヤ君でさえ「あ〜難しいなー」と困った表情を見せていました。

　私もコウスケ君と同じつくえに座り、右手のみで食べ始めてみると、とても食べにくいのです。今まで製作活動などでは、コウスケ君のことを思い、右手だけで製作を試みてみたことはありましたが、子どもたちと一緒に、食事のときの不便さを経験してみることはありませんでした。

　私のとなりに座っていたヒサシ君が、ごはん粒を集めていましたが、弁当箱が、ガタガタし、苦労しています。

　「ヒサシ君、お弁当箱ガタガタして食べにくそうね」

　「うん」

「じゃあ先生がこうしたらどう？」と弁当箱を押さえてあげると、「オッ、すぐ『集まれ〜』できた」とうれしそうな表情です。

　「自分でお弁当箱は持てなかったけど、となりの人がお手伝いしたら、ごはん粒も集めやすくなったね。ヒサシ君、お手伝いしてもらってどうだった？」

　「すぐ『集まれ〜』できたし、うれしかった」

　会話を聞いていたアイリちゃんが、「じゃあ、コウスケ君も今までお手伝いしてもらっていたらうれしかった、っていうことだよね？」と聞くと、コウスケ君は、ニコッとしてうなずきました。

　その後も、先に食べ終わっていたアイリちゃんと、いつも困っているコウスケ君をさり気なく助けてあげていたナツミちゃんがずっとコウスケ君を見守っていました。食事後、子どもたちを集めて話を聞きました。片手を使わずに食事をし、そのたった30分の間に不都合を感じたことを挙げてもらうと、山ほどありました。

　「みんなが困ったのは、今日のごはんの時間だけだったけれど、コウスケ君は毎日こんなに困っているのよ」と話すと、子どもたちの表情が変わり、「すっごく大変」「かわいそう」と口ぐちに言いました。

　「今日はアイリちゃんやナツミちゃんに手伝ってもらって、どんな気持ちがした？」と聞くと、「うれしかった」と即答したコウスケ君。

　年長になってからクラス全員にきちんとコウスケ君の左半身麻痺のことを話していなかったために、コウスケ君にも、クラスの子どもたちにも申し訳ない気持ちでいっぱいでした。私の思いをコウスケ君に伝え、謝りました。そして、「これから、コウスケ君が困っているときには、みんなで手伝ったり、助けたりしよう」と話をしました。

　コウスケ君はこの先もずっと誰かの助けを必要として生活していきます。子どもたちを、お互いにできないことを助け合いながら生活できる人になるよう保育していきたいと思っています。

事例54　メガネザル

目かくしで「見えない」を共有する

　K保育園へ異動となり、4月初めは前園長との事務引き継ぎなどがあって、気にはなっていましたが、子どもたち全員と遊ぶ時間がとれませんでした。

　4月5日。「おはようございます」「あっ、今度の園長先生だ…」と話しているところへ年長のヒロ君が来ました。

　「園長先生、お外へ行ってもいいですか？」

　「えっ？　ヒロ君が庭で遊びたいんだったら、いつでもどうぞ」すると、「僕もお外へ行っても…」「私も…」と、ぞろぞろやってきました。

　面食らってぽかんとしている私の耳に、「おい、メガネザル」とひとりの女の子に向けた声が聞こえました。言われた子どもはまったく動じることもなく、ブロックで遊んでいます。

　「本当の名前は、エリカちゃんって言うの」とそばの子どもが教えてくれました。その場にいた保育者に聞くと、「よくわからないけれど、前にめがねをかけていたときがあったようだ」と曖昧な返事が返ってきます。児童票を見ましたが記録がないので、前年度の担任に聞くと、昨年の夏ごろは、めがねをかけてきたけれど、その後はわからないと言います。主任からも明確な返事はありませんでした。

　お迎えに来た母親に聞くと、「視力回復のためにめがねをかけなければいけなかったが、「お友だちからメガネザルと言われるから絶対にめがねはかけない」と言うので、年中の夏休み以後はかけなくなったとのこと。

　「でもめがねをかけないと視力は回復できないんですね」

　「そうです。心配はしているんですが」お母さんの言葉に、私は心から謝りました。

　翌朝、先生方と目かくし用の手拭を用意して、年長と年中の子ども全員と保育者たちにホールに集まってもらいました。

「今日はみんなで目かくしをして生活します」

　先生方にもきちんと目かくしをしました。もちろん私も。

　「先生、怖い」「靴箱もわからない」「どこにも行けない」「トイレも行けない」と口ぐちに子どもたちが言います。「大丈夫」と言って、ソロソロと壁伝いに歩いておもしろがっていた子どもたちも、「もうだめだ」と床やベランダに座り込んでいます。先生方も、「毎日生活していたけれど、見えないとまったくわからない、怖い」と動けません。電話の音が鳴っても、目かくしを取っていいのは、用務員さんだけなのです。

　4歳は30分ほどで目かくしを外しましたが、年長はこのまま給食も食べます。

　「もうだめだ」「もう死んじゃいそうだ」「どうしてこんな目かくしなんかするの？」

　給食を取りに行くこともできないし、自分のロッカーがわかりません。調理員さん、用務員さん、パートの先生に年長の子どもたちをいすに座らせてもらい、給食を並べました。

　「さあ、見えないままで食べてください」

　「食べられない」「こぼしちゃう」

　「先生も食べられない、手がぶつかってお皿を下に落としそう」

　そして、目かくしを外しました。

　「先生、どうしてこんなことするの？」「ねえどうして？」

　そこで、大きく息を吸ってから、ゆっくりと話し始めました。

　「これから大事なお話をします。世の中には、目の見えない人、耳が聞こえない人、足で歩けない人、手も足も動かせなくて寝たままの人、言葉で話せない人、数えたり、読んだり、書いたりできない人など、いろいろな人がいます。先生は昨日、年長組のレイ君が、エリカちゃんを『メガネザル』と呼んでいるのを聞いてびっくりしたの。エリカちゃんの目は、今は少し見えるけれど、目がよく見えるようにするためにめがねをかけなくてはいけないの。お医者さんでめがねを作ってもらって、ときどき片方のめがねのレンズを黒いのにしたりしながら、目が見えるようにするの。そ

れでエリカちゃんが、めがねをかけてきたんだけど、『メガネザル、メガ
ネザル』と言われてね。お母さんが、『目が見えなくなると困るからめが
ねをかけなさい』ってお話しても、『めがねかけるとお友だちにメガネザ
ルって言われるからいや』って、エリカちゃんは、お母さんに言うんだっ
て。エリカちゃんの目が見えなくなっちゃうの」

　先生方も、やさしい子どもたちもみんなポロポロ涙。とうとう、「エリ
カちゃん、ごめんなさい」と担任の保育者がワッと泣き始めると、子ども
たちも「ごめんね」「ごめんね、エリカちゃん。知らなかったんだよ」と
続きます。レイ君も、「エリカちゃん、ごめんね、ごめんね」とエリカちゃ
んの顔を下からのぞき込んで謝っています。

　「今日はみんな、目が見えないようにしたけれど、どうだった？」
　「目が見えないの、絶対いやだ」
　「歩けなくなった」
　「靴もわからない」
　「トイレにも行けない」
　「危ないところもわからない」
　「水もどこだかわからない」
　「給食も見えなくて食べられない」
　「目が見えないとなーんにもできないよ」
　そして一番腕白のマサシ君が言いました。
　「エリカちゃん、ずっと守ってやるからな」
　女の子たちも続きます。
　「明日からめがねかけてきな」

　この園に異動の話があったとき、地域も大変と聞いてはいました。園児
100人の定員のうち、58世帯が生活保護を受けています。お母さんたち
に幸福感をもてる人が大変少ないのです。そんな環境の中で、このエリカ
ちゃんの一件は、園全体の価値観、人間観を一致させる第一歩のできごと
となりました。

地方の園の保護者会で講演をした折、あるお母さんが「家の子がメガネザルと言われ、困っています」と発言しました。会が終わってから、その担任の先生に「あなたはどう思いますか？」と聞いたところ、「別に」という返事――。私は、「幼稚園の先生をやめて、ほかの職業についた方がよい」と言い残して帰った思い出を今も鮮明に覚えています。

事例55　めがねで卒園

トシハル君の視力

　Ｓ保育園に異動し、早速「あれ？」と思うできごとに遭遇しました。トシハル君のことです。私には、トシハル君の目が、見えていないように思えたのです。前年のＫ園での視力障害の子どもとの出会いがあってすぐのことだったので、担任、主任などに、「トシハル君の目は見えないのでは？」と聞いてみました。すると、「えっ、そんなことはありません。普通に生活してきました」ときっぱり言われました。とび箱も跳んではいますが、どうも見えていないように思えてなりません。

　「トシハル君、ちょっとお手伝いして。たんぽぽ組のお友だちが線の上をハサミで切るために、この白い紙に先生が鉛筆でうずまきの線を描くから、トシハル君も同じように描いて手伝ってちょうだい」

　私が白い紙にうずまきを描いたのを見せると、トシハル君は、紙に自分の顔をくっつけるようにして見て、自分の鉛筆で同じように描き始めました。持っている鉛筆の先の芯の方に目を近づけて、鉛筆の線を目で追っています。紙から目までは３、４cmくらいしかありません。事務室でこのトシハル君のようすを見ていた主任と担任は、びっくり。息を飲んで見守っています。

　飲食店を経営しているトシハル君の家には、２階にテレビがあります。テレビが、赤ちゃんと子どものお守りの役目をしています。子どもは間近

でテレビを見ます。当時の私の経験したケースでは、テレビが乳幼児期の子どものお守りをした生活歴をもった子どもに、目を悪くしていることが多かったように思います。

　担任がお迎えに来たお父さんに、それとなく「トシハル君の目が心配なので」と眼科に行くことをすすめると、「じゃ、すぐ行ってみます」との答え。ところが、翌日連絡帳には「眼科に行ったが、目は結膜炎でもなんでもなかった」と書いてありました。そこで、再びお迎えに来たお父さんに、視力に心配があることを伝え、きちんとした検査をしてみるようすすめました。お父さんは、「水曜日は店が休みだから」といって、トシハル君を病院に連れていってくれることを約束してくれました。検査の結果の出た日、お父さんから連絡がありました。

　「園長先生、やはり視力が弱く、めがねをかけることになります。めがねができたら、かけさせるようにします。それにしても、園長先生はこの間この園に来たばかりなのに、どうしてうちのトシハルの目が悪いなんてわかったんですか？」

　そこで、私は前の園でのエリカちゃんの話をしたのでした。この園では、トシハル君のめがねをまわりのみんながきちんと理解してくれるように―。担任は早速、「目かくしをしてみます」と実行しました。子どもたちは、何が何やらわからず、初めはおもしろがっていましたが、目かくしをして5分後には、「外で遊びたい」「絵本も見えない」「靴箱はどこ？」と言い始めました。そして昼食。みんなもう疲れ切っています。

　「先生、どうしてこんな目かくしするの？」

　こらえ切れなくなった子どもが問いかけてきました。エリカちゃんの話、そして、トシハル君の話。聞き終わった子どもたちは、納得したようでした。

　「トシ君、絶対めがねかけなくちゃだめだよ、今日みんなが何も見えなかったみたいに、何も見えなくなったら困るから、ね、ね」

　子どもたちは真剣そのものです。

　季節は5月、6月。暑くなり、汗が出てめがねが曇ると、トシハル君は

めがねを外してしまいます。

「だめだよ、めがねしなくちゃ」

私がパンツに使うゴムひもをめがねにつけてあげました。どうしても取るときや、顔を洗うときは、首にかけてね、と。その後、パンツのひもではさすがにかわいそうと思ったのか、主任がめがねやさんに行って、首にかけるチェーンを買ってきてくれました。

子どもたち全員、「よかったね…！」

「トシ君、暑くてもがまんしな、目が見えなくなると困るよ、見えなくなると困るんだから」

まわりの子どもたちは、トシハル君の目のことを真剣に気にかけています。

アイパッチの黒いめがねになっても、みんなに見守られ、卒園まできちんとめがねをつけて過ごすことができたのです。

第5章

· · · · · · · · · · · · · ·

環境とは

豊かな体験をもたらす環境

　環境構成は固定的なものでなく、幼児の活動の展開に伴って幼児の生活に価値のあるものとなるよう再構成し、常に保育者が流動的に柔軟性のある受け取り方をしていきたい。保育者の考え方や行動のすべてが、幼児の行動の仕方やものの見方に影響を及ぼしていくからである。

事例56　靴箱のマーク
保育実践記録（2歳児クラス）

　K保育園では、靴箱や担当箱に名札を貼らないで、子どもたちの好きな場所に入れさせ、自由にさせていました。

◇ **4月4日（金）**

　靴箱も担当箱も自分の好きな場所に置いているみんな。担当箱はクラスの子たちだけなので、前日お友だちが入れていたところでも入れかえたり、早く来た人から入れたりと、あまり困ったようすを見せる子はいないようで、その日によって、好きなところに置けるので、むしろ楽しそうにしていました。

　ところが、靴箱は、もも組（2歳児クラス）22名と、ばら組（3歳児クラス）24名が一緒の場所に置いているので、毎朝、早く登園する子はたくさん場所が空いていますが、遅く登園する子たちにとっては、空いている場所を見つけるのがとても大変そうでした。

　そうやって過ごしているうちに、いつしか、「ここは○○のところ！」「こっちは○○の靴箱」となんとなく子どもたちも、決まった場所に入れているようでした。

◇ **4月15日（月）**

　アスレチックから帰ってくると、タイガ君（2歳6か月）が靴箱の前でゴソゴソしているのを見つけました。見てみると、ブタが描かれた紙を取って、別の靴箱に貼りつけています。

　「タイガ君、このブタのマークどうしたの？」と聞きますが、下を向いたまま黙っています。この紙が欲しいようですが、もも組の子のではなかったようです。

　「となりのばら組さんに聞いてみようか？」と早速、ばら組の子どもた

ちにたずねてみると、「ルナちゃん（3歳6か月）のだよ」と教えてくれ、すぐにルナちゃんをさがしました。

「ルナちゃん、このブタのマーク、ルナちゃんの？」

「うん」

「あのね、タイガ君が欲しいみたいなんだけど、聞いてくれる？」

「うん」

「（ちょう）だい！」と、タイガ君。

「いいよー」と、ルナちゃんはひと言。

「もらっていいの？」と、もう一度、確認すると、ルナちゃんは「うん、いいよ」と笑顔で答えてくれました。

「どきどきしたけど、ちゃんと自分でちょうだいって言えてすごくかっこよかったよ」と、タイガ君に言うと「エヘヘヘ」とそれはそれはうれしそうに笑っていました。

早速、自分の靴箱にブタのマークを貼り付け、次の日から毎日その靴箱に靴を入れはじめました。

◇ 4月19日（金）

登園してきたタイガ君の靴箱に、ハルマ君（2歳8か月）の靴が入っていました。不思議に思ったようで、しばらく考えてから、「ハルマ君、靴」とハルマ君を呼んできました。「ここ、タイガ」とブタのマークの付いた靴箱を自分のだと指さして訴えますが、何も答えてくれません。2人とも困ったようすで黙り込んでしまいました。

「ハルマ君もここに入れたかったの？」と聞いてみると「うん、入れたかった」と答えます。

タイガ君は「ハルマ、ここ！」と自分のとなりに入れてほしいようで、となりの靴箱を指さしていました。

「困ったね」

それでも「いや！」と頑として言い張るハルマ君に、「ハルマ君は、タイガ君の靴箱がいいのかな？」とたずねてみます。

　「ブタさん」とポツンと答えたので、ブタのマークが欲しいことがわかりました。

　「先生が描いてもいいんだけど…」

　ハルマ君の目が輝きました。タイガ君にブタのマークを描いてもいいかとたずねると、やっと決心して「うん」と返事をしてくれたので、ハルマ君にも描いてあげることになりました。ブタのマークを描いて貼りつけると、2人で顔を見合わせてニッコリ。自然に体が動き出しピョンピョン跳びはねて喜びを表していました。

◇ 4月20日（土）

　次の日、ハルマ君の靴箱にヒヨリちゃん（2歳5か月）の靴が入っていました。今度はハルマ君が困っています。

　どうやらヒヨリちゃんもブタのマークが欲しいようです。さんざん迷った挙げ句、「いいよ」と言ったハルマ君。

　ヒヨリちゃんがブタのマークを付けると、僕も私もとマークを欲しがりはじめる子どもたち。とうとう、もも組の靴箱はブタのマークでいっぱいになってしまいました。

◇ 連休明けのある日

　しばらくお休みしていたタイガ君が「おはよう！」とやってきて、靴箱の前で立ち止まりました。「あれ？」と首を傾げています。靴箱がブタのマークでいっぱいになっています。

　「タイガ君、ごめんね。先生が悪いんだ。本当はタイガ君に一番に聞かなくちゃいけなかったのに…。本当にごめんなさい」。

　このことに気づいたとき「しまった！」と思い、「どうしょう？」と悩みましたが、申し訳ないことをしてしまったと謝り続けました。

　「どうしようか？　全部外してもらおうか？」

　「いやだー。だめー」と子どもたちは訴えます。時間だけが経っていきました。

すると、となりで一部始終を聞いていたハルマ君が突然、靴箱のブタを全部はがしてしまいました。はがされた子どもたちは泣いたり、座り込んだりして大混乱でしたが、それとは反対に、一気にはがしたブタのシールをすがすがしい顔で私に渡したハルマ君は、何も言えなかったタイガ君の気持ちを察してくれたのかもしれません。突然のできごとに驚いてしまいました。

◇ その翌日
やっぱり自分のマークが欲しい子どもたち。

「みんなもマークが欲しいんだって、ブタさんじゃない違うマークを描いたらだめかな?」と、タイガ君にたずねてみました。すると「いいよ。ブタはだめだよ」とポツリとひと言。

「ブタさんは、タイガ君のだから、だめだよね! わかった!」

そして、まわりのみんなにブタじゃないマークだったらいいと伝えると、「やったー!」大歓声が上がりました。みんなの喜んだ顔にタイガ君もニッコリとうれしそうです。

すると、「お船描いて」「てんとう虫がいい」「ぞうさん」と自分の描いてもらいたい絵を伝え、一人一人絵を描いてもらい、できあがるたびにギュッと指でつまんで落とさないように靴箱まで走って持っていき、自分のところに貼っては、跳びはねて、「ここは私のよ」と何度も教えてくれました。誰ひとり同じ絵の子どもはおらず、こうして「自分だけのマーク」ができあがり、うれしさもひとしおのようで、翌日からも自分の靴箱を間違わずにしっかりと入れていた子どもたちでした。

自分の靴箱にブタのマークをくっつけたタイガ君の行動のように、2〜3歳ごろになると、自分の物と人の物の区別がつくようになり、保育者の援助によって、自分の物の置き場所がわかるようになってきます。

入園して間もない2歳児の子どもたちが、不便さを感じ、自分たちでどこまで考え、行動できるようになるのか、また、そのときの欲求を満たし

てもらったり、気持ちに寄り添ってもらったりすることで、自分自身を好ましく思い、自信をもつことができるようになればいいなと任せて、見守ってみることにしました。

　その結果、2歳児は、靴箱も担当箱も自分の場所が欲しく、何かしら自分の場所とわかる目印が欲しいと思っていることがわかりました。また、新しい物を欲しいと、保育者との言葉のやりとりで伝えることができ、それによって自分の靴箱が決まった喜び、その気持ちに寄り添ってもらえたうれしさや安心感が、自信にもつながっていったのではないかなと思いました。

事例57　やさしくされるとやさしくなる
1歳児のやりとり

　ある保育園で、1歳児たちが園から歩いてすぐの畑にトマトを見に行きました。ゆるやかな坂道を歩いて行くと、小さな花が道の下に咲いていました。子どもたちは1本ずつ摘んでいましたが、ヨシエちゃんはちょっと怖くて花を摘めません。それを見たカイ君が、もう1本摘んでヨシエちゃんにあげました。

　畑からの帰り道で、カイ君が転んでしまいました。誰も気にもせず、知らん顔の中で、ヨシエちゃんは、そーっとカイ君と手をつないで園まで帰ってきました。

事例58　自転車に乗れた
自分の努力と仲間からの承認

　自転車に1人だけ乗れないリクト君。園で友だちの応援や、家で両親の特訓もあり、とうとう乗れるようになりました。みなの前で乗って見せる

と、まだ乗れない女の子たちに「スゴーイ」とほめられ、男の子たちは何も言わなかったものの、仲間として認めた様子。

　練習するリクト君の姿を見ていた春菜ちゃんが、「リクちゃんはね、簡単にできたんじゃないんだよ。ひざ小僧とか、すりむいて、いっぱいけがして、それでもリクちゃん練習していたんだよ。だから乗れたんだから……」とみなに教えます。

　その日からリクト君の変わりよう。ウサギを抱けるようになり、登り棒に登れるようになり、なんと嫌いだったピーマン、きのこ、その他の野菜など、何でも食べるようになり、男の子たちの仲間に入り、ケンカもするようになったのです。鉄棒も逆上りから、連続逆上り。とび箱も７段とべるようになりました。今まで苦手なことが多く、やる気を示さなかったリクト君が、嫌なこと、困難と思えることに自ら挑み、クラス中の友だちから認められ、賞讃され、自分よりできない友だちに、応援したり手をさしのべたりするような姿に変わりました。

事例59　ハンバーガー屋さん
３歳児クラスの日誌より

　８月21日。猛暑の夏も１日も休まず登園する子どもたちでも、８月中旬お盆のころは家族での楽しい経験もあります。

　「昨日ユリね、ママとパパとドライブに行ってハンバーガー食べたの」

　「うわぁ、よかったわねー。おいしかった？　中に何が入っていたの」

　「ハンバーグとトマトとレタスと…チーズ！　ケチャップの味もしたよ。とってもおいしかったよ」

　日ごろ、家族でのだんらんがもちにくいユリちゃんにとって、昨日のハンバーガーは最高にうれしかったようす。

　ほかの子どもたちも知っているようで、そばで聞いていたアユミちゃんが「ねえ、先生。ハンバーガーを作って遊ぼうよ」と一声。早速、部屋に

いた子どもたちも寄ってきて、作るところと食べるところに部屋を分けました。

「ハンバーガー、何で作ろうか？」

パンにするための紙と、包むための紙。チーズバーガーは黄色の紙。ハンバーガーは赤の紙を用意します。新聞紙を丸めてのパンは難しそうでしたが、少し手伝うと、セロハンテープで留めて、上手に作りました。

「先生、ポテトもジュースもいるよ」

でも、急だったので準備不足。なんとかパンと、中にはさむハンバーグはできましたが、ポテトやジュースまではできませんでした。

ユリちゃんのせっかくの楽しい休日の思いを再現しようということで、翌日は、広告紙、白い紙、毛糸、貝殻、発泡スチロール、スポンジ、キビガラ、小麦粉を少しの水で溶いたものや、庭のアサガオやアジサイの葉っぱを用意しました。紙コップ、ストロー、トング、割り箸、泡立て器、マドラーも、空き缶に入れて立てておくと早速、子どもたちが使っています。小麦粉を泡立て器でかき混ぜ、「先生、見て、見て。生クリームみたいでしょ。お母さんとケーキ作ったことあるよ」とサキちゃん。アズサちゃんはマドラーでカラカラかき回し、ジュンコちゃんはままごと道具の中から、おろし金を持ちだし、発泡スチロールをおろしています。毛糸と貝殻のボンゴレスパゲティに、広告紙を棒状にしたポテト。庭から摘んできたタンポポとハコベのサラダ。スポンジの上にピンクのキビガラをのせた小麦粉の生クリームケーキ。おろした発泡スチロールの粉砂糖―。子どもたちの発想の豊かさに驚かされます。

そのうち、アユミちゃんやカナコちゃんがお店をはじめました。

「いらっしゃいませ、いらっしゃいませ、おいしいチーズバーガーにケーキもあります」

「今ならたくさんあります」

「できたては温かいですよ」

こんな客寄せの言葉を3歳が？　と驚いていると、「先生も買いに来てよ」と誘われて、あわてて「作る人」から「買う人」へ変身。

「すみません、メニュー見せてください」

このメニューも、昨日、ユリちゃんやアユミちゃんたちと絵を描き、品名や値段を一緒に作ったものです。

「ねえ、昨日お迎えがくるまで、先生と一緒に考えて作ったんだよね」と、その大変だったことも説明してくれます。

「はい、メニューどうぞ見てください」とうれしそうに出します。

「みんなおいしそうですね、今日はハンバーガーとバニラシェイクをください」

「はい、ハンバーガーとバニラシェイクですね。ポテトもありますよ、おいしいですよ」とジュンコちゃん。ちゃんと復唱しています。

「あったかいですよ、できたてです」とアユミちゃん。言葉の適切な使い方に内心、驚いていました。3歳で、こんなすすめ上手なのです。感心と同時に噴き出しそうなおかしさも込み上げてきます。

いすに座って待つと、四角いお盆に注文の品をのせ、ミチコちゃんがゆっくりゆっくり両手で支えるように持ってきました。

ユリちゃんの楽しかった休日を再現することで始まったハンバーガーショップは大盛況で、どの子どももフル回転の忙しさです。

3日目は、さらに布や紙で作った制服、空箱の帽子、段ボール箱のレジスターと付属品が加わりました。

そして4日目。給食の方たちが本物の小さめのハンバーガーを作ってくださいました。

「日本一おいしいハンバーガーのお店だね」のナオト君の言葉に全員がうなずきました。

3歳でも、共通の楽しさやおいしいという気持ちを共有しながら、魅力的なお店を作ったハンバーガー屋さんのごっこ遊びを見て、この次またこのようなごっこ遊びをするときには、本物のお金を使って遊んでみるのもいいかもしれない、と思いました。

夏休みもなく毎日登園してくる子どもたち。夏ならではのプール屋さんごっこで料金を取ったり、園にはそれほど絵本の数はありませんが、1日

も休まず登園してくる子どもたちのために本屋さんを臨時開店したり、アメをなめながら、紙芝居屋さんごっこで楽しいときを過ごしたり…。保育園での保育では、ジュースやカルピス、アイスクリームなど、決まった給食やおやつ以外にも、ゆとりあるおやつを子どもたちと楽しみたい―そんな願いをもつのは私ひとりでしょうか？

事例60　玩具のトラブル
子どもが自分できまりをつくる

◇ 小さな鉄砲の玉

　玩具のために起こるトラブルで、思いがけない経験ができることもあります。

　直径4mmほどの小さな玉を鉄砲で撃つ玩具でおもしろそうに遊んでいる子どもたち。「これはちょっと危ない…」と思っていると、持ってきたシンヤ君は、「壁にあててれば、大丈夫。危なくないよ」と、まわりの子どもたちに貸してあげています。子どもたちも「おもしろそう」と借りては撃っています。

　ところが、それを見ていたユリちゃんがひと言。「でも、小さい赤ちゃんがこの玉を食べたら危ないよ」。

　この言葉で子どもたちは、「そうだ、大変だ！」と園内で玉をさがしはじめました。ロッカーの中、ごみ箱、玩具箱の中、大積み木の積んである中。ままごとの中も全部さがしています。持ってきた玉は、1箱100個分と、ほかにバラバラのものが30個。それを全部さがすため、昼食も食べずに、一生懸命、動き回りました。みんな、「赤ちゃんが食べたら大変！」という気持ちに突き動かされています。そして、とうとう130個全部を見つけだしたのです。

　「シンヤ君、このBB弾の玩具どうする？　明日も持ってくるの？」と保育者が聞いていると、まわりの子どもたち全員が、「持ってこないで」「お

願いだから持ってこないで」「鉄砲だけ持ってきて玉はやめて」「ね、玉は持ってこないで」とたたみかけるようにシンヤ君に詰め寄ります。

シンヤ君は、「いやだ」の一点張り。

「じゃあ1個だけにして」

「みんなでさがしても、12時15分までかかったんだから」

「もし小さい子が飲み込んだら、大変だよ。ね、シンヤ君、やめて」

子どもたちが必死に説得します。

しばらく黙った後、「やっぱりやめた」とシンヤ君は言いました。

子どもってすごい。本当にいろいろ体験してわかっていくのですね。保育者がいきなり禁止を言い渡さなくて本当によかったと思いました。

◇ マサ君のミニカー

保護者会で、ひとりのお母さんが「このごろ、子どもが玩具を園に持っていきたがって困ります。園の方で規則を作ってくださいませんか?」と発言しました。

「どうして玩具を持ってくると困るのですか?」と保育者が質問します。

「……。あのう、今は玩具もお高いので」とお母さん。

「保育園は、子どもが玩具を持ってきても、ちっとも困らないので、それはご家庭でお子さんにおっしゃってください」と答える保育者。

このやりとりをきっかけに、マサ君のミニカーの話を保護者の方々にすることにしました。

先日、園では、こんなことがありました。誕生祝いにおじいちゃんにミニカーを買ってもらったマサ君はうれしくて、保育園に持ってきました。そして、そのミニカーをトモ君に貸してあげました。

帰るときマサ君が、トモ君に「ミニカー返して」と言ったんです。ところがトモ君は、どこかに置き忘れてしまったようで、さがしましたが見つかりません。

翌日もまたトモ君はさがしたのですが、出てきませんでした。マサ君は

「僕、誕生日にもらったばっかりだから」と悲しそうにしていました。

　トモ君は少し考えて、「同じのじゃないけど、僕、トラックの玩具を持ってるから、ミニカーの代わりに明日持ってくる」と言いました。

　次の日、トモ君は、そのトラックの玩具をマサ君に渡そうとしました。「このトラックねえ、僕がお父さんから買ってもらった大事な、大事なトラックなの。だけどね、僕がマーちゃんのミニカーなくしちゃったからね…なくしちゃったからね…このトラックの玩具をね…これね、マーちゃんに代わりに返す」

　トモ君の目からは、大粒の涙がポロポロこぼれ落ちています。マサ君の顔も悲しそうです。集まってきた園中の幼児たちもじーっと2人を見つめ、シーンとしています。私たち保育者も、用務員さんも、テラスでのこの光景をじーっと見ていました。

　するとミチオ君が、「ねえ先生、大事な玩具は保育園に持ってこない方がいいね。一番大切なのは持ってこないで、二番目からのにすればいいよ」と言いました。大事なミニカーの代わりにトラックを返してもらったマサ君は、じいーっとうつむいています。10秒ぐらい経ってから、マサ君に聞いてみました。

　「先生が、マサ君の持っていたのと同じミニカーを買ってあげたら、トモ君にトラックの玩具を返してあげる？」

　マサ君は、「僕、ミニカーの方がいい」ということで、マサ君にはミニカーをプレゼントすることにしました。そしてトモ君にはトラックの玩具が戻りました。

　マサ君の家庭は幸福でしたが、トモ君の家庭では、お父さんが知人の借金の保証人になって離婚することになったのでした。トモ君のトラックは、久しぶりに大好きなお父さんに会ったとき、お父さんがトモ君に買ってくれた大事な大事な玩具だったのです。

　こうした保護者会での話し合いややりとりの中で、保護者の方々も幼児期に出会わせたい体験を理解してくださいます。親の子どもを見る目や、

親同士の保育観も、じっくりわかり合うことができ、信頼を深めることができるので、園の運営もやりやすくなります。

　園から家庭へ配布する通信などでも、このような保育の１コマを書いて、お互いの理解を深めていきます。

事例61　表現　歌う・聴く
子どもは全身で覚えてしまうもの

　幼児が喜んで歌い、楽しんで生涯歌えるような歌、世界中の人や日本中の人が歌い続けてきた歌、今後も何十年、何百年も歌い続けるであろう歌。そんな歌の数々をさり気なく聴かせ、子どもたちもそれを聴くうちに、自然に歌うようになるというのが、幼児期の歌との出会いとしては一番理想的だと考えて、これまで保育の中で実践してきました。

　ある研修会で、講師控室で早川史郎先生と小谷肇先生という２人の大作曲家の真ん中に腰かけて、子どもの歌を話題にお話をする機会がありました。『すうじの歌』を作曲した小谷先生、日本の子どもたちに親しまれる歌を数多く世に送り出してきた早川先生に、自分の保育実践の中で、「息長く歌い継がれるような世界の歌、日本の歌を保育の中で歌ってきたんですよ」とお話ししていました。

　ちょうどそこに若い学生が面会に現れました。とっさに誰か思い出せずにいると、「本吉先生、私の顔をよーく見てください」と親しみを込めた声で話すのです。「あっ、ノブコちゃん？」目の前に立っていたのは、なんと、保育園を巣立っていったかつての園児でした。ノブコちゃんは、卒園後、６年生のときに送ってくれた手紙の中に「いつも歌う歌は、保育園のときに歌った歌ばかりです」と書いてあったのが印象に残っていました。そのことを聞いてみると、「そうです。保育科の学生になった今も、いつも歌っているのは、保育園のときに歌った歌だけです」と答えてくれました。

　メンデルスゾーンの『歌の翼に』。アイルランド民謡の『庭の千草』。『オー・ソレ・ミオ』に『おおブレネリ』。『春の日の花と輝く』『なつかしきヴァージニア』『おお牧場はみどり』『菩提樹』『ローレライ』『赤いサラファン』『ヴォルガの舟唄』…。もちろん日本の歌も歌います。『早春賦』『花』『おぼろ月夜』『椰子の実』『赤とんぼ』『砂山』『宵待草』『浜千鳥』『故郷』。そして一番好きな３月には、私の好きなシューベルトの『鱒』。

　そうでしょノブコちゃん、と心の中で呼びかけながら、保育園でのさまざまな情景が浮かんできました。レコードをかけて、口ずさんで、保育者も子どもたちも、製作をしながら、積み木を積みながら、トランプをしながら、聴いて覚えたのです。卒園式はベートーベンの交響曲第九番の『歓喜の歌』を。保育室にチャイコフスキーやメンデルスゾーンのヴァイオリン交響曲が流れているだけで、子どもは全身で覚えてしまうのです。

　あるとき、児童館の図書室に本を読みに子どもと行くと、すみの音楽室から歌声が聞こえてきました。すばらしい声に子どもたちもシーンとしています。シューベルトの『冬の旅』の全曲を歌っているようです。子どもたちは、となりの部屋に入れてもらって聞きたくてソワソワしています。おそるおそるノックすると返事がありました。

　「どうぞどうぞ、僕たちは卒業したら、観客の前で歌うことが仕事ですから」どうやら音楽を専攻している学生の方のようです。子どもたちはつま先立ちでそーっと歩いて床にかしこまって座り、シューベルトの『菩提樹』やドイツ歌曲、『椿姫』『カルメン』『魔笛』など、広くもない部屋で、すばらしいバリトンを堪能しました。聴き終わった子どもたちは、ホーッと大きな息。「これが本物の音楽だね」大きくなったらチケット買って音楽会に行こうね、と言うと、子どもたちは大きく大きくうなずいたのでした。

事例 62　文字の必要感からスタート

文字を覚えて書く、数も数えて書く

◇ 文字を書きたい

「先生、字を教えて」

幼稚園児は、文字を書くことを家庭で母親に教えてもらいます。一日の大半を園で過ごす保育園児には、生活や遊びの中で文字に対する関心、興味を起こさせるとともに機会をつくって教えることも必要です。

ある日、ヒサシ君が毎日靴を入れていた場所にケイタ君が靴を入れ、ヒサシ君のロッカーのかばんかけにユウジ君がかばんをかけているのを見たヒサシ君が、「先生、僕の靴箱にケイちゃんが…」と訴えました。

「だって僕もここに入れたかったんだもの」とケイタ君。

1週間前、年長に進級した当初は、「自分の好きなところへ入れなさい」と言うと、

「好きなところわからない、先生が決めて」と言っていた子どもたち。やっと自分の入れたいところに入れられるようになったと思ったら、今度は1つの靴箱の取りっこけんかです。

そのようすを見ていたミサキちゃんが、「ヒサシ君、名前書いておかないとみんなわからないよ」とアドバイスしました。

「僕、字書けない」

「じゃあ練習すれば」

七夕の短冊に「おばあちゃんのびょおきがはやくなおりますように」と書いてあるのを見たシンノスケ君は、「先生、字を教えて」とやってきました。

「僕のお父さんも目の手術するから、『目が見えるようになりますように』って書きたいの」

するとそばで聞いていたエツコちゃんが「あたしが教えてあげる」と言って、夕方5時までずっとシンノスケ君につきっきりで字の練習をしました。

「おとうさんのめがみえるようになりますように」

シンノスケ君は、何度も練習して、とうとう書けるようになりました。

子どもたちがたどたどしく字を書くのを見ると、いつも思うことがあります。

初めて幼児が文字を書くときは、子どもを大人の膝の上に乗せ、子どもが鉛筆を持つその上から大人の手を重ねて一緒に文字を書くようにするのが、よい方法です。ひらがなの文字は線に丸みがあり、上下、左右の長さが微妙に違うので、子どもにとっては難しいものです。一緒に鉛筆を持ちながら、筆順を正しく書くことや、文字全体のバランスを考えたりすることの大切さと必要性をていねいに何度も繰り返し教えていくのが、よいのです。お手本を見せて、「これと同じように書きなさい」と言われても、「あ」「れ」「な」「や」のようなひらがなは難しいのです。

数字も同じです。見ていると、子どもたちは「4」や「8」など、大人の想像を超えた書き順で書いています。数字を覚えるときに、一緒に曜日も教えると、子どもたちは簡単に覚えてしまいます。

◇ 数を遊びに使う

ひらがなや数字が書けるようになることは、幼児の遊びを大きく発展させることに役立ってきます。競争する遊びでは、友だちの名前を書いたり、点数をつけたりすることができるようになります。誰が一番か、順位を記しておくと便利で正確にわかります。

ヤスマサ君は、コマ回し1000回達成に挑戦しました。1回目を回したら1を、2回目は2、そして3回目は3、4回目ができたら4、と紙に数を書き入れていきます。こうすれば、1000回にたどりつくまで、何回、回したかがすぐにわかります。でも、4まで大きく書くと、もう紙面はいっぱい。裏に5、6、7、8と書いて、「先生紙ちょうだい」。2枚目もすぐに余白がなくなってしまうのです。「ヤッちゃん、紙はもうないの」と担任に言われ、ヤスマサ君は、小さく書きはじめました。

でも、今度は97、9899、100101…と数字がつながってしまって、何が何だかよくわかりません。そのうえ、上下に波のように書かれているので、読みにくいのです。「コマ何回、回ったの？」「ヤッちゃん、これじゃいくつかわからないよ」と友だちに言われ、ヤスマサ君なりに考えて、縦横に線を書きました。でも、フリーハンドなので、もっと読みにくくなってしまいます。「あのさ、紙を折ってその上に線を書けば」と友だちのアドバイス。でも小さくは折れません。

　「あのさ、線書くときに使う棒があるでしょ、先生に貸してもらえば」
　またまた友だちがアイデアを出してくれました。

　こうしてヤスマサ君は1月から2月末まで約1か月かかって、コマ回し1000回を達成したのです。途中、数の位が増えると、どうやって書くのかわからなくなることもありました。8、9、10…と来たら次は101でいい？…17、18、19、20、201、202で合ってる？　そんなふうに困ったときは、みんなで考えて、とうとう最後の1000まで記録したのです。1000回達成したときはヤスマサ君も「やったー」と、飛び上がって喜びました。クラス中の子どもたちも、「バンザーイ」「バンザーイ」と一緒に喜んでくれました。

　ボール投げ競争での到達距離やプールで泳げた距離、紙飛行機の飛行距離など、1枚の紙に名前を書いて、何cm、何mと、メジャーで測って、記録しました。何でもできるシンノスケ君のボールは3メートルも飛ばず、おとなしいミサコちゃんが5メートル以上も飛ばして、みんなが目を見張りました。

◇ 自発的な行動と必要感

　みんなで種をまいたり球根を植えたりした花が、日曜日に誰かに盗まれてしまいました。「はなをとらないでください、とてもかなしいです」という立札を作ることになり、板にマーカーで書いたのですが、字を間違えてしまいました。

　「困った、どうしよう」

　そんな経験をして、消せないものに書くときは、下書きをして書くこともわかりました。

　園生活の中でいろいろなことが起こるたびに、子どもたちは考え、工夫します。必要が迫れば行動を起こし、みんなが協力します。困難を嫌うどころか喜々として解決しようとするのです。

　自発的な行動はすべて遊びなのです。自発的な遊びをすることで「意欲」が育つことを、さまざまな場面で実感します。

　4月から、文字や数などを機会あるごとに活動の中に取り入れていくと、12月を迎えるころには年賀状を書いて投函しに行ったり、図書館に行って住所を書いて自分の貸出カードを作ったり、もちろん貸出カードの扱いも自分でできるようになります。3学期ごろには、「ごっこ」、いわゆる総合活動も自由にできるようになり、電車ごっこ、郵便ごっこ、お店ごっこ、ボーリングごっこ、図書館ごっこ、家に持ち帰れる貸し本屋さんごっこ、劇場ごっこなど、3か月では足りないくらい遊びは充実してきます。

　文字が書ける、数が計算できる、線も引ける、ついでに日本列島の名前や1都1道2府43県も全部覚えてしまえば、すごろくやかるた作りもできます。詩をつくり、そして書く。そんな活動も、保育園は、子どもがすごす時間が長時間なので、全部可能です。保育園ではもう50年も前から、考えることを必要とする総合活動を、子どもは遊びとして楽しく展開して、いきいきと遊んできました。

　ひとりの子どもの「字が書けないの、教えて」—このひと言からスタートです。子どもが文字を書く必要性を感じて、「書けたらいいな」と思う。そして、「書きたい」と意欲をもち、最後、「書けてうれしいな」と思う。そのつながりが大切なのです。

　背の高さの順番にする。いつも高い人順はいや。これは小さい順がよい。——では、背の高さを測ろう。

　円形ボール当ての競争しよう。この前、車をつくるために円を描こうとしたとき、ちょうど合う大きさの丸いものがなかった。真ん中に箸を立

て、ひもをつけた先に鉛筆をつけて、ぐるっと回して描いたらどんな大きさの円も書けた。—そうだ、庭にも真ん中に大きい棒を立てて、なわとびのひもをつけて、端に竹馬とかほうきとかの棒をつけて地面に円を描けばいい。中心の棒を動かないようにしっかり持つ子ども、ひもの先のほうきを持って、ひもをたるませないよう引っぱりながら、円を描く子どもたち。

　自分たちでやりたいことを自主的にやって到達したとき、「うれしいな、うれしいな、こんないい日は初めてだ…」と思わず即興で口をついて出てくる歌を、ぴょんぴょん跳ねながら歌う子どもたち。

　文字や数も、子ども自身が必要を感じているから取り組むのです。そのための努力も遊ぶためにやっていますから、目標はいつも上にあります。ひとりではできないことも友だちと一緒なら挑戦できます。そして何より大切なのは、先生に見守られてやっているということです。

　トランプを使った神経衰弱をプールの中でやっていたとき、北風が吹いてきました。カードの上に小石をのせていましたが、ひとりが物置から大きなビニールシートを持ってきて、みんなの頭の上にのせ、持ち上げては日の光を入れて遊び出し、2時間も笑い声をたててやっていました。

　トランプの次は、自分たちの作ったかるたを持ってきて、読み札を読み上げる人だけシートから顔を出して読み、読み終わったらせーの、でシートを持ち上げて札を取ります。かるたの字もほとんど全員が読めるようになっていました。

事例63　冷たいあったかい
触って試して発見する

　4月27日。砂でおまんじゅう作りをしながら、ヨウコちゃんが言いました。

　「先生、鉄棒の下の水あったかいよ。でもこっちは冷めたいよ」

「どうして？」

「だってこっちは木の葉っぱの下だから冷たいんだよ」

「へえ？…じゃあ、水じゃないものもあったかくなるかしら？」

　子どもたちは、走って鉄棒を触りに行き、「やっぱり鉄棒あったかい」「鉄もあったかくなる」と答えました。

「それじゃ、違うもの置いてみよう」

　鍋やボールなど金属製の物を置いてみます。

「そうだ、鉄棒の方にも置いてこよう」

　20分ほどして両方を触ってみて、「あっ、やっぱり木の下の方は冷たい」と発見。

「今まで試した物全部、鉄やアルミやステンレスみたいな金属類だったわねー」

「こんど違うの置いてみよう」

　タオルや木の積み木、プラスチックのバケツ、陶器の茶わんなど、いろいろ置いては、「少し遊んでこよう！」とすべり台の方へ。

　午前11時、こんな遊びには今日はもってこいの天気。24℃という気温であることも伝えて、温度計にも関心をもたせてみよう。ブランコの方へ行き、ヨウコちゃんたちと遊びながら、20分ほど遊んで、鉄棒のところへ。

　少しあったかいけれど、タオルや木はあんまりよくわかりません。プラスチックのバケツはあんまり熱くないけど、ハサミや鉛筆削りは熱くなりました。

「そうね、伝導っていって、熱がいろいろな物を伝わっていくことなんだけど。今日は4月にしてはとても暖かで、熱くなった物と熱くならない物がよくわかったけど、今みんなの着ているTシャツは木綿といって、畑に種をまいて、花が実になって、その実を糸にして作った服なの。冬のセーターはお日さまの熱をどんどん取り込んで、さっきの鉄棒みたいに少し温かくなって、また冷たくなるけど、冬の毛の洋服は日陰になっても冷たくはならないの。羊の毛で作るから。夏の洋服も、麻っていう布があって、麻も畑にまいた種から芽を出し、麻の実がなってそれを糸にして洋服

を作るの。麻は、今みんなが着ている木綿より、いつも少し冷たいの。太陽の光があっても麻は、あったかくならないの、だから夏に涼しいお洋服が着たいときは麻の洋服を着るといいの。図書館に行って、麻や綿の出ている図鑑や本を調べてみるといいのよ」

「アタシも麻の洋服着れば涼しくなる?」

「涼しいと思うわよ。でも子どもの服は何度もお洗濯できるように丈夫で、安い方がいいから、あんまり麻はないわね、それと、しわくちゃになるから。おもしろいね、冬の洋服はポリエステルなどもあるけど、ウールっていって、羊の毛のセーターが暖かいの。でも子どもの洋服は洗濯できる方がいいしね」

3月、段ボールの空箱に、紙の下貼りをし、上に布地を貼って本箱を作ったとき、子どもたちが持ってきた布地は、ナイロン、ウール、木綿、ポリエステル、絹など、多種多様でした。アイロンをかけることになり、木綿や麻は高温でちょうどよくしわが伸びるのに、同じアイロンをかけても、ナイロンなどの化学繊維の布は、アイロンをのせたとたんにシュルっと消えてしまい、絹地やウールは高温のアイロンで焦げてくさくなり、子どもたちはびっくり。

教材にわざわざ使うものではありませんが、チャンスを利用し、子どもが「あっ、おもしろい!」と興味をもったときに活用すると、教材になるものはいろいろあります。子どもの「不思議だな」「どうして?」の声やつぶやきは大切にしたいと思うのです。

事例64　夏休みの楽しかった思い出
カズヒコ君とミチコちゃん

「夏休み、楽しいこといっぱいあったでしょう。ひとりずつ、どんなことがあったのか、先生にお話して」

年長のクラスでの話です。

「四国のおじいちゃんの家に飛行機に乗っていって、海で遊んだ」

「ディズニーランドに行って…」

「お父さんとお兄ちゃんと高尾山に登ってケーブルカーに乗った」

われ先にと話す子どもたちの中で、2人だけ下を向いてさびしそうな顔をしている子がいます。カズヒコ君とミチコちゃんです。

迷いもありましたが、「カズヒコ君とミチコちゃんは夏休み、何して遊んだの?」と聞いてみました。

「何もなかった」とカズヒコ君。

「私も楽しいことなんて何もなかった」とミチコちゃんも続きます。

クラス中がシーンとなりました。元気のよいケンジ君が「でもさあ、花火やったとか…」と話の糸口をさがそうとします。

少し間があった後、カズヒコ君が「お兄ちゃんのカセットテープを聞かせてもらった」とポツリ。室内はまたシーンとなり、みんな、なんとなくミチコちゃんの方を見ました。でも、ミチコちゃんは「何もなかった」とひと言。

いつもお調子者でおっちょこちょいだけど悪気はないアキオ君が「じゃあさ、先生とどこかに行けば?」と言いました。

クラス全体の視線が集まります。

「その考えもいいわね。カズヒコ君とミチコちゃん、どこに行きたいかしら?」

「ほら、あのさー、遊園地とか」

「馬事公苑とか」

「デパートとか」

クラスの子どもたちは、必死にアイデアを出します。するとミチコちゃんが、「デパートはいいけど、何も買わないならデパートはいや」ときっぱり言いました。

「それじゃ動物園とか?」と、また、別の子どもが口を開きます。

「そうね、動物園や遊園地はいいと思うけど、毎日すごーく暑いから、お日さまが照っているところはどうかしらね?」

「じゃあさ、デパートで玩具とか買ってもらえば」

「デパートの食堂で何か食べたり」

カズヒコ君とミチコちゃんは黙って成り行きをうかがっています。

「カズヒコ君、ミチコちゃん、デパートで何かを買ってもらったり食べたりするのはどう？」と問いかけてみると、2人とも、うなずいて、首をコクンとしました。

「本当にデパートに決めていいですか？」

改めて、みんなに確認すると、ひとりの不満もなく子どもたち全員から「いいよ」の答えが返ってきました。こうして、次の日、2人は担任の先生と一緒にデパートに行くことに決まりました。

この経緯を担任から聞いたとき、とび箱が跳べなかったカヨちゃんのことを思い出しました。カヨちゃんがひとりで練習しているのを見た給食のカワシマさんが、「カヨちゃん、お菓子あげるから、ガンバッテ！」と声をかけました。すると、カヨちゃんが「お菓子はいらない。いっぱい練習したい」と答えました。その光景を見て、「今の手のつき方、100点！走るのカッコイイ？ 80点！ カヨちゃんガンバレ」とベランダから声援を送ると、園中の子どもたちが集って「カヨちゃんガンバレ！ カヨちゃんガンバレー！」の大合唱になりました。年長の子どもたち数人が、そばで応援しようと、靴をはき、庭の方へ走っていきます。お迎えの保護者の方も大勢声援に加わってくださいました。

なんと、そのときです。「跳べたあ。バンザーイ。やったあ。10分で跳べた！」とカヨちゃんの明るい声が響きました。

カワシマさんのお菓子を断ったカヨちゃんに「跳べたから、何か欲しい？」と聞くと、「跳べることが欲しかったから、何もいらない」という答えが返ってきました。

子どもって本当に、そのとき、欲しいものを欲しいのでしょう。

カズヒコ君とミチコちゃんとデパートに行くことになった担任に、「私

が費用をプレゼントしますから、明日、2人の本当に欲しいものを買って
あげてください。玩具じゃなくても、何でもいいですから」と伝えました。
そして、「2人ともおしゃべりになると思うので、会話をしっかり聞いて
きてください」と頼みました。

　こうして翌日、カズヒコ君とミチコちゃんは、年長クラスの全員に
「いってらっしゃーい」と見送られて、担任の保育者と3人でデパートに
出かけていきました。2人は、今まで見たこともない満面の笑みで、何度
も振り返りながらバス停の方へ歩いていきました。

　そして2人は、大きな大きな箱を抱えて帰ってきました。もちろん年長
たち全員が、ベランダに出て、「おかえりなさーい」とお出迎え。「買って
もらった？」「何、買ってもらったの？」と興味津々です。みんなの見守
る中、デパートの包み紙を開けました。

　ミチコちゃんは、ままごとセット。

　カズヒコ君は、レゴ一式。

　みんなでひとしきり遊ぶと、2人は再び玩具の箱を包装紙にきれいに包
み、リボンもかけて、自宅に持ち帰りました。

◇ 担任の話

　保育園の門を出たときから、2人はスキップ、スキップ。みんなの方を
振り向いてはいますが、やがて小走りになったかと思うと、次はどんどん
走り出しました。

　やっと追いついてバス停へ。バスに乗ってからは、3人座れる座席に窓
の方を向いて座り、「あっ、あそこ。僕、行ったことある」「いつかの自転
車屋さんだ」「あそこは、大工さんが家の道具を作るお店だ」「ここ、来た
ことある。地下鉄の駅だ」「三軒茶屋だ。私、知ってる」と、しゃべり通
しでした。

　渋谷に出てからは、人の多さに2人とも、びっくり。こんな繁華街に来
ることはないからでしょう。

　デパートに着いて、何気なくエスカレーターに乗りました。ところが2

人は、エスカレーターに乗るのは初体験です。でもすぐに慣れて、2階、3階と上っていきました。玩具売り場は7階です。5階に着いたとき、ミチコちゃんが「先生、ちょっと待ってて」と言って、小走りでふとん売場に向かっていきました。展示してあるピンクの花柄のふとんの上にぽんと乗って、寝そべると、「あたし、一度でいいから、こういうおふとんに寝たいんだぁー」と言うのです。

「それじゃ、ミチコちゃんは、おふとん買う？ 園長先生が、何でも好きなもの買ってあげてって言ってくださったから…」

すると、「いやだ、いやだ。私、玩具がいい」と、あわてて7階へ。

2人は夢中で玩具を見て回りました。「何でも好きな玩具を選んでね。欲しいものをゆっくり選んで」と伝えると、あれこれと迷っていたようすです。会計のところで「届けてもらう？」と確認すると、もちろん2人は首を横に振って「大丈夫、持てる」と言いました。

そして、8階のレストランへ。2人の好きなものを注文するように言うと、予想どおり、カレーとラーメンを頼みました。ちょうど昼食時で、目の前に座っているよその子どもたちのごちそうをじっと見る2人に、「あのね、レストランでもっと食べたいものがあったら、カレーとラーメンを残して、ほかのもの食べてもいいのよ」と話しました。2人はまた店頭のウインドウでメニューを見て、チョコレートパフェやフルーツパフェを注文したのです。

さて、その翌日、何気なく園内を歩いていると、2人とも、あの大きな玩具箱を持って登園しているのが見えました。一日中、買ってもらった玩具でみんなと遊んだようです。また翌日も、その翌々日も、玩具箱を持ってきます。

「カズヒコ君、ミチコちゃん、2人で『明日持ってこよう』って相談して持ってきたの？」

「ううん、違うよ。僕、みんなと遊ぼうと思って持ってきたら、ミチコちゃんも持ってきてたの」

「私も、みんなと遊ぼうと思って持ってきたら、カズヒコ君も持ってき

てたの」

　子どもたちは、何の問題もなく、2人の玩具を受け入れ、一緒に遊んでいました。そのうち、2人とも玩具を持ってこなくなりました。

　このことが広く知られるようになると、全国からいらっしゃる見学者の方々は気になって子どもたちに質問したようです。

　「本当に子どもたちは、なんとも思っていないんですね」とは、誰もがおっしゃる感想です。

　それよりも、カズヒコ君とミチコちゃんの2人は、この一件を境に、顔が輝きだしました。

　「一度でいいから、こういうふとんに寝たい」と言ったミチコちゃんには、卒園してから、ふとんの贈りものをしました。ミチコちゃんのおうちは、お父さんは病気で、一番上のお兄ちゃんは障害児です。6畳一間に家族で暮らし、お母さんは、朝、昼、夜と働いていて、一家を支えています。

　園の先生方も、「私にも何かさせてください」と、ときどきプレゼントをしているようすです。

　子ども、大人を問わず、みんなが弱い者、困っている人のために少しでもお手伝いをできたらいいと思います。夏休みの話から、カズヒコ君とミチコちゃんを思いやったやさしさを、どうか生涯にわたってはぐくみ続け、弱い者を助けることに役立ててほしいと思います。

　「このような保育園を卒園した子どもは絶対に、人をいじめたり、『自分だけよければいい』なんてことを言ったりする人間にはなりませんね。日本中の保育がこうなったらいいですね」という言葉を保護者の方からいただくこともあります。

　いくつもの園で出会った保護者は、本当にやさしい人たちでした。そういう保護者や、家庭に育った子どもたちだからこそ、本物のやさしさ、思いやりが育っていくのだと思っています。

事例 65　玩具の時計は「僕のもの」

保育実践記録より

◆ 11 月 20 日

　朝、シゲユキ君がうれしそうに「僕ね。これ買ってもらった」と玩具の時計を見せに来てくれました。そして、ごみ箱の製作をするとき、「時計にのりがついたら大変だ」と腕から時計をはずしてロッカーの中にしまいました。この日は、小学校の健康診断の日だったので、シゲユキ君は午睡をせずに、父親と小学校に行きました。

　午睡の前に、みどり組のカズキ君が「先生、僕の時計があった」と、今日、シゲユキ君が持っていた時計と同じような時計を見せに来ました。

　「あれ、その時計、シゲちゃんのと同じだね」と言うと、「それ僕のをシゲちゃんに借してあげたの」とカズキ君。「なんだ、カズキ君が借してくれたんだ。シゲちゃんに借してくれてありがとう」と言うと、カズキ君は「また、なくなると困るからかばんに入れてくるね」とかばんにしまいに行きました。

　シゲユキ君は、おやつの前に帰ってきて、「先生、僕、時計どこかに置いて忘れちゃったみたい。時計、見なかった？」と言いに来ました。

　「あれ？　カズキ君が『シゲちゃんに借した時計があった』って言って、持っていったよ」

　「先生、あれ、僕の時計だよ。カズキ君の時計は、上の方の絵が僕のと違っているよ」

　「上の絵が違うの？」

　「うん、違うよ。」

　「それじゃ、カズキ君に、聞きに行く前に、もう一度シゲちゃんのロッカーを見てから聞きに行こう」

　2 人でロッカーの上を見てまわります。カズキ君は、他人の玩具を欲しがる子でなく、自分が園にいっぱい玩具を持ってきて借しているくらいな

197

ので、他人のものをかばんに入れる子でないと思いました。それだけに、
「どっちかと言うとシゲちゃんの方が…」と思う気持ちが出てきてしまい
ます。こんな気持ちでシゲユキ君にかかわったら頭からシゲユキ君を疑っ
てしまうでしょう。今日は、シゲユキ君にとって、とってもいいチャンス
をもらったと思い、シゲユキ君とみどり組に行き、カズキ君の話を聞きま
した。

「カズキ君、あの時計、本当にカズキ君ので間違いない？」

「うん、僕のだよ」

カズキ君がしっかりと答えます。

「シゲちゃんもあの時計、シゲちゃんの？」

「うん、カズキ君のは、時計の上の絵が違うよ」

「それじゃ、カズキ君、時計見せてくれる？」

「うん、いいよ。」

　2人で時計を見ていましたが、カズキ君のほうは、だんだん時計はどう
でもよくなってしまい、「僕、遊びたい」と言って、遊びに行きそうにな
りました。

「カズキ君、遊びに行けなくてごめんね。このこと、シゲちゃんにとっ
て、とても大切なことだから、しっかり教えてほしいな。それにカズキ君
だって、せっかくお父さんにガチャガチャで当ててもらったんでしょう。
その時計このままにしていいの？」

　そう言うと、それまでそわそわしていたカズキ君が「僕、しっかり見る
ね」と時計を見ました。シゲユキ君も見ます。

「カズキ君、間違いない？」

「うん、僕のだよ」

「シゲちゃんも間違いない？」

「うん」

　そして、シゲユキ君がカズキ君に「カズキ君の玩具がいっぱい入ってい
る缶の中にカズキ君、時計入れなかった？」と言いました。

「それ、今日、お母さんが家に持っていったよ」とカズキ君が答えます。

「それじゃ、もう一度部屋をさがしに行こう」と、カズキ君にもロッカーの中を見てもらいました。結局、2人とも時計を持っていません。今日の帰りにカズキ君のお母さんに聞いてみることになりました。この時点では、シゲユキ君は、さっきより時計に執着がなくなったように思いました。

　カズキ君のお母さんが迎えに来てくれたので、時計のことを聞きました。

　「同じように見えるけど、どうなのかわからない。上の絵なんて、全然わからない。どうせ100円のガチャガチャだし、保育園に持ってきたカズキが悪いんだから、もう時計はいりません。それに持ってくるとき、なくなっても知らないよって言ってあるし」

　時計を見たお母さんは、そう答えました。そこで、

　「たとえ100円のガチャガチャでも、カズキ君にとっては大切なものです。見つけて返してあげるのが私たちの仕事ですし、シゲユキ君もこのままうやむやにしてしまうことはいけないと思います。カズキ君にもシゲユキ君にもこのままにするのはかわいそうなので、家に帰られたら、今日持ち帰った缶の中を調べてくださいませんか。お手数をおかけすることお願いしてごめんなさい」と伝えると、

　「そうですよね。2人ともこのままだとかわいそうですよね。はい。家に帰って調べてみますね。先生、シゲちゃん、カズキの玩具で遊んだ後、かならず私が来ると、『はい、ありがとう』って返しに来てくれるんですよ」と言ってくれました。

　私は今までに、シゲユキ君がカズキ君の玩具で遊ばせてもらっていたのはわかっていましたが、お母さんにしっかり「ありがとう」と言っていることは知らなかったので、シゲユキ君にカズキ君のお母さんのことを話し、「ありがとうって玩具を返しているシゲちゃんのこと、すごくうれしい」と話しました。すると、いつもはほめられるとうれしそうに抱きついてくるのに今日は目をそらすのです。

　「シゲちゃん、お父さんにシゲちゃんの時計の絵のこと、聞いてみようか?」

　「先生、お父さんに言わないで」

「どうして」

「だってお兄ちゃんがしかられる」

「お兄ちゃんがどうしてしかられるの」

「だってあれ、お兄ちゃんがお父さんに内緒でガチャガチャやって当ててくれたから。お父さん、すぐにお兄ちゃんのことたたく」

この間ナオエ先生から、シゲユキ君の父親が地区の文化祭でセーターでお兄ちゃん2人をすごい顔でなぐっていたことを聞いていましたので、シゲユキ君の言っていることに心が動きます。園長先生に今日のことを話すと、園長先生から「しっかり子どもの言っていることを聞いて、うそを言っていないか冷静に子どもの心を読み取るように」と言われました。

園長先生の言っていることはわかるのですが、どうしてもシゲユキ君をかばう気持ちと言葉が園長先生に出てしまいます。とにかくカズキ君のお母さんに缶の中のことを電話で聞くことにしました。

◇ 11 月 21 日

昨日、カズキ君の家に連絡をしました。缶の中に時計は入っていなかったそうです。お母さんが家の中も見てくださったのですが、どこにも見あたらなかったようです。お母さんが時計のことをお父さんに話すと、カズキ君の時計には目印があることをお父さんが教えてくださいました。時計の文字盤の方の四つのすみを留めてあるネジの下の部分が、カズキ君の時計には、初めからなかったそうです。ただガチャガチャの場合、だいたいがどこか不良なものが入っていることが多いので、「ネジがないから、これがカズキのです」とは言えないので、気にしないようにと言ってくださいました。

保育園で時計を見ると、お父さんが言っていた部分のネジが取れていて、ありませんでした。

シゲユキ君に朝、もう一度「家にもなかった?」と聞くと「なかった」と言います。シゲユキ君は、今日も「あれが僕のだよ」と小さな声で訴えてきました。私は、今日のシゲユキ君のようすを見て、時計は2つあった

ことにして、今日は徹底的に時計をさがすことにしました。シゲユキ君に「それじゃ、2人で時計さがそう」と言うと、下を向き「うん」。

　2人でさがしているとき、カズキ君のお母さんが来ました。お母さんに時計を見てもらうと「お父さんが絵に描いてくれたところのネジがないからもしかしたらこれかも」と言います。シゲユキ君には目印のことは話さずにおくことにしました。

　シゲユキ君と私がいろいろなところを歩きまわっているのを見て、カズキ君が「先生、シゲちゃんと何やっているの」と聞いてきました。

　「シゲちゃんの時計とカズキ君の時計をさがしているの」

　「ふーん、じゃあ僕もさがすよ」

　そこで、3人でさがしはじめました。

　「シゲちゃん、どこに置いた？」

　「ロッカー」とシゲユキ君がロッカーの中を見ます。

　「シゲちゃん、時計、間違えていないでしょう？」

　「うん」

　3人でまた玩具箱、ごみ箱などを見ていると、あお組の子たちが集まってきました。

　「シゲちゃん、まだないの」

　「うん」

　「かわいそう、一緒にさがそう」

　クラス中の子どもたちがシゲちゃんの時計をさがしはじめました。

　シゲちゃんは、みんなが自分のために時計をさがしてくれているのがうれしいのか、はしゃいだり、ふざけたり、にやにやした態度をしていましたが、1時間近くたったころから少し顔つきが違ってきました。

　そんなときです。外からモチヅキ君が「先生、保育園の横の田んぼの中に時計が落ちている」と知らせに来てくれました。「やった、よかった」とみんなで見に行きます。さっそく田んぼの中に取りに行くと、それは赤いピーマンでした。みんな、「ああ…」とガッカリして部屋に戻りました。

　田んぼに見に行くときも、シゲユキ君は、みんなより少し遅れてフェン

スのところで見ていました。ピーマンだとわかって、部屋に戻ってから急
に私のそばを離れなくなりました。何か言いたそうです。「どうしたの、
シゲちゃん」と聞いても、ただそばにいるだけ。助けてあげたいものの、
ここで私の方から余分な言葉をかけてしまったら、せっかく1時間半、ク
ラスの友だちがさがしていることや、シゲユキ君の気持ちがここまで来た
ことが無駄になってしまいます。がまんしてもうしばらくようすを見るこ
とにしました。

　子どもたちは、園中くまなくさがしまわっています。そのうち、シゲユ
キ君が大きな声で泣き出しました。みんながそばに来て、口ぐちにシゲユ
キ君に声をかけます。

　「かわいそう、時計、がんばってさがすから待っていて」

　「時計、大切なんだね」

　「シゲちゃん待ってな」

　「みんな、シゲちゃんのためにがんばろう」という声も聞こえます。

　それを聞いたシゲユキ君は、また泣きました。

　そんなとき、妹のアスカちゃんが来て、「お兄ちゃん、どうしたの」と
声をかけました。シゲユキ君は、何も言わずにメソメソしています。アス
カちゃんは今朝、「昨日、お父さん、うそついた」と私のところに言いに
来たので、ここで、大人もうそをつくことを子どもたちに話そうと思いま
した。

　「アーちゃん、ぬり絵買ってもらえなくて、いやだった」

　アスカちゃんは昨日、お父さんが小学校にアスカちゃんを連れていけな
いので、保育園で待っていたら帰りにぬり絵を買ってくれると約束したの
に、買ってもらえなかったことを言っているのです。

　「そう。私も大人なのに、家で『やってあげる』って言って、やってあ
げられないことがある。約束、守れなくて、うそついたことになっちゃう
ことあるんだ。うそつこうと思わないで、忘れてしまって、うそになって
しまうこともある」

　それを聞いていたシゲユキ君は、すっと立ち上がって自分のロッカーに

行き、玩具の時計を持ってきました。

「あれ、シゲちゃん、時計あったの？　あの時計と間違えてたの？」と聞くと、「ううん、この時計でない、僕のは動く」という答え。

あまり決めつけたくなかったので、「そうか、違ったのか。それじゃあ、もう一度さがそう」と言ってはみたものの、少し行き詰まっていたのでシゲユキ君とは違う場所をさがし、園長先生に今までの経過を話しました。

「大人だっていやな経験あるのよね。先生にはないの…？」と園長先生。

その言葉に小学校のときのことを思い出し、その経験を子どもたちに話すことにしました。急に子どもたちを集めるのでなく、子どもたちのようすを見て、話をするチャンスをねらいます。子どもたちは、すでに２時間、時計をさがし続けています。誰も遊び出さずにがんばっているのです。自然に子どもたちが部屋に集まってきました。疲れてきた子どもたちが、私のそばに来て座りはじめたので、「ねえ…」と声をかけ、自分の小学校のときのことを話し出しました。

「先生ね、小学１年生のときに、となりに座っていた友だちのプリントを間違えて家に持って帰ってきてしまってね。次の日、プリントをかばんの中に入れていったのに、となりの友だちに『私のプリント知らない？』と言われたとき、私、『知らない』って言っちゃったの。もう一度聞かれたのに、『知らない』って言って、どんどんたくさんうそついちゃった。これ、大人になっても、とってもいやな思い出で残っているんだ。みんなは、今までにうそ言うつもりでなかったのに、うそ言ったことある？」

一瞬、みんなシーンとなりましたが、「ある」と手が挙がりました。そして、突然、トモミちゃんが泣き出しました。

「先生、トモね。この間、お母さんにうそ言ったの。本当はうそ言うつもりでなかったんだけどね。怒られるのいやだから、遊びに行っちゃだめって言われている新橋公園に道を渡って、行ったの。だのにお母さんに聞かれたとき、『行かなかった』って言った。でもどきどきしていやな気分でたまらなかった」

「トモちゃん、お母さん、道渡るの危ないからだめって言ったんじゃな

いの？」とミホちゃん。

「うん、そう思う。今日帰ったら本当のこと言いたい」

次にカズユキ君も泣き出しました。

「先生、僕ね、千円お父さんにもらって、『玩具は買わないで、お昼のものを買いなさい』って言われたのに、僕、玩具を買ってしまった。お父さんに千円のこと言われて困って、『玩具買った』って言ったらすごく怒られたけど、どきどきが止まったよ」

この話を聞いているころから、クラスの中の子どもたちの目から涙が流れ出しました。

「すごい。勇気出して言ったんだね。えらかったね」と言ったのはアキコちゃんです。カズユキ君の頭をなでて大泣きをしています。

「先生、うそって、困ったときにもつくんだね」

「そうだよ、いじわるなときだけでないんだよ。悲しいときにつくうそもあるし、うそって、いろいろあるんだよ」

「先生、うそって1回つくと、どんどん言ってしまうことある」とカオリちゃん。

「先生はね、今日、みんなに小学校のときのいやな思い出を話すの、とってもいやだったけど、勇気を出して、みんなに言ってよかったって、今思う。だって、これから先、ずっとうそをついたままじゃなくてすむもん」

そこまで話したところで、シゲユキ君が大声で泣き出しました。

「先生、助けて」

必死の形相です。

「先生の言った言葉が僕のお腹の中に入って暴れている。僕を苦しめている」

冷や汗を顔や手にかきながら、私にしがみついてきます。

「かわいそう」

「シゲちゃん、苦しいの？」

「どうしたの」

みんなが心配しています。

「シゲちゃんが苦しいと、私もなんかお腹が苦しいよ」とアキコちゃんが泣きはじめました。その泣き方にシゲユキ君の方がびっくりしたのか、さっきより大きな声で「助けてよ、お腹が痛いよ」と泣きました。

「シゲちゃん、言ってごらん、お腹、治るよ」とアキコちゃんがシゲちゃんの顔の涙をふきに来ました。トモミちゃん、マサユキ君、アヤサちゃん、ミホちゃん、カズユキ君、アキコちゃんも、みんなで「シゲちゃん、言ってごらん、私たち言わないよ」と励まします。

「トモも、シゲちゃんの気持ち、わかる」と、トモミちゃんは大泣き。

マサユキ君は「シゲちゃんがんばって」と自分のハンカチで顔をふいたり、手の汗をふいたりしてあげています。

「僕ね…みんなごめんね。もう時計さがさないでいいよ」

「シゲちゃん、大丈夫、僕たちさがしてあげる」

「そうだよ」

「ちがうの、僕の時計、本当はなかったんだ。カズキ君の借りたのに、僕、借りたのに、僕の時計って言ってしまって、返せなくなった。ごめんね」

「シゲちゃん、すごい勇気出したね。えらいね」とアヤサちゃん。

「もういいよ、お腹、治った？」とショウコちゃん。

「シゲちゃんのこと嫌いにならないから心配しないでね」とトモミちゃん。

「シゲちゃん一緒に今日は食べようね」

そう言うと、マサユキ君、カズユキ君、トモミちゃんがテーブルにシゲちゃんを座らせました。

クラスの子どもたちは、「今日はシゲちゃんの時計が見つかるまで、給食もいらない。一生懸命さがしてあげるね」と言って、さがしていました。あんまりがんばってさがしていたので、「あまりお腹すいたって思わなかったね」「今、お腹すいてきた」と子どもたちが口ぐちに言いました。

「先生、みんなに言ったら気持ちよくなった。手の汗がもう出てこない」

シゲユキ君が言いました。「玩具の時計は、自分で返したい。今日カズ

キ君のお母さんが来たら、呼んで」と言っていたが、シゲユキ君のお迎えの方が早かったため、カズキ君に渡さずに帰りました。そこで、「明日まで預かって」とシゲユキ君から時計を預かりました。

　カズキ君のお母さんには、もう1つ違う時計が見つかって、それがシゲユキ君のだったことと、明日、本人が返したいと言っていることを伝え、明日まで待ってもらうことにしました。

　このようなことは、保育者にとっては起きてもらいたくないことですが、これによってクラス全体が一つになり、お互いに育ち合うきっかけになりました。子どもたちは、大人でもうそをついて苦しくなる経験はあるんだと、きっと安心していることでしょう。日常の中でしょっちゅう起こる、このようなきっかけを見逃さずに、一つ一つ解決していきたいところです。

　シゲユキ君は、トラブルのたびに友だちのやさしさを感じ、だんだん違う子になっていくように見えます。

第6章

健康と安全

子どもの健やかな育ちのために

　少食・偏食・時間差は人間の顔、体格が違うように全員違ってよい。一律にしない方がよい。しかし楽しくなんでも食べるような先生方の工夫や努力は必要である。指導とは「なんでも食べないと大きくならない」とか、「早く食べないと学校に行って困る」などということを意味しているのではない。食事もおやつも、好きなものを選択でき、今食べたくなかったら後で——も考慮されることが必要である。

事例 66　食事が喉を通らない

子どもの SOS

　4歳児のマサミチ君は、姉は小学3年生、弟は保育園3歳児、3人兄弟の真ん中で、体格も弟と変わらず、双子とまちがえられるほどです。

　お迎えに来るお母さんはいつも「ハルキー！」と弟の名前を呼び、マサミチ君の名前を呼ぶのは聞いたことがありませんでした。

　夏のある日、「先生、見てください、マサミチがハルキの手をカミソリで切ってしまったんですよ。小さいときにも一度やったことがあるので、気をつけて目に触れるところへ置かないようにしていたんですが、たまたま工事の人が忘れていったようで、それ持ってけんかしたんです」とお母さんが話しかけてきました。弟のハルキ君は、痛々しく包帯をしています。マサミチ君の前で、お母さんがこの話を平気で話していることが、気になりました。

　そしてお母さんは毎日、園に来ては保育者に会うと「うちのマサミチがハルキの手をカミソリで切ったの！」とマサミチ君の前で話すのです。もうかれこれ1週間も経ち、傷もほとんど治りかけたころ、「先生、夏だと病院へ行ってきた方がいいとお父さんが言うのですが、どうしたらいいかしら。やっぱり病院へ連れていきます」とマサミチ君の前でまくし立てました。マサミチ君は、下を向いてだまってそばに立っていました。

　結局、病院へ行ってもただ消毒しただけだったそうですが、こんな調子でしたから、きっと朝夕に包帯をかえるたびに、マサミチ君は、お母さんから小言を言われ、毎日、本当にいたたまれなかっただろうと思いました。今思えば、ちょうどそのころからだと思います。マサミチ君は、ごはんをあまり食べなくなり、すみの方で小さくなって遊び、話もしなくなりました。

　家でもごはんもおかずもまったく食べなくなってしまい、「どうしたんでしょうね、原因がわからないんです」とお母さんは困ったようす。保育

者も原因をさぐってみるのですが心あたりはなく、兄弟の真ん中の子ども
は愛情不足になりがちだと聞いたことがあるので、もしかするとそれでは
ないかと考えてみたりもしました。また、このままだと、拒食症になって
しまうのではないかと不安にもなりました。

　給食の時間は、保育者がマサミチ君の横に座り、食べものを口元に持っ
ていきます。嫌いなものは首を横に振り、受けつけません。好きなものは
食べますが、ほんの2口程度です。お母さんには、「話しかけながら食べ
させてあげてください」とお願いしてみました。そして「お姉ちゃんの勉
強や弟の面倒で手がかかると思いますが、よろしくおねがいします」と伝
えました。

　そんな毎日が続いたある日、給食にカレーが出ました。横に座り、肉を
口元にもっていくと、もぐもぐ食べました。「マサミチ君、お肉、好きな
んだ。じゃがいもは嫌いかな」などと話しているうちに、全部食べてしま
いました。「あっ。今日は全部食べちゃったね。お母さんに教えてあげよう」
と言うと、ニコッと笑いました。

　給食の先生にも大きな声で「今日、マサミチ君、全部食べちゃったよ」
と知らせると、給食の先生も、大げさに「すごーい！　今日、全部食べら
れちゃったの」と答えてくれ、マサミチ君もとてもうれしそうに友だちと
話をしていました。

　お迎えのとき、このことを伝えようとすると、お母さんは、ほかの先生
にまた「マサミチがハルキの手に…」と同じことを言っているところでし
た。そばでマサミチ君が、下を向いて指をいじっています。今日は明るい
ニュースを伝えようとしていたのに、何だかがっかりしてしまいました。
と同時に、マサミチ君の食べられない原因は「これなんだ」と思い至りま
した。

　「お母さん、マサミチ君がハルキ君を傷つけたことを、もう言わないで
ほしい。マサミチ君本人は、すごく気にしていると思うよ」

　思い切って、お母さんに切り出しました。

　「そうかしら。これで2回目よ」とお母さんは納得がいかないようすです。

「小さいときは何が何だかわからなくても、マサミチ君はもう4歳です。毎日、包帯を巻きかえているのを見てとてもショックだと思います。大人だって、人を傷つけて知らん顔なんかできません。見るたびに心が痛みます。眠れなかったり、食欲がなくなったりもします。だからもう絶対その言葉は言わないでください」

マサミチ君にわからないように内緒でお願いをしました。そして、今度は、今日のカレーの話をマサミチ君に聞えるようにお母さんにすると、ニコニコしてお母さんと話しながら帰っていきました。それ以降、マサミチ君は、「ごはんを食べよう」と声をかけると席に座り、食べるようになりました。

何でもないような顔をしていても、マサミチ君はずいぶん気にして悩んでいたのでしょう。保育者がもう少し早く気づいてあげられていたら、と思うと、マサミチ君には、かわいそうなことをしてしまいました。

事例67　保育者に共感されて完食
フミカちゃん（2歳児）

みそ汁に入っているなめこに対して苦手意識があるようで、茶碗の底に残したままじっと見つめていたフミカちゃん。保育者がそばに行き、「なめこ、少し苦手だったんだね」と言うと、小さくうなずきます。「実はね、先生も子どものとき、苦手だったの」と伝えると、「え？　何で？」と反応。「何でだったのかなぁ。でも、大人になった今は食べられるようになったんだよ。もしかしたら、フミカちゃんも大人になったら食べられるようになるかもね」と伝えると、少し考え、「フミカ、食べるよ」と言い、完食しました。保育者が驚いたような表情を見せると、得意気な表情で笑顔を見せました。

事例68 「もう食べたくない…」と言えた

アカリちゃん（３歳児）

　給食が食べられなくて毎日最後まで食べているアカリちゃん。私がサブリーダーの日は、初めから量を減らし、盛り直します（だって相棒の保育者は絶対に残さず食べさせるのですもの）。それでもごはん、みそ汁、魚のフライと生野菜を食べるのには必死のよう。最後まで食べさせられるので、遊ぶ時間もなくて、着替えも遅くなって、紙芝居も絵本も見られなくて、怒られて…。

　かわいそう。ひどい。毎日そう思いながらも、どうしてよいかわかりません。でも今日こそ！

　アカリちゃんのとなりに座って、まず大きな声で言います。

　「いただきまーす、あっ、私の嫌いな魚のフライだ、いやだな、食べないで、のーこそ」

　アカリちゃんもほかの子どもたちも突然のことに呆然としています。

　「先生、お魚食べないの？」とアカリちゃんが聞いてきます。

　「嫌いだから食べないの」

　子どもたちは不思議そうに信じられないようすで私を見ます。私がニコッと笑うとアカリちゃんが、あわてて笑い返しました。あまりにも突然で、動揺している感じ。

　しばらく、今日したままごと遊びのこと、テレビのことなど話をしながら、私は魚のフライを３つだけ残して、後は食べました。

　「ごちそうさま」と私。

　アカリちゃんは、それまでもチラチラ見ていたが、「やっぱり本当に残したな」という感じで、「先生残しちゃうの？」と確認してきます。

　「そうよ、嫌いだもん。このおかず」

　「食べないと大きくなれないよ」

　「先生、こんなに大きいもん、食べなくても大きくなったもん」（太って

大きい）

　子どもたちは、言葉もなくニヤニヤしています。

「病気になって注射されちゃうよ」

「ええーっ？　先生ならなかったよ。この前も残したけど、病気になったらすぐ寝て、治しちゃった」

　すると、「私も残す」「ジュンちゃんもいらなくなっちゃった」と、ほかの子どもが次々に言いだしました。でも、そんな中、アカリちゃんだけが「アーちゃんは食べるの」とがんばっています。

　ああ、ここまで追いつめていたのか。ごめんね、アカリちゃん。今日こそはと思ったのにどうしよう、どうしよう。ほかの子どもは、みんなお腹がいっぱいになるとあとは残して「ごちそうさま」をして席を立っていく。

「アカリちゃんも無理しなくていいのよ。残してもいいのよ」といくら言っても「食べるの」と言って小さな口で少しずつ食べています。

「○○を食べない人は遠足に行けない」

「○○を食べない人は病気になって注射されちゃうよ」

「○○を食べない人はおかしいね、赤ちゃん組に行ってもらおうね」

　きりがないほど脅かして、追いつめて、本当に本当にごめんなさい。先生は、何もしてあげられなくて、勇気がなくてごめんね。

「ねえアカリちゃん、私はね、今日ずっと考えてたの。先生は、干しぶどうに、セロリにサラダ菜に、とうもろこしの入った甘いソースに、シチューもあんまり好きじゃないの。残すときもあったんだ。大人の先生が残すのに、どうしてアカリちゃんに『食べなさい』って言うんだろう。ズルイよね、そんなの。本当にごめんね。ごめんなさい」

　アカリちゃんはじいーっと私の顔を見ています。そしてもう一回ごはんを口に入れ、「先生、アカリ、もういらない。お腹いっぱいになっちゃった」と言いました。

　私は、もう、どうしようもありませんでした。うれし涙なのか、すまな

かったという涙なのか、わからないけど、頭の先からつま先まで、ジンジン熱くなってきました。このまま溶け出してしまうほど、熱くなっていました。

　次の日の連絡ノートには、お母さんからのこんなメッセージが書いてありました。

　「今まで、こんなにうれしいことがあったでしょうか。こんなにうれしいシールがあったのですね。アカリは家に帰り、寝るまで、ピッカリ賞のシールのことを話していました」

　アカリちゃんが、小さな声ではあったけれど、はっきり「もういらない」と言ってくれた―そのことが私はうれしくて、シールを１枚貼ったのでした。さあ、これが出発点。

　こんなことがあって、アカリちゃんは自己発揮ができるように、なんとごはんやおかずのお代わりまでするような活発な子どもに変身したのです。

　お母さんも後日、送り迎えのとき、笑顔で保育者たちに挨拶や感謝をされ、「家でも食べるようになった」と報告してくださいました。

事例 69　中学生と一緒に給食
無理なく全部食べられた

　３歳児のモトキ君は、６月になっても、毎日主食のごはんしか食べません。そんなとき、中学校の生徒が保育園に１日、やってくることになりました。中学生の名前は、アワツ君です。

　午前中、アワツ君は、モトキ君と紙飛行機やトンボなど作って遊んでくれました。

　昼の給食になって、みんなが食べはじめました。アワツ君も、モトキ君のとなりのいすに腰かけ、「モトキ君、お兄さんと一緒に食べよう」と誘いました。

　アワツ君はもちろん、モトキ君が入園から３か月間、ごはん以外の何も

食べていないことなどまったく知りません。アワツ君は午前中の飛行機の話などをして食べていました。すると、モトキ君がなんと給食を全部食べてしまったのです。

　保育者は、「どうして今日こんなに食べるのに、今までごはんしか食べなかったのかわからない」と不思議がりました。

　でも、子どもって、このとおりなんです。他意なく、その子どもと夢中で遊ぶと、本当に全部食べるんです。秘けつは、とにかく徹底してその子どもと遊ぶことです。「何したい？」と聞いて、「かけっこ」という答えが返ってきたら、午前中2時間、午後も2時間、本気で子どもとかけっこしてみてください。翌日、子どもは「先生、今日もまたかけっこしよう」と言うでしょう。3日目も「かけっこしよう」と来ます。

　ある保育者の方から相談があったとき、「かけっこをやってみては？」と話しました。彼女は、1日目も2日目も、そして3日目も、言葉どおり、徹底的に子どもとかけっこをしました。そして、4日目の朝、目が覚めたときのことです。

　「オヤッ！」

　起き抜けに目に入ってきたのは、見慣れぬ光景でした。いつもの寝室ではありません。なんとその保育者は、前日の晩、帰宅すると、力つき果てて、自宅の玄関のたたきの上にバッグを放り出して、そのまま眠ってしまったのです。

　「かけっこしよう」と子どもが言ったら、その子が「もういい」と言うまでつき合うことです。ひとりの子どもとつき合うのを、ほかの子どもは全員見ています。そして、この先生を信頼するのです。食事も小さなところが出発点です。

事例 70　食事について

友だちと遊んだ３歳児

　どの園でも、少食の子どもには食べさせようと必死に強制的に食べさせる保育者を見かけます。１人だけ食べられなくて給食を前にポツンと座っている子ども、食事が苦しみになっている子どもがいます。

　子どもの時、食べられなかった、ネギやピーマン、シイタケ……等々、大人になったらみな食べています。これだけたくさんの食べ物の中で、食べたくないものがあってもいいのです。

◇ **エイト君**

　入園から３か月、給食を一口も食べようとしなかった３歳児のエイト君。

　ある日、市内の中学生たちが１日体験授業として保育園の子どもたちと遊んでくれ、昼の給食の時間となり、子どもたちと一緒に食べることに。エイト君と一緒に紙飛行機を作って遊んだカズマ君が、エイト君の隣で一緒に食べ始めました。「美味しいね……」とカズマ君が話しかけながら食べると、エイト君は、なんと入園から１度も食べなかった給食を全部ペロリと食べてしまったのです。

◇ **ユイト君**

　１日中ロッカーの中にいて、出てこないユイト君。もちろん、給食のときも、誰とも話さず、遊びません。私が園に行った日も、おやつも食べずロッカーにちょこんと座っていました。

　給食を食べ終った子どもたちが庭に出て遊びだしたころ、私がユイト君の手を引っぱってグイッと出し、引っ張るように庭に連れ出し、かたわらにあった三輪車に乗せ、「さあ、お庭を一周してみよう」「こげなかったら先生が押してあげる、さあ……」と後ろを支えながら、庭を大きく一周しようと走らせました。ふと見ると、年長児全員が、庭の物置から三輪車、

215

自転車、スケートみたいなものを出し、ユイト君の後から走り出したのです。

　とうとう一周。「やったー」「バンザーイ」クラスの子どもたちの優しさです。

　「もう一回しよう」と子どもたち。クラス一番のワンパク者のタクヤ君も、神妙に、ユイト君の後から三輪車を走らせて──、「もう一回やろう‼」

　翌朝、園につくと、なんとユイト君が、三輪車を横にして門のところに待っていたのです。その日から、ユイト君の声が聞こえ、友だちとおしゃべりしながら食事も楽しそうに食べていました。

　嫌いなものがあって当り前。食べる量の多い、少ないも個性があっていい。少食の子どもに食べろ、食べろ、と毎日言い続ける保育者に、「肥満児にこそ責任をもって」と言いたいです。

事例71　ブロッコリー食べちゃったよ
心が満たされたとき嫌いなものも食べられる

　ヒロミチ君は、5歳4か月（4歳児クラス）になりました。生まれつき心臓が弱く、平常の生活にはまったく支障はないのですが、食が細く、かよわい感じがします。4人姉弟で、小学校1年生の姉、1歳4か月の妹、生まれたばかりの妹がいます。

　2人目の妹が生まれ、おじいちゃんとの登降園が続いていた1月のある朝。靴箱の前でヒロミチ君が泣いていました。

　「ヒロミチ君、おはよう！　今朝はどうしたのかな？」

　「こんなに大きいナリをして『おんぶしてくれ』って言うんだよ。赤ちゃんじゃあるまいし」

　ヒロミチ君の代わりにおじいちゃんが、そう答えます。ヒロミチ君は泣き続けたままです。

「ヒロミチ君、おんぶしてほしかったの？」

「うん」

「そうか、じゃあ先生がおんぶしてあげようか？ ヒロミチ君だって、たまには赤ちゃんみたいにおんぶしてほしいんだね」

「うん」

手の甲で涙をふくと、靴を入れるのももどかしいようすで私の背におぶさりました。

「妹が２人になって、ヒロミチ君の心も揺れ動いているんですね。大丈夫ですよ、心配ありませんから」

おじいちゃんは、安心したように帰っていきました。

ヒロミチ君をおんぶして、少し遠回りをし、クラスに入りました。

「ヒロミチ君のロッカーはどこかな？」とつぶやくと、背中で「あそこ」と指さします。そこの前に行き、「どれどれ、かばんを入れてあげようか」と言うと、「ううん、自分でやる！」と言って、するっと降りました。

「先生、待ってて！」とジャンパーを脱ぎ、積み木やクレヨンを出し、「先生のお部屋に行く！」と言います。

手をつないで事務室まで来ると、積み木で車や家を作ったり、粘土を持って近寄ってきては「へび？」と驚かせたりして喜んでいます。そして「紙、ちょうだい」と言ったかと思うと、今度は絵を描いて過ごしました。

「僕んちね、お母さん、赤ちゃんと寝てるよ」

「赤ちゃんの名前、決まった？」

「ううん、まだ。先生、あのね、ユミも夜泣くよ。赤ちゃんも泣くし、すごくうるさい！」

赤ちゃんが生まれてうれしいなんていう感情はなく、５歳にして１歳と０歳の妹のお兄ちゃんになったことで、彼はとても不安定になっていたのです。そんな気持ちがひしひしと伝わってきて、こちらまで心がジーンとしてしまいます。

「先生なんてね、ヒロミチ君よりいっぱいお兄さんやお姉さんがいるんだよ。ヒロミチ君ちは４人でしょ。でも先生のおうちは８人もいるの」

「えっ。そんなにいるの？」

「うん、小さいときはよくけんかしたよ。でも今、みんな大人になっちゃって、病気をしたり、困ったことがあると、お兄さんやお姉さんや弟が手伝ってくれたり、話を聞いたりしてくれるの。だからすごく助かってるの。兄弟っていいよ」

今のヒロミチ君にそんなことは理解できないかとも思いましたが、話しておきました。

昼食の時間になり、一度はクラスに戻ったのですが、またお弁当箱を持ってやってきました。

「先生とごはん食べたい！」

「先生もヒロミチ君と一緒に食べたいな。おばさんたちも誘おうか？」

「うん」

ヒロミチ君は、ニコニコ顔です。

調理のおばさん2人を交えて、4人の昼食が始まりました。おばさんたちには、赤ちゃんのことには、触れないようにお願いしておきました。話題はヒロミチ君の好きな遊びやお友だちのことです。

そのとき、ヒロミチ君が大きな声を出しました。

「先生、僕、ブロッコリー食べちゃったよ！」

「ヒロミチ君、ブロッコリー好きだったの？　先生、まだ食べてないからあげようか？」

「ううん、いい。だって僕、ブロッコリー嫌いなんだもん」

思わずおばさんたちと顔を見合わせてしまいました。

午前中、電話がかかってきたり、急ぎの事務があったりで、ヒロミチ君と完全に密着した半日ではなかったのですが、彼にとっては、ひとりだけ相手にしてもらったことで、とても和んだようでした。

その日、ヒロミチ君は、お昼寝もグッスリでした。

事例72　体重が30kgを超えるカリンちゃん

Ｔ保育所の公開保育より②

　本吉先生が、体重が31.6kgのカリンちゃんに言いました。

　「私、太ってる子ども嫌いなの。スマートな子どもは好きだけど。どうして嫌いだかわかる？　あなたも深刻な顔になってきたでしょ？」

　26.8kgのミオちゃんにも声をかけます。

　「生活習慣病という病気になるの。糖尿病という病気もあってね、足の先から腐ってくるの。手の先からも腐ってくるの。いっぱいごちそうばかり食べていると、足を切らなくちゃだめになるの。足がなくなっちゃうの。

　もうひとつすごいことが起こるの。みんな手ぬぐい持ってる？　手ぬぐいで目隠しして遊んでごらんなさい。目が見えなくなってね、『僕の靴はどこ？』ってなるの。トイレもわからないし、お弁当もかばんもお箸もわからないし、困ったなあってなる。目が見えなくなると、すっごい困るの。足が悪いときは車いすで押してもらうの」

　そう言いながら、糖尿病の恐さを子どもたちに説明されました。公開保育の見学者全員に「この事実を知っているか」とたずねられ、全員が「知っている」と答えるのを見て、子どもたちは驚きの声を上げ、さらに本吉先生の話に真剣に聞き入ります。子どもたちは先生のまわりに集まってきました。

　「今言ったお話は、本当のお話なの。病気でおでぶちゃんの人もいるの。でも、食べ過ぎておでぶちゃんはだめ！　食べ過ぎておでぶちゃんの人は、目も見えなくなるし、足も切らなくちゃだめになるの。大人はみんな知ってるの。だからみんなのお母さんたちはね、あんまりたくさん食べ過ぎると困るから、ちょうどいい量を食べましょって考えてる。甘いものをいっぱい食べ過ぎたりしてはだめ。でもね、おばちゃんもおまんじゅう好きだから、いっぱい食べて太ってきちゃったの」

　そんな中、ミホちゃんが本吉先生にたずねました。

「どうして、髪の毛白いの？」

「あっ。どうして白いかというとね、子どものとき、おばちゃんは、ネギ、ワカメ、コンブ、シイタケ、というふうに、嫌いなものがいっぱいあったの。そしたらね、早くからだんだん白くなったの。髪の毛が白くても今は染めればいいじゃない？　でもすぐに白くなるから、白いままでもいいじゃないかと思ってね。嫌いなもの食べないで白髪になりましょ、って思ったの。ピーマンとか食べないで、早く白髪になった方がいい人？おばちゃん、『あんなまずいもの食べないで白髪になった方がいいわ』と思っていたら、本当に白髪になっちゃった。わかった？」

子どもたちは「いやだ」と言い、ますます先生の話に引き込まれています。

本吉先生はご自分の生活の中で甘いものが食べたくなってついつい食べてしまうことを話され、今の身体のいいところ、少し悪いところをわかりやすく話されました。

「このまま甘いものを食べて、量もたくさん食べて、運動しないと糖尿病になる。あなたのまりつきを見ていて感じたの。これは先生にも責任があります。太めの子や運動があんまり好きではない子どもを放ってたら、運動はしません。ぱーっとやらせて見てないと。できる子どもはどんどんできるし、できない子はやる気も起きない。なわとびもやりたくない、まりつきもやりたくない、みんなやりたくないで逃げちゃう。でも、あなたは逃げない、大丈夫よ。あなたはちょっと心配。どう？　甘いもの食べないで、約束できそう？」

「できそう！」

カイト君が答えます。

「あなたはそれ以上やせなくていいわよ。運動十分でスマートでかっこいい！　いい目をしてるし、お母さんがもう少し甘えさせてくれたら、もっといいと思う。お母さんがもう少し抱っこしてくれればすばらしい子どもになる」

先生から目を離さないミオちゃんには、「あなたのお母さんはすてきな

お母さんでしょう？　お料理も上手だし、おしゃれですてきなお洋服を着せてくれていいお母さんね。お母さんとお話して。ジュースは少しくらいはいいけど、がぶがぶ飲まない」と声をかけました。

カリンちゃんは首をかしげて聞いています。本吉先生は、ジュースもお菓子もごはんもお肉もあまり好きではないというカリンちゃんに、早食いは太ること、ゆっくり食べるのがよいことを話しました。

「どうお、やってみる？」

カリンちゃんは困ったようにしてはっきりと返事ができません。それでも本吉先生が「ずっと太ってるほうがいい？　もっともっと太っていく方がいい？」と問いかけると、カリンちゃんは初めて首を横に振りました。

「これはね、いくらお母さんや先生がやせようと言っても、自分でやせようと思わなかったら、やせられないの。すごく大切なことなの。今は冷蔵庫を開ければ何でもあるでしょ。だから食べちゃう。『あっ。これはやめよう』と自分で思うの。ミオちゃんはできそうなの。やれるでしょ？」

ミオちゃんはこっくりとうなずき、先生と握手をしました。

「約束よ。そんなにやせなくても大丈夫。運動すれば普通に食べてても大丈夫」

ミオちゃんの体重を確認されてから、言いました。

「お母さんに言える？　お母さんはこうおっしゃるわよ。東京のおばちゃんの言うことなんか聞かなくていいの。子どもは少し太っているくらいがかわいいの。いっぱい食べていいの。ジュースもアイスクリームもいっぱい食べましょ。おいしいごちそうもいっぱい食べなさい。そのとき、ミオちゃんはどうする？　たくさんはいらない。少し食べる。朝は普通に食べる。昼もいっぱい遊ぶから給食でちょうどいいんです。夜だけ気をつければいいの。ミオちゃんは完全に大丈夫」

ミオちゃんの顔を見ているだけでわかると本吉先生は言いました。

「こちらは心配なんです。横綱なんですよ」

「ヨコヅナって？」とユウナちゃんが聞きました。

「横綱ってね、おでぶちゃん一番ってこと。じゃあ、聞くわよ。おでぶ

ちゃんてかっこがいいなあ、この人と結婚したいと思う人？」

　誰も手を挙げません。

　「やせてる人がいい」とマサト君やカイト君が言います。ほかの子どもたちもうなずきました。

　「誰も結婚したい人がいない。さすがに困った顔をしているね。悲しいでしょ」

　やる気のないカリンちゃんと、何でも理由をつけてやりたくないユヅキちゃんに、まりつきとなわとびができるまでがんばるように言われました。そして、ほかの子どもたちの中にもなわとびができない子どもがたくさんいることがわかり、全員でなわとびの練習がはじまりました。

　次の月曜日。マサト君が本吉先生との約束をしっかりと覚えていて、ミオちゃんと走ってくれました。一方、カリンちゃんは休みました。いつも休みがちな子どもだったので、またかと思っていたら、ミオちゃんがカリンちゃんのことを気にして私のところに聞きに来ました。翌日、園庭を走る代わりに、カリンちゃんの家まで走っていってみることにしました。もちろんマサト君も一緒です。ミオちゃんはカリンちゃんが風邪をひいたのか、熱が出たのかと心配していましたが、カリンちゃんは元気なようすでした。ミオちゃんは「一緒に走ろう。待ってるね」と約束して帰ってきました。でも、次の日、カリンちゃんは来ませんでした。カリンちゃんの母親は園にほとんど送ってきたことがなく、不登校の姉が連れてきていました。昼夜逆転の生活らしく、お昼近くまで寝ているようでした。

　ミオちゃんが走りはじめてから数日後。キリン組の子どもたちも一緒に走ると言い出しました。カリンちゃんが休んだ日、みんなで家まで走ってようすを見に行きました。カリンちゃんのアパートの近くまで行くと、子どもたちの声が聞こえたらしく、カリンちゃんが家から出てきました。そして、帰りはカリンちゃんも一緒に保育所まで走ってきました。その日以来、カリンちゃんは休まずにがんばって来るようになったのです。登所時間は相変わらず遅く、お昼近くになることもありましたが、子どもたちはカリンちゃんを待っていてくれます。そしてうれしいことに、近ごろはお

母さんが送ってきてくれることがあるのです。カリンちゃんは「保育所に行きたい」と言うそうです。

　なわとびは全員が跳べるようになりました。家から100円ショップで買ってもらった自分のなわとびを持ってきて、うれしそうに得意そうに跳んでいます。年中児の中にも刺激されて跳べるようになった子どもが何人もいます。年少児にも、もう少しで跳べそうな子どもがいます。

　私は、公開保育を通じて、子どもにしっかりとかかわっていなかったことに今ごろ気づいて恥ずかしかったですが、何にもしないで子どもたちを小学校に送り出すことは絶対にしたくないと思っています。本吉先生、本当にありがとうございました。これからもよろしくお願いいたします。

事例 73　肥満児①
５歳児と一緒に体質改善

　4月から年長のレン君の体重が気になっていました。34キロです。

　聞けば、弟が白血病で入院中とのこと。お見舞のお菓子などを、食欲のない弟にかわってレン君がお腹いっぱい食べている毎日です。

　ある日、近所の公園にある馬場から馬を園に連れてきて、4、5歳児を1人ずつ馬に乗せて園庭を一周ずつ歩いて下さることになりました。大歓声の子どもたち。こんなに大きくて堂々とした馬を今まで見たこともない、大きくてきれいな馬です。

　順番を待って1人ずつ馬に乗せてもらって、すご～くうれしい体験です。レン君の順番がきました。……1人ずつ子どもを馬の背に持ち上げて乗せて下さっていた小柄のおじさん、年齢も60歳ぐらいです。レン君を見て、困惑の面持ち。次の瞬間、黙ってレン君の後にいた子どもを抱き上げて馬に乗せました。おそらく危険と判断されたのでしょう。そして、次はその後の子どもを抱き上げ……。レン君の目に涙。見ていた保育者も、

何も言えませんでした。

　翌日、私はレン君に「昨日はごめんね、お馬のおじちゃんにレン君も乗せて下さいって言えなかったの」「僕、太ってるから……」思わずレン君を抱きしめて「先生も、もう少しやせたいから２人で今日から、御飯やおかずのお代りをしないこと、甘いお菓子も少しで我慢すること、先生は甘いもの大好きだけど食べないようにする、レン君はお家にお菓子がいっぱいあるけど？」「僕も少しだけにする」

　そこで１か月のカレンダーを作り、明日保育園に登園したら、昨日がまんしたとき、マルをつけ、たくさん食べたらバツを書いていく、という約束をしました。

　２人のカレンダーを作り、机の上に貼りました。登園するとすぐ事務所に来てマル印をつけるレン君、私もマル印、時々バツ印。

　ある月曜日の朝、レン君が「僕ね、今日は三重マル書くんだ」と言いながら、マル３つを書きこみました。

　「あのね、昨日おばあちゃんが、お菓子いっぱいお土産に持ってきてくれたの。それでね“先生には内緒にしてあげるから食べなさい”って言ったけど、僕がまんして食べなかったから」

　「そうだったの！　凄い、先生は我慢できないで食べたり、お客様にどうぞ、って言われると食べちゃったり、もう３回もバツになっちゃった。レン君凄い！」

　このようにしてカレンダーに記入し続けて２か月間、レン君は全部マルでした。体重が23キロまで減ると、その後は安定し、少しずつ増えて卒園時は23.4キロでした。

　３年後、この保育園の保育者が数人、駅まで歩いて帰って行く途中、向こうからレン君のお母さんが走り寄ってきて挨拶をされました。

　「……あの時、私は、レンは健康なのに、どうして太っていたらいけないの！　育ち盛りの子どもにやせさるなんて……と思い、園長先生に卒園式の日も挨拶もしないで——。小学校１年生に入学したころ、元のレンのように太ったお子さんがほかにいました。そのお子さんたちは、その後も

太り続け、今は教室の中でいすに腰かけることも難しくなっています。お
かげさまでレンは、成績も良く、体育も申し分なく、本当に元気に通学し
ています。園長先生にはご挨拶に行き、謝ってきちんとお礼も申し上げた
いです。よろしくお伝え下さい──」とのことでした。

　職員会議にもこの議題を出し、食の細い子どもや、食べたくないものを
無理に食べさせるために、長い時間いすに座らせるようなことを反省し、
「見落しがちな肥満児への責任ある保育を」と話し合いました。食事につ
いては、園の保育者１人ずつ、食事に対する考え方が違います。朝食につ
いても、発言していく保育者は、「親の責任です。朝食はきちんと食べさ
せるように──」というものが、大半の意見です。しかし、中には涙を浮
かべながら、「私は、子ども２人保育園に行かせています。今朝も、私は
早く起きて朝食の支度をしました。でも下の子は１歳児、なんとかして、
せめて牛乳だけでも、と思って食べさせたり、飲ませたり……でも、……
食べてくれないんです。今日は暑く、外遊びがありますし、水で遊んだり
して、お腹がペコペコになり倒れないかとても心配でした。

　そんな時、預け先の保育士が、朝食を園に持ってきてくれたら、食べさ
せてあげることはできる、と仰言って下さいました、私は手を合せて拝み
たいくらい有難いです」

　とＫ先生が涙ながらに話すとＴ先生も、

　「私もＫ先生と全く同じです。朝食のお弁当を食べさせて下さるのでし
た本当に有難いです」

　勝手なこと、理想など、を次々と話してきた子どものいない保育者たち
も、子どもを育てる親の気持ちがわかり、その日のうちに玄関前に「朝食
を食べられなかったお子さんに、朝食のお弁当を持ってきて下されば園で
食べさせます──」掲示を出しました。

　翌日から、何人かの子どもが朝食を持ってきて楽しそうに早番の保育者
と食べるようになりました。なんの不都合も起りませんでした。

　ホウレンソウののりまき、サンドイッチ、いろいろなおにぎり、など、
それらを見ると母親が面倒で食べさせないのではなく、起床後すぐには食

べられない子ども、と思えるのです。

事例74　肥満児②

子ども同士で頑張ったタイチ君

　ある地方の保育の研修会場になった園での話です。その園では、動物園に行ったことのある年長児が4名だけで、ほかの26人の子どもはゾウもキリンもトラもライオンも見たことないとのことでした。当然、"見たい"となり、動物園に行くにはどうしたら行けるのか、子どもたちを巻き込んで調べることになりました。「時刻表と地図」、「バス停の時刻表」などを用意します。黒板に保育園からバス停へ徒歩15分。バスに乗車して15分で最寄りの駅へ。最初の電車は午前8時1分発、9時3分に乗換駅に到着。そこから別の電車に乗り、動物園前駅で下車、合計2時間で行けることが判明しました。その保育園からの道のりを地図に時間を記入しながら完成させました。

　バス代、電車賃も全部、時刻表を見ながら計算し、特急料金も説明して加え、さあできた！　これで行ける、と子どもたちが、飛び上がって喜んだとき、チエちゃんが、「帰りのバスの時間は？」と一言。「そうだ、帰りのバスの時間を調べてから、特急電車のちょうどいい時間のに乗った方が、待つ時間が少なくていいね」と周りの子どもたち。

　このチエちゃん、研修会の見学者が70人も部屋に入っていたので、私（本吉）が子どもたちに「今日は三角の形にいすを置いて座ってね」と指示をしてしまったときも、「あのね、いすを3つ、大きな三角に置いてその三角の中にいすを並べれば！」とアドバイス。頭の回転が速い子どもです。その一方、ほかの子どものやることに、すぐに口を挟むような所がありました。

　マップ、時間、料金など、全部子どもたちが考え、先生がいなくても遠足に行ける状況ができてきました。

すると、チエちゃんがポツリ、「朝、何時に起きればいいかな……」

　「そうだ、朝、保育園に来て、それからバス停に行くよりも、田んぼの中のあのバス停なら直接行った方がいい」に決まりました。

　私は、担任の先生に2月ごろ、動物園の空いている時期に行くといいですよ、とアドバイスしました。ついでに、子どもたちには、「この東京から来たおばちゃん先生は、子どもたちが10回動物園に行きたいって言ったので、10回行ったの。電車賃は子どもたちみなで、ステキな花びんを作って売って、そのお金で上野動物園に10回行ったのよ」と話しました。

　「さあ、お給食にしましょう」と、見学の方たちも部屋から出て行こうと歩きだしたとき、一人の子どもが目につきました。その子は、マップ作りのときも、話をしているときもごろごろ床に転がっている子どもでした。タイチ君です。私の方を見て起き上がり、物言いたげに寄ってきました。

　私は「子どもの太っちょくんは嫌いなの、むこうに行って」

　部屋を出て行こうとされていた研修会参加者のみなさんも、いすを持って給食の支度をし始めた子どもたちも、一斉に全員の動きが止まりました。

　こんな情景の中でも、また、タイチ君が、私の方にくっついて来るのです。

　「おばちゃんは子どもの太っちょは嫌いなの、これから、やせるように努力するのならばお話する。どうする？」

　タイチ君は、目に涙をためてじっと私の顔を見ます。近くにとんできたチエちゃんも、今にも泣きそうな顔で私とタイチ君を見ています。

　大人70人、子ども30人、ぴたりと止まって見守っています。

　「タイちゃんの太り過ぎ、おばちゃんとても心配なの。今日からご飯のときも、おやつも、決まった分だけ食べるようにして、お代りはしない。お家に帰っても、ジュースは飲まない（多分飲みすぎであろうと直観で判断しました）。お菓子は少しだけにする。給食もお代りしない！」「できる？」

　タイチ君の目から、涙がポロポロこぼれます。シーンと静まりかえった室内。

「僕、こんどからいっぱい食べない。ジュース飲まない。お菓子もがまんする」

チエちゃんも、そのほかの子どもたちも目に涙です。

これから講演会のため、別の会場に移動しそちらで昼食の予定だった私は、この保育園で、タイチ君と一緒に給食を食べることにしました。

食事が終って、園庭を15周走ることに。タイちゃんと私が庭に出ると、クラスの子どもたちも一緒に走ってくれるのです。

その園庭の広いこと、東京の私の保育園の10倍もありそうな広い庭。ヘトヘトです。

走り終ってテラスに腰かけ、ヘエヘエーと息を切らしている私の所へチエちゃんが走ってきます。

「東京のおばちゃんの先生。明日からタイちゃんのこと心配でしょ。チエがタイちゃんと一緒に毎日走ってあげる」

私は帰京後、コートも脱がずチエちゃんに手紙を書きました。

「チエちゃんありがとう、よろしくお願いします──」

翌々日、チエちゃんからも返事がきました。

「きょうは、パンをやいたのにさとうをまぶしたおやつでした。タイちゃんは、おかわりをしませんでした──」

また、2〜3日後の手紙には、

「きょうは、あめがふったのでろうかを10かいはしりました──」

「きょうは、ほんとはタイチくんのだいすきなとりのからあげだったけど、タイチくんおかわりしませんでした──」

また、チエちゃんのお母さんからも手紙がきました。

「……チエは、保育園では悪い子どもとみなさんに思われていました──。

家でもおじいちゃんも、おばあちゃんも、私たち親も、みんなチエを困った子どもと思っていました。どうしてこんな子になったのだろう、と……。

それが、先日、保育園に本吉先生がいらして下さった日から、全く変

わってしまったのです。おじいちゃんが生きていてくれたらどんなに喜んだことかと……。

　ありがとうございました。」

　そして10月、担任の先生からもお手紙で「タイチ君が28キロになりました」。ガッツポーズでヘルスメーターに乗っている写真も同封されていました。

　そして2月に届いた手紙には、動物園に行って生まれて始めて、ゾウやキリンを見てきたことなどが書いてありました。加えて、今月、タイチ君は、24キロになり、正常値になりました、と添えてありました。

　聞けば、タイチ君のお父さんは仕事の関係で夜遅く帰宅し、タイチ君は姉たちと夕飯を食べた後、またお父さんと一緒に食事をし（つまり1日4食）、たくさん食べていたとのことなどがわかりました。

　そして3月、私はチエちゃんやお友だち、園長先生や担任の先生にお礼を言いたくて、再度この保育園に行きました。羽田空港から現地の空港へ、そこからターミナル駅へ向かい、特急で1時間後に下車。バスに一人乗って、辺り一面、畑、田んぼ景色が続きます。保育園の最寄りの停留所で降り、走るように行くと、先方から女性が1人こちらへ歩いてきます。田舎はほとんど歩く人はいないので、なんとなく2人は、ほほえんで会釈を交わし、小走りで通り過ぎようかというその時、その女性がふり向いて、こちらに走って来ました。「もしかしたら、東京の本吉先生ですか？チエの母親です」と声を掛けられました。

　感動です、こんな偶然……て！！

　さらに、時間は夕方のもう4時前。急いで保育園の門を入って玄関に行こうとすると、前を歩いていた、子どものお迎えのお父さんが、ふり向いて

　「東京の本吉先生ですか？」「はい、そうですが——」

　タイチ君のお父さんでした。いきなり、地面の上に両手を置き「ありがとうございます、タイチが、ありがとうございます」と繰り返されます。

　「よかったですね。今日はタイチ君に会いに来ました。チエちゃんにも

会ってお礼を言いたくて来ました」

　その後、小学校入学後も、チエちゃんから手紙が届きました。

　「タイちゃん、今日は学校の鉄棒で逆上りができました。給食のおかわりはしていません」

　保育者は、食べるようにすすめることはやり過ぎるほどしてしまう傾向があります。子どもも親もそのことをどれだけ悲しくつらく思っていても無視して、と思えるほど熱を入れて食べさせようとしてしまいます。しかし、子ども（大人）も大食の人、小食でも健康な人がいます。肥満の子どもにこそ気をつけて、愛をこめて正常な体重にしてあげなければ、と思います。

事例75　自転車ととび箱
5歳児同士のやりとりから

　ある日、ラジオのスイッチを入れると、パラリンピックのバスケット選手が「……5歳のとき、とび箱で脊髄を損傷、車いすの生活になった……」との話でした。

　また、「幼児の手首の骨は、体重を支えるまでに成長していない」という話を聞いて、肥満の幼児には、とび箱、鉄棒などは細心の注意をしながら、無理に強制するようなことはしない方がよいと思いますが、「やりたい！」という意欲、やる気をもたせたいとは思います。

　とび箱もなわとびも、自転車にも乗れないシゲル君と、担任のF先生。ベランダに腰かけ、園庭の方を見ていると、運動抜群のケン君が自転車に乗って前を通りながら、「自転車に乗れないの、シゲだけだよなー」と言って走り去りました。

　それを聞いて先生は涙をこぼしながらケン君を追いかけ、シゲル君のところに連れてきました。

「先生はね……、とっても悲しい！　先生が毎日一緒に遊んできたケン君がね……まだ乗れないシゲル君にね……こんなに意地悪なことを言って！　先生の保育が悪かったの。やさしいケン君に育ててあげられなかったの。ごめんね、ケン君。……シゲル君もごめんね、先生がやさしいケン君にしてあげられなかったから……」

　ボロボロ涙をこぼして２人に謝る新人のＦ先生。ケン君の目にも涙。シゲル君も。すると、シゲル君はすっくと立ち、先生の方を向いて「先生、僕、今日から練習したい」。

　シゲル君は、その日のうちに自転車に乗れるようになり、２～３日後には、とび箱もとべるようになり、走る姿も、顔もいきいきと変わっていきました。

事例76　遊具の安全な使い方を…

事故・けがの防止

　幼稚園、保育園、公園から、ブランコや場所によっては、すべり台やシーソーまで、子どもの大好きな、自由に遊べる遊具が、けがをする、という理由で取り外されてしまいました。

　通園カバンを肩にかけて滑り台の上に登り、紐がひっかかっての事故。こいでいるブランコの下にボールが転がっていき、それを取ろうとした子どもがブランコにぶつかって額にけが。鉄棒から手を放しての落下。そして、パラリンピックの選手の方が、５歳のときにとび箱を飛んで脊椎損傷で車いすの生活になったエピソードを聞いたこともあります。

　石につまずいて転んだだけでも、おでこを切るようなけがをしたり、なわとびをとんで膝を痛めたり、腕を引っ張られて脱臼したり、思いがけない事故も起こります。

　０、１歳児の保育室には、口に入るようなものは玩具であっても絶対に置かないようにします。危険と思えないようなものでも、子どもがなんで

も口に入れる時期は充分に注意し、安全、清潔に保ちます。とがったも
の、重いものも危険です。また、机の上に物が置いてあり、引っ張ったら
落ちやすい状況になっていないかなど、細心の注意を払います。

　私が園長のとき、新規採用の4人の保育者に1歳児の受け持ちを任せた
ところ、次のような状況がありました。決して、このようなことが無いよ
うに注意が必要です。

　　○　保育室とトイレの間の戸が開いています。トイレの手洗いの下に、
　　　　消毒液の入った薬びんが置いてあります。もし赤ちゃんが見つけて
　　　　触ったら！　びんを倒したら……幼児でも好奇心いっぱい、大変危
　　　　険です。
　　○　前日のおやつのときに飲み残した、牛乳の入った牛乳パックが翌朝
　　　　になっても机の上に…。
　　　　「あらこの牛乳は？」
　　　　「あのう、うっかり忘れていました」
　　　　夏でしたら完全に腐っています。
　　○　午睡時、ビニールの袋が風に吹かれて床に。
　　　　「あら！　これは？」と私。
　　　　「ビニールの袋です」
　　　　「もしこの袋が眠っている赤ちゃんの顔の上にのってしまったら
　　　　……」
　　　　「窓を閉めておきます」
　　　　　──"絶句でした"

また、遊具等では次のことなどに注意が必要です。

○ブランコ
子どもたちが園庭で遊んでいたボールが転がり、ブランコの柵の中に
入ってしまいます。そのボールで遊んでいた子どもの頭はボールでいっぱ

いで、視野はその行先しか見えません。ボールを取ろうとして柵の中に入って、顔や頭にブランコがぶつかる。ただ無心に、追いつ追われつ走っていて、ブランコの柵内に…。こいでいる人には目が行かず…。

この事故を防ぐために、ブランコでのけがを想定して、実際に子どもたちと訓練をやってみます。

子どもにブランコに乗ってこいでもらい、ボールを転がしてブランコの柵内に転がします。そのボールを保育者がとりに、ボールだけを見て走って柵の中へ入ろうとすると、「危ない!!」この状況を見せると「アブナイッ!」と子どもたちは息を飲んで見ます。真剣に見ます。

次は、子ども一人一人で、ブランコをこぐ子どもとボールを取りに走っていく子どもの役をやります。30人全員にやってもらいます。

○鉄棒

鉄棒も、幼児は手が小さいので、どの子どもも親指1本を下にして、ほかの4本の指を上にして握るようには持ちません。どの子どもも5本の指を鉄棒の上に並べて、棒にかぶせるように持ちます。まだ手が小さいこともありますが、4本と1本でしっかり持つようにします。保育者が支えながら、4本で持って、スルッと下に落ちそうになることも体験させます。

体操の選手の鉄棒を握る場面をテレビで見るように話すのも一つの方法です。よく納得します。

しっかり持って、手を離さないように握る。とても大切な理解です。

○でんぐり返しの手のつき方（マットやとび箱など）

とび箱の上の手のつき方なども、4本の指を手前の方に折って跳ぶ子どもが時々います。

一度、正しい手法をていねいに、クラス全員でなく個別に、少人数ずつ教えます。

○自転車

　自転車なども、乗れるようになると、手離しで乗れる、とか、ふざけて友だちの乗っている自転車を押したり、前に立ちふさがるようなことをしたりして、危険です。正しく乗ることをしっかり守るように話をします。

事例 77　安全で、よく遊ぶ室内環境と遊具
３歳未満児の室内環境の注意と遊具の工夫

　なんでも“なめる”“口の中に入れる”０歳、１歳の保育室内では、洗える玩具、消毒のできる玩具であることが大事です。

　先がとがっていたり、割れやすい、こわれやすい、小さくて口の中に入ってしまいやすいもの（ビー玉など）、硬い、重い（足の上などに置いて重いと感じる）、色のはげる（メッキなど）ものなどは、とくに室内、手の届くところに置かないように気をつけます。

　歯が生えるときは、歯ぐきがむずかゆくなるようで、身の回りにあるもの（ベッドの柵や玩具など）をなめることがあり、薬品による消毒をした後、熱い湯でふいておくといった安全管理が必要です。

　１歳児の保育室で、どの赤ちゃんにも大好評だった“玩具？”は、チリトリとハタキ、と柄の短い座敷箒です。何年間も試しに置いてみるとどの赤ちゃんも、ただ持っただけであちこちさすったり、床や家具などをちょこちょこっとこするような仕草したり、毎日飽きずによく遊んでいます。試みに家庭でも、チリトリやハタキ、柄の短い箒などを置いてみて、赤ちゃんがそれらを見つけると、長い時間遊ぶという報告も聞きます。

　遊具としてもう一つ１歳児におすすめなのは、２人掛けのソファーです。人数によっては、２つあっても３つあっても困りません。ソファーは安全な室内遊具になります。保育者が抱っこのとき、絵本を読んであげるときなど、最適です。とくに、３歳未満児には「運動遊具」の役割も果たします。１、２歳児だけでなく３歳以上児のクラスでも、ベランダや廊下

などに一つあると、寝転んでなにかのできる家庭の畳やじゅうたんの役目もしてくれて、１日中誰かが、ソファーの上で絵本を読んだり寝転んだり、ピョンピョンとんだり、ちょっと疲れたときにボーッとできたり、安全で、体を使うのにも、休むのにも応用できる最高に使い勝手のよい室内遊具になります。

　気の合うユウスケ君とナミちゃん、上に乗ってピョンピョン、キャッキャッとジャンプ。低い方のソファーでは、月齢の低いヒロユキ君たちが乗りもの玩具を並べたり、昇ったり降りたりしています。毎日、ほかのどんな玩具より、室内すべり台のような遊具よりも活用される室内遊具のソファー。保育者不要なくらいよく遊びます。

　ソファーの入手は、各自治体の粗大ごみ集積センターなどに連絡し、園として新品に近いような、丈夫なものが出たらほしい旨を伝えておくと入手できます。引越しセンターなどでも可能なケースがあります。また保護者にも、あまり古くなくて不要のソファーがあったら譲って頂けますか、とお願いしておくと、引越しや新しいものを購入したという方もあり、意外に手に入りやすい場合もあります。

事例78　砂場での安全管理
赤ちゃんを座らせない

　園長として何年か経ち、新たに０歳児の在籍している園に籍を置く身となり、その着任２日目のことでした。偶然、事務室からベランダに出た途端、目の前の砂場に保育者が赤ちゃんを抱いているのが目につきました。まだ立って歩けない赤ちゃん、保育者に抱かれて、庭で遊んでいる幼児たちを見ています。すると次の瞬間、その保育者は、何気なく抱いていた赤ちゃんを、砂場の砂の上に座らせたのです。と同時に赤ちゃんが、手に砂をつかんで口の中に入れたのです。この砂場には、時々猫の糞なども、朝発見されることもあり、不潔で危険でした。保育者は、泣き叫ぶ赤ちゃん

の口の中の砂を出しながら「ごめんなさい、ごめんね……」「どんなに苦るしいか、嫌か…」と慌てて対応しています。そこへ、駆けつけていく私。私自身、研修で他園を見学し、もし0歳、1歳の赤ちゃんが砂場にいたらどんなに危険かと、20年前に肝に命じた筈のことを忘れていたのです。

　それから、赤ちゃんの観察を細かくチェックして見るようにしました。黙って見ていると、まだ歩けない赤ちゃんを、抱いて庭に出てきた保育者が、砂場に赤ちゃんを座らせる光景は、大変多いのに気がつきました。抱いていて、"なんとなく""砂場は座っても泥とちがって衣服が汚れない"という緩慢な意識が見受けられました。泥の庭に座らせる大人はいませんが、何故か砂場には大勢います。本当に危険です。

　1歳8か月の赤ちゃんを、砂場に座らせて目を離さず、しっかり見ていると砂を口に入れようとしていません。そこで、1歳9か月になれば、大丈夫、と思っていたところに、友人の保育者から連絡がありました。「今日、1歳10か月の赤ちゃんが砂を口に入れました！」早合点は禁物です。「食べるものではない」とわかる月齢になっても、まだ危険です。

　その後、3歳未満を担任している保育者たちが協力して、"口に砂を入れる"という行為を長期間見てきた結果、満2歳になって砂を口に入れた、という報告はありませんでした。

　保育士研修会の折に「砂を口に入れた赤ちゃんを見たことも、聞いたこともない人は？」と聞いてみると、1人もいません。これは、保育者に責任があります。それにもかかわらず、今、日本中の保育園に"赤ちゃんが砂を口に入れてしまう"現状があります。これは絶対にさせてはならないことです。絶対に赤ちゃんを砂場に座らせないように。

事例 79　寒い季節の薄着の問題
適切な体感温度の管理

　乳幼児は、まだ鍛錬をする年齢ではありません。いろいろな園に異動

し、各年齢の出席簿を見ると、様々に気になる発見があります。その中で、3歳未満児に冬の間の欠席が多いということがありました。理由は、発熱を伴う風邪です。寒い季節にもかかわらず、若い保育者も子育て中の母親も意外に薄着です。そうなると当然、子どもも薄着になります。

　保育室のエアコンも20度ぐらいに設定してあり、一見、室温は大丈夫なように思われます。床暖房の設備があればよいのですが、天井のエアコン設備の保育室では、床上2メートルの温度計で20度であっても、赤ちゃんたちの座っている床では10度は下っています。赤ちゃんたちも、肌着は着ているのですが、その質が問題です。汗をしっかり吸収する厚手の肌着ではなく、夏用の薄い化学繊維のTシャツの着古したものが多いのです。また、靴下を履いていない子どももいます。ウールや毛糸のセーターなど、温かい服を着ている赤ちゃんはほとんど見かけません。

　子どもは（大人もそうですが）寒いと体が感じると、スーッと鼻水が出てきます。ほとんどの赤ちゃんが鼻水を出していたり、鼻くそがこびりついていたりしているのが目につきます。そのような状態ですと、保育園で夕方寒くなると、赤ちゃんが鼻水を出し始めます。そのとき、保育者たちは園用の上着などを着せていますが、非常に問題でした。

　その園では、11月の保護者通信に、「汗が出るほど走り回って遊べる4、5歳は薄着でもかまいませんが、寒くなり始めた季節柄、朝夕の登園、降園時には上着の着用をお願いします。とくに、赤ちゃんたちは運動量も少なく、保育室内も天井が高く、床の方は（床暖房の設備がないため）寒いので、温かい上着を着せて下さい。夕方寒くなると、鼻水を出す赤ちゃんには、園用の服を着せていますが、できるだけ上着を用意してご持参下さい」。このような趣旨を書いて渡していました。そして、冬になり寒さも本格的になりました。

　保護者からは、

　「保育園で厚着にして下さいなんて、どうしてそんなことを言うのですか？」

　「家では薄着で育てますから——」

「園の服を着せなくても結構ですから」

「保育園で厚着をさせるなんて、どうして？」

といった声が寄せられ、かなりの数の保護者から反発されました。結果、薄着の1歳、2歳の子どもたちは鼻水を出し、発熱を伴う風邪をひいて休むことになったのです。

また、かつてある保育園であったことですが、奥様が主任（ご主人が園長先生）で、私に相談がありました。園だより、クラスだよりなどで、「汗が出るほど走ったり歩いたりできる4歳ぐらいまでは、温かいものを着せてあげた方が風邪に罹りません。毎年、薄いシャツと上着、2枚しか着ていない1歳、2歳児組のお子さんたちが、よく風邪をひき、発熱も多いようです。天候にもよりますし、園は床暖房ではないので、夕方になると気温も下がるので（昨年までは園にあるものを着せていましたが）ご家庭から温かい上着になるものを持参して（あるいは着せて登園して）下さい」というような趣旨を書いて、何度か配布したのですが、やはり着せないお母さんがいました。この年は、園で着せるのは、おせっかいのようなので着せないことにしたのです。その結果、薄着の子ども3人が風邪になり、1人は2度も風邪をひいてしまった、ということでした。

実はこの原稿を書いている時、ある園長先生から電話があり、「インフルエンザが流行し始めて子どもたちが……」との話でした。私が「そのインフルエンザに罹ってしまったお子さんは薄着のお子さんが多いのではないですか？」と聞きますと「そうですね、そういえば、薄着の子どもたちです。本吉先生、このごろは、下着がペラペラの薄いTシャツの古いのみたいで全然温かくないのを着せているんです。その上も、なんとやらで、以前はウールの上着や、毛のセーターなどみんな着せていたんですけど──」

私も全く同感でした。その後、全国各地の園に問い合せたところ、大多数の園で、2枚しか着ていませんでした。「本吉先生、下着が、夏着せていた木綿の薄いペラペラのTシャツなので、あれでは寒いんですよね」

ちなみにこの日、東京は日中 10 度でした。

　日本中の若い母親たちが薄着です。若い保育者も薄着です。くりかえし述べます。寒暖計、床上 2 メートルで 20 度、床に置くと 10 度下がって 10 度です。そこで幼い赤ちゃんたちが遊んでいます。

　暖房の性能、床暖房の設備有無などにもよりますが、感染症のインフルエンザに罹ってしまった赤ちゃんも薄着の子どもでした。子どもが最も長時間過ごしている場所（環境）の温度管理がいかに大切か、細心の注意が必要です。

　0 ～ 2 歳児では、温かく着ている子どもは風邪にかかりにくいようです。

　保護者の方との話し合いも大切です。保育者が何気なく見過すことのないよう、原因も確かめて、園からインフルエンザの子どもを出さぬよう、日常の健康な赤ちゃんの生活を考えてみるとよいでしょう。

事例 80　毎日おもらし、厚着にしたら…

1 歳児の着衣と体温を注意する

　2 月の厳しい寒さが続いています。こんなに寒い日は、子どもたちも暖かい場所を知っていて、ヒーターの前に座り温風を体いっぱいに受けています。そこで積木を並べて遊ぶミユキちゃん。「あらー」と保育者の声。園長の私は、どうしたのかと振り向いてみると「ミユキちゃん、またおしっこしちゃったね」との保育者の声かけ。ミユキちゃんは何も言わずに保育者の方を見ています。

　今朝は、登園して間もないのにもう 2 度目のおもらしです。ミユキちゃんは 10 月生まれですが、入園した時にはもうパンツになっていました。

　入園以来、1 日も欠かすことなくおもらしが続きます。とくにこのごろは、1 日に 5、6 回、多いときはぜんぜん教えようとせず、ただただもらすだけです。保育者に誘われてトイレに行っても「イヤ、ナイ」だけでおしっこは出ません。

そこで、保育者同士話し合うことにしました。

A保育者「ミユキちゃんは、4月入園したときからおむつではなくパンツでした」

B保育者「まだ1歳6か月でパンツだったので、ずいぶん早くとれましたね？　って、お母さんに聞いたことを思い出したけれど──」

C保育者「でも、ほとんど1度も、おしっこ、って教えてくれたことないし。お家では？って聞いても、要領を得ない返事でそのままになっているのよね」

A保育者「1度もミユキちゃんが、おしっこを教えてくれたことがないっていうのは、どうなのかしら？」

D保育者「ほかの子どもたちは、2歳の誕生日ごろ、家と、園と一緒に同じようにやって、完全におむつがとれて、自分で言えて、トイレにも行けるようになっているけれど──」

B保育者「1月生まれのダイスケ君も、スカッととれて寒いか温かいかに関係なく「おしっこ」と言ってトイレに行けるし──」

A保育者「？？？──」

C保育者「ミユキちゃんは、おしっこ出るのが自分でわかるようになったので、お母さんがパンツにしたのではなく、ただおむつからパンツにしただけなのではないかしら」

A保育者「今はもう2歳4か月になって、本当は括約筋のコントロールもできるようになっているはずだけど、今までが1度も尿意を感じてトイレに行くことがなかったので……どうすれば？」

B保育者「じゃ、またおむつをつけてあげたら？」

D保育者「でも、ほかの子どもはもう全員、きちんとおむつがとれているし、大人の都合でするのは？……」

C保育者「ミユキちゃんのことで、何か気になることや心配なこと、行動で気になることなどを、出してみたらどうかしら？」

A保育者「ミユキちゃん、積み木で遊ぶのが好きだけど、いつも朝から

夕方まで、１日中積み木ばかりで……。もっと体を動かして
　　　遊ぶことも必要では？」

Ｂ保育者「そうね」（ほかの３人の保育者もうなずく。）

Ｃ保育者「ミユキちゃん、いつもヒーターのそばから離れないわね」

Ｂ保育者「そうそう」

Ｄ保育者「このごろ寒いし、それにミユキちゃん、薄着じゃない。い
　　　つも半袖の下着に綿の上着だけで寒そう」

Ｂ保育者「私もそう思っていたけど──」

Ａ保育者「私もそう思うの、温かく着せてあげましょうか？」

　みんな無言のうちに納得しました。ミユキちゃんのお母さんには、以
前、まだパンツは早すぎるのではないか、とそれとなく話した時も「家
ではちゃんと教えています」との返事でした。

　洋服のことも家庭への連絡でそれとなく、「まだ運動量も少ないので、
温かくして下さい」と書いたこともあったものの、そのままの状態でした。
なので、明日からは登園したら、上着も２枚ぐらい着せ、寒くて毎回、床
におもらししてしまうので、温かいズボンをはかせてあげることにしまし
た。

　それから３週間。ミユキちゃんのおもらしの回数が減り、顔つきも今ま
での寒々しい表情ではなく、何だかホカホカ気分のミユキちゃんです。

　遊びはやはり積み木が大好きですが、ヒーターにへばりついて１日中離
れないということはなくなりました。私たち保育者もミユキちゃんをいろ
いろな遊びに誘い、しっかり抱いて絵本を見たり手遊びなどをしたり──
としてきたところ、動きも活発になり、鼻水を出すこともなくなりました。

　薄着でヒーターにへばりついて遊べないよりも、温かく着てホカホカ気
分で走って遊ぶミユキちゃんの方が、いきいきしています。

　毎年度、ミユキちゃんのように厳寒の時期に、袖なしか半袖のシャツに
木綿の上着だけという薄着すぎる子どもがいます。どの園にもいると聞き
ます。このようなお母さんに対し、経験の少ない保育者は話しにくいので
すが、薄着は体を鍛える、といっても──まだ１歳、２歳。鍛錬をする年

齢ではないのです。

第7章

・・・・・・・・・・・・・

子育て支援

子どもの幸せを願う思い

　信頼関係が基盤になければ保育は進めない。保育者は心から一人一人の子どもを、〝これ以上は愛せない〟と言えるほど、〝可愛い〟好き〟と思うことが保育の原点であろう。そして、このような保育を熱意と誠意を込めて展開したとき、親も必ず変わる。わが子が愛されて気づかない親はいない。それは、私が体験した数限りない事例が物語るところである。

事例 81　保護者との問題

ヒロ君が変わった

　4月当初、「先生、ヒロ君、汚い！」「なあ、ヒロ君また、鼻、出とる！」「ヒロ君と手つなぐのいやだ。だって汚いもん」「先生、ヒロ君の頭くさ～い！」など、ヒロ君を見る他児の視線や言動がとても気になりました。

　ある日のこと、食事前にヒロ君がきちんとせっけんで手を洗っていました。なのに、ユウキ君が、「先生～、ヒロ君、手あろとらんのにごはんの準備しよるで」と私に言ってきたのです。手洗い場近くで、シクシク泣いているヒロ君を見つけました。

　このままではいけないと思い、ヒロ君とユウキ君を呼び、よく話を聞くことにしました。ユウキ君の話では、「いつも手あらわんけん、あろとらん思うた」。ヒロ君に聞くと、「僕、あろたもん！」とユウキ君に言ったのに、「ほーら、あろとらんのにうそついとる」と言われ、どうしようもなくつらくて泣いていたとのことでした。

　ヒロ君をただ不潔だからとか、いつもしていないから…といった偏見の目で見るユウキ君にショックでした。これは、2人だけの問題だけで終わらせるわけにはいかないと思い、クラス15名プラス保育者全体の問題として取り上げようと、子どもたちに、名を明かさずにこの話を投げかけてみました。すると、「かわいそう！」「お話聞いてあげんといけんよな」「私だったら助けてあげる」などやさしい言葉が一人一人から聞かれ、少しは救われました。

　ヒロ君の鼻水は私が気をつけてふいたり、本人にふくよう言葉かけていきました。洗髪は、園で心がけ、シャンプーのいい香りのする、すっきりとしたヒロ君にしてあげました。何よりも保育者からヒロ君に向ける愛情を示さないことには、他児たちのヒロ君に向ける偏見の目は薄れないだろうと思い、「ヒロ君すてきな顔だね、ピカピカ輝いてるよ」「う～ん、いいにおい。ヒロ君、きれいだよ」などと他児以上にかかわるように努めまし

た。他児たちも保育者の姿を見て、何か感じてくれたようで、ヒロ君に
ティッシュを渡す子が増えたり、園外散歩時には、「手、つなごう！」と
あのユウキ君が言ってくれたりするようになったのです。ヒロ君自身に
も、「お友だちに何を言われても、自分がこうだと思ったら自分を主張で
きる、強くたくましい子になろうね」と話もしていきました。おかげで、
このごろ「汚い」「くさい」の言葉がまったく聞かれなくなり、ホッと胸
をなで下ろしています。何よりも、保育者自身がその子を真から愛するこ
との大切さを痛感しました。

　今ではヒロ君に対して偏見の目で見る子など、ひとりもいなくなりまし
た。「みんなが乗れること」を目標にがんばっていた一輪車乗りで、最後
のひとりになりはしたものの、ヒロ君のことを心から応援していたのは、
あのユウキ君でした。「ヒロ君、がんばれ」「いっぱい乗らんと上手にはな
れんがぞ」「いいか、勇気もって、ちょっと怖いけどがんばれ」「僕が手もっ
てやるけん」と声をかけてくれるのでした。クラスのみんなも、ヒロ君に
毎日毎日声援を送ってくれ、手助けしてくれました。本当にうれしい限り
です。そして、とうとう記念すべき日がやってきました。

　「先生、先生。ヒロ君乗れたよ。乗れたんで」と子どもたち。ちょっと
その場を離れた間に、ヒロ君は乗れたようです。

　「えっ、本当？　ヒロ君、ごめんね、ずっといてあげなくて…。もう一
回、先生にも見せてくれない？」とお願いして、見せてもらいました。本
当です。乗れたんです。うれしさのあまり、ヒロ君をぎゅうっと抱きしめ
ていました。ヒロ君の汗だくの顔がニコッとゆるんでいました。

　このことをお母さんにお知らせすると、それはそれは喜んでくださいま
した。次の日、ヒロ君の第一声は、「先生あのな、昨日お寿司食べたんで！
お母さんとお父さんといっしょに買いに行ったがで！」でした。心も体も
ルンルンに弾んで話をしてくれました。ヒロ君にとって、両親の気持ちが
とってもとってもうれしかったようです。

　ヒロ君には、すべてがプラスとなり、自信となったのでしょう。泣き虫
でグズグズしていたヒロ君が今では、「ハッスルヒロ君」に大変身です。

お母さんも、町で会うとニコッと会釈してくれます。昨年度のお母さんとは別人のような明るいお母さんに、本当にうれしくなります。「子どもが変われば親も変わる」は、本当です。以前は園に無関心だったお母さんが、保護者会にも息子の姿を楽しみに見に来てくださるようになりました。お母さん方に要求することより、保育者が一人一人の子どもを愛することが重要なのだなと痛感しました。

事例82　「子どもってかわいい」

保育者が子どもに愛を注ぐと親も変わる

　クラス懇談会でのことでした。ミズキちゃんのお母さんは「私、下の子はかわいいけれど、上の子はかわいくないんです」とはっきり言いました。そこに出席していたお母さんたちに驚きの声が上がりました。胸に「ズキン！」と痛みが走りました。

　ミズキちゃんは、どこかさびしげで、ほとんど自分を主張せず、強いチエちゃんと行動をともにしていました。一方で、ものを作ったり、絵を鮮やかな色彩で描いたりするときは友だちのまねをするようなこともなく、自分の考えをもっている子だと思っていました。

　「きっとお母さんはわが子の長所がわからないのでは！　ならばミズキちゃんのよいところを伝えていこう」と考えました。たとえば、午前中、細かい花を根気よくつなげ続けて首飾りを作り上げたこと。リングブランコを勢いよく漕げること。曲に合わせてなわとびを跳べること。自転車にも乗れるようになったこと。そうした日々の成長を知らせていったのですが、お母さんからは「そうですか、家では全然…」と、気乗りしない返事が続きました。

　秋になり、畑作りのようすをビデオに撮ろうと、「ビデオカメラのある人？」と聞くと、ミズキちゃんがすっと手を上げたので、カメラを借りることにしました。操作方法を何回か教えてもらい、ミズキちゃんとも話題

にしました。お母さんとミズキちゃんの間にビデオの話題ができるかもしれない、と内心喜んだりもしていました。

　保育の研修会でこの件を話すと、講師の本吉先生の観点はまったく違っていました。「『子どもって本当にかわいい』と思ってかわいがっていますか？　お母さんにも愛されていない子どもには、愛される喜びを知らせてあげるのが保育者です」と言われました。

　痛烈な言葉でした。頭の中が混乱して、ああ言えばよかった、こう言えばよかった、と思いが押し寄せてきました。しばらくしてくやしい思いは、すぐ反省へと変わっていきました。ミズキちゃんとの触れ合いをしていただろうか、と自問しました。振り返ってみると、お母さんの言葉ばかり気にして、お母さんの気持ちを動かすことばかり考えていたのです。そして、初めからやり直そう、ミズキちゃんと仲良しになろうと決心をしました。

　ミズキちゃんの遊びを見てみました。近ごろではチエちゃんからよく似た性格のマナちゃんやサキちゃんに友だちが移っていました。サインペンや鉛筆でよく絵を描いていましたが、その中に字を書いていました。しっかりとした大きな字です。ミズキちゃんは字をずいぶん知っている、そうだ、手紙をあげてみよう、と考えて、今日遊んだこと、クラスの中であったできごとなどを小さな紙に書いてそっと渡しました。初めはすぐにしまっていたが、何回か続けているうちに横の方に行って読むようになりました。

　同じころ、お母さんから「お手紙、毎日ありがとうございます。ミズキが毎日喜んで読んでいます」という言葉をいただきました。初めてミズキちゃんの家庭でのようすを伝えてくださったのです。

　数日後、ミズキちゃんから紙を渡されました。「せんせい、ことしもよろしくね」と色鉛筆で書かれており、ネコや花の絵もありました。初めてもらった返事に、思わず「ミズキちゃん、先生とってもうれしい」と強く抱きしめました。熱い思いが込み上げてきます。気持ちが少しずつ届いている実感がありました。

　うれしいことは、まだあります。ミズキちゃんの視線がまっすぐに私に注がれるようになったのです。今までは視線を合わさず、どこか遠慮がちだったのですが、しっかりと私を見て微笑むようになったのです。なんてかわいい子だろう。私の心の中はミズキちゃんへの思いでいっぱいになりました。前よりもっともっと声をかけていこうと決めました。

　次々とかかわりが見えてきます。あるとき、チエちゃんが自分の使ったクレヨンをミズキちゃんに「片付けて」と言いました。ミズキちゃんは首をかしげ、私のところに来て「先生、チエちゃん、私にクレヨン片付けてって言うの」と言いました。

　「ミズキちゃんよく知らせてくれたね、自分の使ったものは自分で片付けるのよね！」聞いていたチエちゃんが自分でクレヨンをさっと片付けます。初めてミズキちゃんが手助けを要求しました。

　1月には、保育参観がありました。ミズキちゃんはかるた取りの読み手をやっていました。スラスラと文字を読んでいます。その後、ミズキちゃんのお母さんから長い感想をいただきました。

　「参観日の後、早速、玩具の箱を利用してカードを作って遊びました。手作りはうれしいようでした。今まで私は子どもに対して、ここまでしてあげたことはなかったと思います。いつも自分に子どもを合わせてしまっていたのです。自分の都合ばかり考えて、何かを要求してきても『忙しいから後で』と言うばかりでした。講演では胸にジーンとくるものがいくつもあり、親として反省させられました。親子の触れ合いがどんなに大切かをしみじみ感じました。今からでも遅くないでしょうか？　私から変えていこうと思います」

　読んでいて、涙が止まりませんでした。子どもをかわいがること、見方を変えることで、お母さんまで変わってくるということを、身をもって知りました。子どもたち一人一人、ミズキちゃんのように接していこう―私の中に思いが湧き上ってきました。ミズキちゃんのお母さんにも、決して遅くないこと、私も一緒にやっていきたいことを返事に書いて出しました。近ごろでは、母の腕にすがって歩いているミズキちゃんの後ろ姿が見

られるようになりました。

事例83　食に関して毎日のように指摘されて
元園長先生からの手紙

　本吉先生を駅へお見送りした後、日直でしたので役所へ行きました。2人で当番をするのですが、相手の方は総務課のトヤマさんで、私と同年齢ぐらいの方です。

　早速、先生からお聞きしたお話や、またこれまで私たちが取り組んできたことなどをトヤマさんにお話しました。そして毎回、毎回、先生のお話にはショックを受けていること、とくに今回受けたショックの強さ、自分自身に対する歯がゆさや子どもたちへの申し訳なさなどを正直に話しました。

　トヤマさんも娘さん2人の保育園時代のことを話され、今も連絡帳を大事にしていることや、おばあちゃんに任せっきりにしていて、よい母親ではなかったことなど話していらっしゃいました。

　そんなときです。トヤマさんが、涙声で話し出されました。

　「私は忙しい母親で、保育園には大変感謝をしているのですが、今も忘れることができないどころか、胸にずきんとくることがあるのです」

　現在、高校3年生になるお子さんのお話でした。

　「下の娘は、偏食のある少食の子どもでした。夏ごろになって一層ひどくなり、先生からは毎日のように『今日も残した』『時間がかかり過ぎる』『学校に行ったら困るのは本人だから今のうちに時間内に食べるようにしなりればいけない』などと言われるのですが、そのように言われても私はどうすることもできません。ついつい先生を避けるようになり、うらむようになりました。そのうち娘の顔色が悪くなり、頬がこけてきました。これではいけないと思い、できるだけそっとしておいてやろう、好きなものを食べさせてやろうと考えました。先生にも、少し放っておいてくださ

い、とお願いしたような気がします。そうしているうちにだんだん回復してきて、今でも少食ではありますが、人並みに育っております。私も学校時代、あのミルクが飲めなくて、どんなに先生にしかられてもだめでした。ですから、給食がいやな子どもの気持ちもわかるのです」

ホロホロと涙を流して話される姿に、私は思わず頭を下げました。

「ごめんなさい。きっと私もそのような保育をしていたと思います。それが子どもにとって『よい』と思っていたのです。なんとかして、なんとかして、との思いでした。でも今は違います。この市の保育者にはそんな保育をしている人はひとりもいません。許してください」

私は、心から謝りました。そして、2人で泣きました。トヤマさんがおっしゃいました。

「これで長い間の胸のつかえが下りた思いです」

トヤマさんがさわやかな顔をしてくださったことに、救われました。

本当によい日直でした。これもみな本吉先生のお陰と感謝申し上げます。

事例84　無理に食べさせて大満足の保育者は？
調理師さんの話

今年採用された調理師さんから「私、調理師になろうか、なるまいか、ずいぶん迷いました」と打ち明けられました。

「私が保育園に子どもを預けていたときのことです。息子は、かんでも、かんでも、ゴムのようになる硬い肉をどうしても飲み込むことができなかったらしいんです。すると先生は、そのひと切れの肉をかんでは出し、かんでは出している息子に、お昼寝もさせないで、つきっきりで何時間もかけてやっと食べさせたらしいのです。お迎えに行った私にその先生が言いました。

『お母さん、私、勝ちました。○○ちゃんと根比べして勝ちました。お肉、とうとう全部食べました』

先生は、自慢と誇りで、とても満足そうでした。でも、私は『そんなにまでして食べさせてくれなくてもいいんです』と言いたかった。でも、また明日から保育園に預けなくてはならないし、黙って帰りました。

　それから息子は肉を全然食べなくなりました。調理方法を変えたり、盛りつけを考えたり、なんとかして食べさせようと努力し、工夫もしました。でも、あのひと切れの肉のために、食べられるようになるまでには、１年かかりました。

　そんな思い出があったので、私は保育園の子どもたちにどう接していいのか、わからず、不安で声もかけられませんでした。保育園の先生のあのひと言で、私たち親子はとても傷ついたからです。

　でも、この２、３日、先生方の子どもへの接し方を見ていて安心しました。自分の子どもと同じように普通に接していればよいのですね」

　この調理師さんの話を聞いて、最後に在職したＳ保育園のことを思い出しました。Ｓ保育園にも、まったく同じ体験をされた調理師さんがいたのです。その調理師さんは、「子どものとき、先生に無理に肉を食べさせられて、それからずっと肉が食べられなくなった」と話していました。

　好きなことや好きな遊びを思う存分満喫しなければ、何でも食べ、楽しく食べることはできないと思います。Ｓ保育園では、まさにそれを実践していたと思います。

「何して遊びたい？」と保育者。

「鬼ごっこ」「かけっこ」と答える子どもたち。

　２日目も、同じ質問を子どもたちに投げかけます。

「今日は何をして遊びたい？」

「鬼ごっこ」「かけっこ」

　３日目の朝も同じです。

「今日は何をして遊びたい？」

「かけっこ」

　４日目も、５日目も、子どもは元気いっぱいです。好きなだけ走り回っ

た子どもたちは、ふと気がつけば、どの子も全員、給食をペロリと食べ、「明日また鬼ごっこしよう」と話しているのです。

　園では、給食を残す子どもはひとりもいなかったと記憶しています。自発的に好きな遊びをすることを通じて、幼児の「意欲」は育つのです。

事例85　野菜嫌い

北海道在住のある母親より

　娘の通っている保育所では好き嫌いをなくそうと、とても一生懸命です。娘は好き嫌いがあり、野菜が苦手です。

　「園ではだいたい食べられるようになりました」と保育所から連絡を受け、うれしいというより「大変だなー」と感じてしまい、家では、かえって子どもに野菜を食べさせようとはしなくなってしまいました。

　ある日、迎えに行ったとき、「偏食を直さないことは、教育を捨てたことです」と伝言板に書かれてあり、教育とは何か、と暗い気分になりました。

　初めて娘を保育所に通わせ、父母側に立ってみて、自分のやってきたことが反省されます。

　先生の熱意はわかりますが、家庭から子どもを奪ってはいけない、親も子も先生も一緒に育っていくものでありたいと思います。

事例86　親心をくみ取る

母親への共感がよい結果に

　アルト君（1歳5か月）は肌荒れがひどく、顔は赤くひび割れて、耳たぶの下はジクジクの状態なのですが、母親は何も対処しようとしません。かゆみで寝つきが悪かったり、かきむしって出た血が午睡用のタオル枕に

ついたりなど、痛々しさが増してきました。見かねて受診をすすめてみたところ、「家に塗り薬はありますが、ステロイドなので怖くて使っていません」と言われ、母親の固い意志が感じられました。

その後2週間ほど、温かいタオルで汚れをふき取るなど肌への刺激をできるだけ減らそうとしましたが、症状はまったく改善されないため、もう一度話してみることにしました。

「お母さん、ステロイドは使いたくないっておっしゃっていましたよね。アルちゃんの肌がよくなる別の方法がないかお医者さんに相談してみるのもひとつですが…」

やんわり話すと、母親からは「関西の病院の先生が、『ステロイドは使わないで、時期が来たら治るからそれを待ったほうがよい』と言われたので私はそうしています」と答えが返ってきました。わが子を思ってこその決断なのだという親心が伝わってきたので、「お母さんのアルちゃんへの気持ちよくわかります。これからも肌を清潔に保つようにしていきます。いつもガーゼのおしぼりで肌触りがやさしいですね。また何かあれば気軽にお話しください」と言いました。母親は「わかりました」と帰って行かれました。

次の日、アルト君の肌にほんの少しの変化が見られました。赤みが薄くなったように感じたため、それを母親に伝えると「家でワセリンを塗りました」とのことでした。効果があればと思い、「保育所でも塗るので持たせてください」と言ってみたところ、翌日のかばんの中にワセリンが入っていました。3日間塗り続けたことで顔の赤みが治まり、ひび割れの症状も緩和されていきました。その日、リョウちゃん（1歳6か月）が「あーあー」と両手でアルト君のほっぺをさすっていました。

保育者の考えを一方的に伝えるのではなく、母親の思いをくみ取りながら子どもにとっての最善を考え続けることにしました。それがアルト君の症状が少しずつよい方に向かっていくことにつながりました。

事例87　パパとママの大事な子

親への対応

　4月。イブキちゃん（3歳3か月）は友だちや年下の子にまで、かみつく、つきとばす、また思いが通らないと暴れるなどの行動が続いていました。イブキちゃんは理解力や記憶力など能力が優れていますが、行動を見て発達障害の可能性もあると考え、早く改善したいと思い、母親が迎えに来たとき、イブキちゃんの行動をそのまま母親に伝えました。母親は「ショックです」と泣きながら「家でも弟に対して同じことをします」と話しはじめました。イブキちゃんの家庭は核家族です。私は「お父さんに子育ての協力は得られないのか？」とたずねると、さらに泣きながら「旦那はいません、仕事じゃありませんよ」と話されました。私は母親がこんな思いで子育てをしているとは予想もしていませんでした。「ごめんなさい、お仕事で疲れて帰ってきておられるのにショックなことを言って。お母さんは仕事も子育ても家事もひとりでがんばっておられるのですね」と話しました。その後、母親は仲間としているツイッターに「先生に怒られた」と書き込みをしていたことがわかりました。また父親に対しては「絶対に許さない。復讐してやる」と書き込んでいました。母親はツイッターには自分の思いをそのままさらけ出し、表現できるようでした。

　私は一緒にイブキちゃんのことを考えて、かかわっていきましょうと伝えたつもりだったので、今度は私の方がショックを受けました。そして、自分の思いだけをストレートに伝えてしまい、母親の思いに寄り添っていただろうかと反省しました。

　職員会議でイブキちゃんのことについて、話し合いを重ねました。本来、親がするべきことをできない状況にあるのなら、全職員でイブキちゃんをかわいがり、親に代わって、あなたはパパとママの大事な子だよ、とメッセージを伝え続けることにしました。そして連絡帳や口頭でイブキちゃんのよいところを伝え続けました。また、母親には毎日みんなで声を

かけるようにしました。

　ところが、9月ごろ、イブキちゃんは手に負えないほど、ますますひどい状態になっていました。

　その矢先、母親が朝、イブキちゃんを送ってきたときに玄関で私に「先生、もうだめです」と涙を流されました。私は「2人でお話ししませんか」と声をかけました。母親は、今、実家に子どもを連れて帰っていること、父親の勝手な行動に対して不満をもっているが、イブキちゃんとカズキ君（弟）のことを考えると離婚はすぐにできないと悩んでいることを話しはじめました。私は母親の思いを聞くことに徹し、こうしたらなどのアドバイスのようなことは一切、言わないようにしました。すべて自分の思いを話すと「あーすっきりした。先生も泣いてくれたから」と言い、帰られました。母親との距離が縮まり気持ちが通じたように思いました。

　その約1週間後、元の生活に戻り、父親が少しずつ子どもたちとかかわるようになってきました。そのころから少しずつ攻撃的な行動は、減っていきました。

　保育室の壁面に「パパとママの大事な子」と題し、子どもたち全員の両親から写真をお預かりし、その前で一人一人の誕生会をしてきました。そして家に帰ったらパパとママに「命、ありがとう」と言うことも併せて伝えてきました。

　イブキちゃんの誕生日はクラスの19人中、16番目。自分の誕生日が来るまで友だちの誕生会を何回も経験してきていました。

　1月7日、いよいよイブキちゃんの誕生日。友だち一人一人からお祝いの言葉として、イブキちゃんのよいところを言ってもらうと、笑顔で「ありがとう」と言っていました。私が「今日は、お家に帰ったらパパとママに何て言う？」と聞くと「命、ありがとう」と即答しました。家に帰りしっかりと伝えたようです。母親はツイッターに「ママをママにしてくれてありがとう」「生まれてきてくれてありがとう」と書き込んであったと聞きました。私はうれしくて涙があふれました。

　母親の気持ちが安定し、イブキちゃんは好きな遊びをじっくりと集中し

て遊んだり、友だちとの間で思いが通らないときは、自分の思いを言葉で伝えたりするようになってきました。

　このことを通じて、保育者の責務は、親の思いに寄り添い共感的な態度で話を聞いたり、家庭状況や子育てに対する考えを理解したりすることで信頼関係を築くこと、また、家庭の事情をそのまま背負ってくる子どものことを心からかわいがり、保育を通じて子どもの育ちを支えていくことだと実感しました。

　今後も保育者としての専門性や感性に磨きをかけ、保護者の子育てを支えることができるよう努めていきたいと思いました。

事例88　共感も大切
研修後の手紙より

残暑厳しい折、いかがお過ごしでしょうか。

　こちらでは、稲も色づきはじめ、短い夏が終ろうとしています。

　研修では、親への対応として、「お宅の○○ちゃん、これこれで、とても困るんですよ！」「○○にしてください」などと親に注文を出さないこと、文句を絶対に言わないこと、「園の方、私どもが至りませんで、これからもっともっと○○君と遊んで―」と話すことなど教えていただきました。目を通していただいて再度アドバイスをいただけましたら幸いです。

◇ 母親の重圧から解放――食事の遅いユキヒコ君が変わった

　1月12日。正月が明け、しばらくゲームボーイ（ゲーム機）をやっていなかった子どもたちでしたが、再び園にゲームボーイを持ってきて遊んでいます。

　「先生もゲームボーイ買ってきた」と言うと、「何を持ってるの？」と聞いてきます。

　「スーパーマリオと野球、ゴルフ、そしてテトリス」

「じゃあ僕に野球のカセット貸して」

　子どもたちが口ぐちに言います。子どもたちは保育者の持ってきたゲームで遊び出しました。

「先生、ゲームボーイ上手になった？」

「もちろん、お正月ずーっとやっていたから」

「ふーん。大人のくせにね」

　ショウイチ君が言います。「先生、僕にも先生のゲームボーイやらせて」とほかの子どもたちもやってきました。その中には、ユキヒコ君もいました。

「あれっ！」

　意外でした。ほかの子どもたちはいつもショウイチ君たちのゲームボーイをやらせてもらっているので不思議に思いませんが、ユキヒコ君は今までまったくゲームボーイを触りませんでした。だからユキヒコ君はこんな遊びは嫌いなのかと思っていのです。

　ユキヒコ君のお母さんは幼稚園に勤めていて、とても厳しい母親です。４月当初、給食に時間がかかっていたので、「ユキヒコ君、嫌いなものは残してもいいよ」と言うと、「お母さんに怒られるから食べる」と言っていたほどです。

「ユキちゃん、ゲームボーイやったことある？」と聞くと、「ないよ」と一言。しばらくして「先生なのにゲームボーイやるんだね」と私の顔をじっくり見て言いました。

「僕んちのお母さん、こういうの大嫌いなんだって。目も悪くなるし、バカになっちゃうんだって。だから…」

　ユキヒコ君の番がきました。初めてのユキヒコ君はどうやってボタンを押すのかわかりません。そばにいた子どもたちが「あっ、ユキちゃんそうじゃない、こっち」とか、「ほら、ジャンプ」などと教えています。ユキヒコ君は真剣そのものです。そしてユキヒコ君の声がだんだん大きくなってきました。こんな楽しそうに弾んだユキヒコ君の声を初めて聞きました。

　その日の給食は、ユキヒコ君が一番に食べ終わりました。給食を食べる

のはいつも遅いのに、残さずきれいに食べたのです。そしてこの日からお
となしいユキヒコ君が、タクマ君、ユウタ君、コウ君、といったワンパク
坊主の中に入って騒いで遊ぶようになりました。

　ほかの先生たちも「ねえ、ユキヒコちゃん、急に変わったわねえ」という
ほど明るくなりました。そして食事は残さず、毎日早く食べ終えるように
なりました。

◇ トシタカ君のこと

　6月30日。トシタカ君は朝からミコちゃんの後をついてまわっていま
した。体に触ったり髪をひっぱったり、保育者の後ろに逃げるミコちゃん
をしつこく追いかけるトシタカ君。

　ミコちゃんはとうとう泣き出しました。ちょうど帰る支度をしていると
きだったので、子どもたちに問いかけました。

　「どうしてミコちゃん泣いちゃったのかしら？」

　「トシ君がいやなことばかりするから」とひとりの子どもが答えます。

　「だって僕、ミコちゃん好きだから」とトシタカ君。

　「えー、好きだとしつこく泣くまでやるの？」

　「おかしいよ、好きだと仲良くしたいから泣かさないよ」とほかの子ど
もも話に加わります。

　「先生はトシ君がミコちゃんをこういう風に触ったりするのわかるな、
トシ君、さびしいんじゃないかな、それに先生がいけなかったと思う。ト
シちゃんのこといっぱいかわいがってあげなかったから、それでミコちゃ
んを触ったんだと思う。ごめんね、トシ君。いっぱい抱っこもしてあげな
かったし」

　「うん」とうなずくトシタカ君。

　すると、マサノブ君が言いました。

　「先生だけ悪いんじゃないよ、トシちゃんが玩具を欲しくって僕の取っ
ちゃったとき、先生にいっぱい言いつけたからごめんね」

　ミチコちゃんも言います。

「私も、ただ触っただけなのに言いつけた、ごめんね」

ほかの子どもも続きました。

「私も、トシちゃんのこと、先生にいっぱい言いつけたからごめんね」

このやりとりを聞いているうちにトシタカ君の目に涙がにじんできました。

「トシちゃん、みんな、トシちゃんのこと大好きみたいよ」

するとトシタカ君は、「先生、本当はね、僕、友だちが欲しかった」（いつもひとりがいい、友だちなんかいらない、と言っていた）と言い、ふりしぼるように「みんな、友だちになってください」と言って泣いたのです。ほかの子どもも保育者も一緒に泣いてしまいました。そして子どもたちは「明日、遊ぼう」「砂場で遊ぼう」など言いながら握手しました。それだけではありません。ついこの間まで荒れていたミツヒト君が「僕もひとりはさびしかったけど、今おもしろいよ」と言ったのです。

トシタカ君が「先生、僕、ミツヒト君よりバカだよ」というので、「ううん、すごく頭がいいトシタカ君よ、友だちの話に涙流すほどわかるんだもの」と言うとうれしそうな顔をしました。そしてミコちゃんは、最後まで待っていて握手しながら、「ごめんね、すぐ泣いて」と言ったのです。

「ミコちゃんすごいね、先生なら言えない」と言うと、ミコちゃんは大きな声で泣き出しました。ひとしきり泣いたあと、「いやな気分？」と聞くと、ミコちゃんは「ううん」と答えました。

これを後に遅番だったので外に出ました。部屋で数人で遊びはじめたのが見え、しばらくして部屋に入るとコーナーで散らばっていた絵本や玩具がきれいに片付けられていました。

「トシちゃん、ひとりで片付けたの？」

「うん」

「どうしてこんな大変な仕事、ひとりでできたの？」

「だって、みんな友だちになってくれたから」

思わず泣けてしまい、「そんなことしなくてもよかったのに…」と言うと、たまたま遊びに来ていた卒園児で小学４年生の女児が部屋にいて、

「先生、すごいね、自分からひとりで片付けるってなかなかできないよ
ね、私だってお母さんに言われて片付けるけど、自分からひとりでこんな
にきれいに片付けられるなんかできない、すごいね」と言ってくれました。
　いつもはトシタカ君、ノブヨシ君、シノちゃんの3人の親が交替でお迎
えだったのですが、ある月曜日、いつもは4時すぎに迎えに来るトシタカ
君のお母さんが、3時半に来ました。この日はメダルをあげていたのでト
シタカ君がうれしそうに母に見せていました。テラスに行くと、「先生、
すてきなメダルをありがとうございます」と声をかけてくれました。
　「トシタカ君、このごろ、毎日いろいろなことに意欲的でがんばってす
ごいんですよ」と言うと、お母さんは、「すごい！　がんばってるの？」と
トシタカ君を振り返りました。
　「うん」とトシタカ君はうれしそうです。
　この日、トシタカ君に「毎日がんばってるから、先生にできることが
あったら言って」と言ったとき、「お母さんにお願いがあるんだ。お父さ
んにおんぶしてほしいって言ってほしいんだ」というやりとりがあったの
で、そのことをお母さんに伝えました。するとお母さんは驚いて、言いま
した。
　「えーっ、そう言ってました？　やっぱり少しは、構ってほしいんです
ね、実は、父親はあまり子どもと接するときがないんです。食事のときも
ほとんどいないし、土曜日は飲みに行ってしまって、日曜は昼ごろまで寝
てしまうため、父と話をするのは、怒られるときだけなんです。私も家が
自営なので、仕事か、子どもかと言ったら、あまり忙しくない仕事でも子
どもを捨て、仕事を選んでいました。見てあげよう、という気が全然な
かったんです。私がそうだったから、父親が子どもにかかわらなくても平
気だったんです。先生が一生懸命育ててくださっているのに恥ずかしいで
す。自分の子をかわいがらないなんて、そして、このごろ、家でもトシタ
カが少し違ってきたように見えるんです」
　そこで、1週間前の話をお母さんにしました。
　「トシタカが泣いたんですか？」とお母さんは驚いたようすでした。そ

してこんな話をはじめました。

「でも、よかったです、私もうれしい。実は、今、困ってるんです。兄のリュウタ（小１）のことで…。学校ではおとなしいんですが、家に帰ってくるとちょっとのことで気が違ったみたいになって、祖父か、祖母か、私にすごい態度をとるんです。テレビでやっている家庭内暴力のようです。少しのことでも怒り出し、トシタカもすぐになぐられる状態です。それに保育園のときも別に先生から何も言われたことなかったし、学校に参観に行ってもほかの子と変わらないし。それが家にいるとすごくて。ところが父親が来ると今までどなっていたのがうそのように平気な顔になるんです。初めての子どもの難しさがわかりました」

そこで、本吉先生の講演会で聞いた、自己発揮のできないやさしい子どものことや、親への甘え、スキンシップの足りない子どもがおねしょをする話について、お母さんに話しました。するとお母さんは言いました。

「私なんかもっとひどいですね、私も子どもに謝ってリュウタが直るかしら。自分を見直す意味で子どものために一生懸命やりたい。きちんと謝ったら、こっち向くかしら…」

お母さんは涙ぐんでいます。

「もしリュウタ君が暴れたら怒るのではなく、お母さんがいけなかったからごめんね。いっぱいかわいがってあげなかったから、リュウタが何も悪くない。ごめんね、かわいい、ってリュウタ君を抱きしめてあげたらどうでしょう？」

「今までそんなことしたことないです。いつも困った――で怒ってばかり、でも一度だけ『なぜ？』って聞いたことあるんです。そしたら何も話さなかった」

「お迎えもこなかったこと言いました？」

リュウタの保育園在籍中、弟のトシタカ君が入園するまで、お母さんはお迎えに来たことがありませんでした。いつもママ友が連れ帰っていたのです。

「言わなかった。一度もリュウタに謝ったことなかった。でも、今こう

して先生と話してみて、やってみようという気になりました」

「実は本吉先生という方にいろいろ教えていただいたんですけど、まだ先生に出会って日が浅く、十分に伝えられなくて…、本吉先生が話したことで、いいなって思っていること、お母さんに話してみたんですけど…」

「ありがとうございました。かわいがります。私は2人の子どもに振り回されているのに、先生方は大勢の子どもを見てくださって本当に恥ずかしいです。先生に負けないようにトシタカ君をかわいがります」

翌日、昼寝のとき、トシタカ君のそばに行くと、トシタカ君が言いました。

「お母さんが僕にごめんねしたよ、いっぱいかわいがるからねって言ったよ、お兄ちゃんにぶたれて痛かったでしょってお母さんが言ったよ」

それからです。トシタカ君の顔がぐっと明るくなりました。

その後、お母さんは仕事を減らし、2人の子どもにかかわる時間を多くしたそうです。迎えに来たときも園庭の奥の方で遊んでいるトシタカ君のところへ走って迎えに行っています。その後、兄のリュウタ君のことを聞くと母親に抱かれ甘えるようになり、父親も変わって今は両親でとても温かなよい家庭になったとのことです。

第8章

●●●●●●●●●●●●

子どもの心

　体重が重い、鼻が出ているなどというような子どもは、保育者に抱かれることが少ないのではないか。こうしたことは０歳でもわかる。相手の心の中を見抜く（発達に遅れのある子どもはもっと鋭く見抜ける）。そして、その悲しさ淋しさを、噛みついたり、指しゃぶりしたり、おねしょしたりして精一杯の心の信号として訴えている。この信号に、さっと気付いて行動に移す。保育者の目、心、は曇らせてはならない。

事例 89　子どもの心と食事

パンダのニュース

◇ パンダのニュース

　動物園のパンダが死んだと大ニュースになった日、3歳児クラスの担任が朝刊を保育室へ持っていき、パンダの大きな写真を見せました。

　子どもたちもこのニュースは知っていました。

　「パンダは元気がなくなってね、なんにも食べなくなって、大好きなササの葉っぱも食べなくて、とうとう死んじゃったの。先生も動物園に行ってみたかったのに」

　午前中はホールで何人かの保育者の素話を聞いたり、フルーツバスケットの変わりゲームなどして、いよいよ昼食です。

　その日の給食は「松風焼き」。ひき肉と小さく切った野菜を小麦粉や卵と混ぜて焼いたもの。味はよいのですが少し固いので、3歳児は苦手な献立です。

　ところが、みんな食べ終わるころになって「あらっ！」と気づきました。今日は誰ひとり遅くもならず、ちょっと食べにくい給食を全部食べ、お盆の上には、きれいなお皿が重ねてあります。

　「どうして？」

　理由はパンダの話でした。

　まさか、こんなに心に響いていたとは。

◇ 散歩に満たされたコウジ君

　いつも赤ちゃんの妹に遠慮して、自分を出せなかった2歳児のコウジ君。

　2人の保育者に両手をつないでもらって、散歩にでかけました。おんぶしてもらったり、抱っこしてもらったりしながら、途中でアリを見たり、草を摘んだりしました。2人の先生に両手を持ってもらってブーンと「飛行機」もしてもらいました。公園でも抱いてもらってブランコです。そし

て、園の門から「ただいまー」と、かけ足で帰って、そのままみんなと食事。

　すると、昨日までほとんど食べなかった給食を全部ペロリと食べてしまいました。その日だけではありません。翌日からずっと、残さずさっさと食べるようになってしまいました。

事例90　お母さんが白血病のフウカちゃん

先生、あのね

　お母さんが白血病で入院し、幼稚園から保育園に転園してきたフウカちゃん。ふとんカバーや、パジャマ入れなどをお母さんに代わってヤマノ先生が縫ってあげました。

　夏の間、少し休んでいましたが、再び登園すると、ヤマノ先生のところに行き、お母さんの病気の話を始めました。家では、上のお姉ちゃんはごはんの支度、次のお姉ちゃんは買いもの、4歳のフウカちゃんはお茶碗を洗うのだと言います。

　「あたし、お茶碗洗うの上手だよ」と、少し得意気です。

　担任にはこういう話はその後もしません。転園当時、お母さんに代わって、やさしいまなざしで見守り、自分のものを縫ってくれたヤマノ先生にだけ、「あのね、お母さんね…」と話すのです。

　運動会の日、せめて最後の思い出に、と病院から車いすでフウカちゃんの出る頃合に見に来てくださったお母さん。とてもやさしいまなざしで、フウカちゃんの活躍を見守っていたのが、忘れられません。

事例 91　上靴がない

真剣さの共有

　いつもふらっと歩いているダイスケ君が、真剣な顔でキョトキョト、廊下を歩いています。

　「キョトキョトして、何してるの」と保育者のひとりが聞きますが、ダイスケ君は

　「靴、靴」とだけ言って事務室に入ってきました。

　「ダイちゃんどうしたの？」

　「靴ない」

　主任のミシマ先生がダイスケ君の両手を握って、確認しました。

　「上靴がないの？」

　「うん」

　「先生と一緒にさがそう」

　20分以上かけて、ホールから各保育室、靴箱などをさがしましたが、見つかりません。お迎えに来たお母さんは、恐縮されて、「明日で結構です」と、ダイスケ君を連れて家に帰りました。

　翌朝、ダイスケ君は給食室の入り口のところで自分の上靴を発見。大喜びで靴を抱えて走ってきました。担任の保育者が「どうしたの？　あったの？」と聞きましたが、さーっと通りすぎ、昨日一緒にさがしてくれたミシマ先生の方へ突進して「靴あったー」と知らせています。

　発達に少し遅れがあり、言葉もたどたどしいけれど、子どもってすごい！

　昨日一緒に真剣にさがしてくれたミシマ先生に真っ先に知らせにいったことに、ダイスケ君の「心」を感じました。

事例 92　ミニカーを買いに

友だちへの想い

「もうすぐお誕生日だけど、お母さんが死んじゃったから、ミニカーの
プレゼント買ってもらえなくなっちゃった」

　おやつを食べようと、にぎやかにおしゃべりしていた子どもたちは、ア
キ君の言葉にみんな、シーンとなってしまいました。

　アキ君のお母さんは白血病でした。

「アキ君、かわいそう。先生がアキ君のお母さんの代わりにミニカー買
いに行ってあげれば」

　ちょうど、私もおやつを食べようとしたところへ子どもたちが寄ってき
て、「先生、行ってあげれば！」と真剣なまなざしで言いました。

「先生とアキ君だけでデパートに買いに行って、みんなはお留守番して
いるの？　それはいやだ、と思う人はいませんか？」

　いやだという子どもはひとりもいません。全員本気です。

　翌日、アキ君と２人でミニカーを買いに行きました。

「先生、ママ、天国で喜んでるね」とアキ君。

「そうね、アキ君が、ミニカー買ってもらって、安心されるわね」

「あのさ、みんなが僕にやさしくしてくれたでしょ、だから…」

「先生もうれしいな、やさしい29人の友だち、それに感謝する心をもっ
ているアキ君」

　クラスの友だちには、みんなで読める本を１冊買って帰りました。『フ
ランダースの犬』です。

　おやつを食べ、みんな庭に遊びに出ていった後、アキ君が来ました。

「先生、紙いっぱいちょうだい！」

「何に使うの」

「僕、保育園中にお花いっぱい描いて飾ってお花畑にする」

　お母さんを亡くしたアキ君。自分たちだってみんな先生と２人で玩具を

267

買いに行きたいのに、それをあえてアキ君に、と提案した子どもたちのやさしさ。そのやさしさに対して、お花で心を表したいアキ君。子どもって本当にすごい！

　保育者って人間最高の仕事です。

事例93　「とび箱4段、跳べるようになったの」
一番の報告

　保育者が盲腸の手術で入院しました。状態が良好なので、担任をしているクラスの子ども数人とお見舞に行きました。

　病院への途中、「先生にあのこと話そうね」「うん、あのことでしょ」「うん、話そう。あのことだよね」と子どもたちがささやき合っています。

　私には「あのこと」がわからないので、質問をするのですが、子どもたちは顔を見合せ「あのことでしょ」「うん、あのことだよね」と言うばかりです。

　病院に着いて、緊張している子どもたち。みんな病院へお見舞いに来るのは初めてのことなので、病室に入ってもしばらくは黙っていましたが、さざ波のように「ねえ、あのこと」「うん。あのこと」と小声で合図を交わし合っています。

　「なあに、なんのこと？　教えて」

　顔を見合せながら子どもたちはお互いの耳に口を寄せて「……」「うん、そう」「……」「ウンウン」「一緒に言おう」「せーの」

　「ユミちゃんが、とび箱4段、跳べるようになったの」

　「そう！　ありがとう、よかったね…」

　担任の保育者が心配していたこと、一番喜ぶと思っていたことが、ユミちゃんのとび箱のことだったとは。

　今から50年も前の忘れられないエピソード。子どもってすごい、純粋で、思いやりがあって。

事例94 「こういうとき子どもは待てないんだよ」

〇歳児クラスで

明日は監査。おやつを食べさせ、掃除をして机に向かっていると「オンモ、オンモ…」とリュウタ君。

「リュウタ君、ごめんね。明日監査なの。先生、お仕事があるから、今日はオンモに行けないの」

それでもリュウタ君はあきらめません。地団駄を踏んで泣きながら「オンモ、オンモ」と叫びます。

「あのね、今日は行けないの。ごめんね、リュウタ君…」

すると、すぐそばでじいーっとこのようすを見ていた３歳のカナちゃんが言いました。

「先生、先生。子どもはね、こういうとき待てないんだよ。お外はお天気がよくて、いい気持ちだよ」

事例95 かみつきがピタッと止まった

ひとりの子どもにしっかり向き合う

日本中の保育園の３歳未満児の赤ちゃんたちの保育で一番困っているのは、かみついたり、かみつかれたり、ということといっても過言ではないでしょう。かまれた赤ちゃんも、かまなければいられない赤ちゃんも本当にかわいそうです。かみつく子どもを変えるために、本人にどんなに話しても言い聞かせても無駄です。

K先生は毎日かみつくコウ君を、１分も離さず、抱いたり、一緒に遊んだり、一緒に食べたりして楽しい１日を過ごしてみました。

登園すると直ぐ、園庭へ。門を出て外へ、抱っこをして、コウ君の行きたい方へ、途中で犬に出会って一緒に歩かせてもらい、スーパーに入り、

お菓子を買って、抱っこで駅へ。電車を見て、おんぶで公園に。お菓子を食べ、草を摘んだり、ブランコや遊具で遊んだり、抱っこで園庭に戻ったのは12時すぎ、昼食を食べ終えた子どもはお昼寝をしていました。

　2人できれいに手を洗って食事中もずーっとお話をします。2人だけでおふとんへ。いつもは、順番が最後になるコウ君ですが、先生に抱かれてすぐ入眠しました。

　ほかの子どもがおやつを食べ終わったころに起き、またまたK先生に抱かれて2人だけのおやつです。食べ終わって先生は部屋の掃除を始め、コウ君は玩具で遊びだすと、テツヤ君が「抱っこ、抱っこ」と掃除をしているK先生の足元に来ました。

　K先生が"しまった、せっかくコウ君が落ちついて今日一日中過ごせてきたけれど、どうしよう……"と思ったその時。なんと、コウ君がいつも置いてあるおんぶの紐を持ってきて、K先生に渡し「あっ！　あっ！」とテツヤ君の方を指さしているのです。

　「えっ？　コウちゃん。テッちゃんを、おんぶしてあげていいの？」うなずくコウ君。

　コウ君はじっとテッちゃんの方を見、K先生を促す様子です。「コウ君、有難う。コウ君、優しいね」とK先生、思わず涙が出るのを押えて、テッちゃんをおんぶしようとすると、部屋の中で遊んでいた1歳の子どもたち、シンヤ君、トモコちゃん、いつもかまれて泣かされていたシュウ君もリンちゃんも、コケコッコと鳴く人気の玩具や、自動車、ままごとの果物などを、申し合せたわけではないのに持ってきて、コウ君にあげているのです。

　「ありがとう、ありがとう、みんなやさしいのね。コウちゃん、今までごめんね。先生、気がつかなかった。本当はコウちゃん、優しいやさしい子どもだったのに、かみつかせてしまったのは、先生が悪かった。ごめんね」

　この日以後、あれほど毎日毎日かみついていたコウ君は、1度も友だちをかむことなくピタリと止まりました。

子どもって、本当にすごい感受性をもっているのです。今日、ずっと見ていた1歳児クラスの赤ちゃんたちのやさしさ。K先生は、その後、かみつく赤ちゃんを1人も出さずに1歳児を何年間も担当してきました。

事例96　子どもの心
1歳児の発達

　1歳の4月。入園後、初めて給食を食べる日のことです。

　手をきれいに拭いてもらい、エプロンをしてもらった赤ちゃんたちは、保育者が茶碗や皿を置くと同時に、目の前の汁物の碗の中に手を入れ、具の豆腐やじゃがいも、うどんなどを、手づかみで取り出し、テーブルの上に置きます。そして、椀を両手で持って、汁をたっぷり飲むのです。

　それを見た保育者は、たいていこんな声を上げるでしょう。

　「あっ！　だめよ、手で出しちゃあ！」

　「このスプーンで食べましょ」

　「机の上に出したら、汚いのよ」

　1歳の担任をした保育者にとっては、なじみのある光景でしょう。

　赤ちゃんは汁気がないと食べられません。本能的に汁物を真っ先に食べます。そして、具が入ったまま、汁を飲みたくないのです。飲みにくいことがわかるのです。

　ところが、こうした赤ちゃんの行動を見た保育者のほとんどは「ちゃんとスプーンを持ってね」と言って、スプーンを持たせます。赤ちゃんは碗の中にスプーンを入れますが、小さなスプーンに汁はほとんど入れられません。

　そこで、またスプーンを机の上に置いて、具を出しはじめます。

　「あっ、だめ、だめ」

　保育者がそう言っても、赤ちゃんは何だかわかりません。

　汁を飲みたい赤ちゃんは、豆腐やじゃがいも、にんじんなどの入ってい

る椀をそのまま持って汁だけ飲みます。口の両脇から汁がこぼれ、エプロンはびしょびしょです。それでも、汁を飲んだ赤ちゃんは、汁を飲めたことで一安心します。そして、今度は椀の中に手を入れて具を食べ出します。

　こうしたことを何日か繰り返し、保育者が毎回同じ対応をすることを読み取った赤ちゃんたちは、手で具を出すことをあきらめます。給食が目の前に置かれると、さっと両手で椀を持って汁を飲み、次に机の上にこぼれた豆腐やうどんを手で食べるようになるのです。

　実は、ある保育研修会で「子どもを見る目」というテーマで話をしました。1歳児の4月の食事風景や保育者の対応について、「このような体験をした人は？」と聞いたところ、受講者の全員の方が挙手をされていました。

　人間の子どもは生後6か月ごろから歯が生えはじめ、ひとりで食べられるようになります。しかも、碗の中の汁を飲みたいとき、「具が入っていると、飲みにくい」「中の具を出した方がこぼさず、気持ちよく飲める」──そんなことも頭で考えられるのです。

　4月の第1週、1歳児クラスの赤ちゃんたちは、先生方が毎日、「あっ。出しちゃだめよー」と言うのを聞きます。そして碗の中を見て、「本当は先に汁だけ飲みたいけど、先生に叱られるから、そのまま飲むの」と考えるのです。

　まずは汁だけを椀に入れてあげ、飲んだら、具を入れてあげればいいのです。その何でもないことがどうしてできないのでしょうか。

事例97　同じものが欲しい
2月のある日のこと

　トモコちゃんが紙芝居を持ってきて「読んで」と言いました。先生が読みはじめると部屋にいたリュウヤ君が来て、トモコちゃんの隣に座りました。するとトモコちゃんが言いました。

「リュウちゃんは後で。私が先」と、リュウちゃんを両手で押しました。ひとりで紙芝居を見たいようすです。これを見ていたヨウコちゃんも紙芝居が見たくて、そばにやってきました。そして、けんかしている2人をよそに、ヨウコちゃんはトモコちゃんの前に座ってしまったのです。

先生は「みんなで仲良く見ましょう」と言いますが、3人はそれぞれ、自分だけ先生の前で見たくて、だんだん前にせり出してきました。

「みんな、先生の真ん前で見たいの？」と先生が聞くと、全員がうなずきました。4月生まれのトモコちゃんは「私が一番先に紙芝居持ってきたのに」と自分の意見をしっかり話します。

「それじゃ、1番にトモコちゃん、2番がリュウヤ君、3番がヨウコちゃん、というふうにして、ひとりずつ見るのはどう？」

先生は、子どもたちに提案しました。この話をしている間に、部屋の中にいたほかの子ども4人も寄ってきました。

先生は、提案のとおり、同じ紙芝居をひとりずつ、7人にしました。子どもたちは、待つ間、とくに騒ぐこともなく、しっかり見ていて、どの子どもも7回同じ物語を聞いて満足そうです。もちろん、この部屋にいて、積み木やお人形さんごっこなどで遊んでいた子どもたちも聞いていました。

大人は「ほかの紙芝居もあるのに…」と思いますが、子どもたちは同じものが欲しいのです。

事例98　満たされていきいきする
トシオ君（1歳10か月）の場合

高齢出産の両親に大変愛されて育ったトシオ君は、6月に1歳10か月で入園しました。プールがはじまって友だちが大喜びする中、ひとりだけ水に入るのを嫌がっていました。

そのトシオ君に、8月の誕生日に何をしてもらいたいか（2歳の誕生日には、その子どもの求めているものを作ったり、食べたり、出かけたりし

ている）を聞くと、

　トシオ君は、「タンタン、タンタン」と言いました。「ああ、タンタン、タンタン誕生日——の歌？」と確認すると、うなずきました。

　そこで、誕生日にみんなで何度も何度も「タンタン…トシ君の、トシ君の誕生日…」と歌ってあげました。歌うたびに、トシオ君は、ニコニコして、本当にうれしそうです。ほかのクラスの先生方も、廊下で会ったり、部屋をのぞいたりしながら、「♪♪トシ君の、トシ君の誕生日…」と歌ってくれました。

　トシオ君の何とも言えぬうれしそうな顔。1日中、園の中の子どもと大人にたくさん祝福してもらいました。

　そして、翌日。なんと驚いたことに、あれほど水を怖がり、水着に着替えることもしなかったトシオ君が、登園するとすぐ自分のロッカーから海水パンツを持ってきて、さっさと着替え、テラスのビニールプールに入って遊び出したのです。

　自分の思っていること、したいことを、周囲の友だちや保育者みんなが快く受け入れてやってくれた、ただ、歌ってくれた——それだけでトシオ君の心は満たされ、いきいきと遊ぶようになったのです。

　食事も食べ慣れたもの以外は食べることなく、ほとんどお皿ごと押し返していたのが、1歳児なら誰もが嫌がる野菜類のほかは、何でも食べるようにすっかり変わりました。

　マイペースと思っていましたが、友だちと一緒に玄関で靴をはこうとするようになりました。手をつなぐのを嫌がったり、道の端を歩くのも嫌がったりしていたのも、スーっとなくなって、保育者と手をつなぎたい気持ちが芽生えるようになりました。

　道端で小さな花を見つけると摘んでみせてくれます。

　この子どもは、ひょっとしたら発達が少し…と心配していましたが、信じられないくらい、ゆったり、楽しげな表情で遊ぶ子どもに変わりました。

　自分の心が満たされ、自分の思いが相手に伝わり、自分の存在が尊重されると、こんなにも自己発揮ができるようになるのです。集団のルールな

ど教えなくても、トシオくんはいきいきと友だちと一緒にいることを楽しむ子どもになりました。

　2歳の誕生日にトシオ君が、欲しかった贈りもの——。

　「タンタン　タンタン　誕生日。トシオ君の、トシオ君の誕生日」

　たったこれだけの歌を希望して、それがかなえられたことでトシオ君はいきいきとしたのです。

事例99　4歳児クラス

黒板にクレヨン

　4歳児の保育室に今日も3歳児が入って遊んでいました。積み木、ままごと、パズル、粘土、切り紙、絵を描く子どもなど、本当に一人ひとり、夢中で遊んでいます。そこに担任の先生が入ってきて、黒板を見て言いました。

　「だーれ、黒板にクレヨンでこんなに描いたのは？」

　遊んでいた子どもたちはみんな驚いて顔を上げ、先生と黒板の方へ目を向け、キョトンとしています。先生は急ぎの用があったようです。「もう～もう～。誰なの」と言いながら、また部屋を出ていってしまいました。

　いつも走り回って元気なユウヤ君、ヒロシ君、ミチオ君、ヨシフミ君たち。

　今日もいすを並べて上から飛び降りて遊んでいましたが、先生が出ていくと、このワンパク4人はなぜかスーッと黒板のところに行き、3歳児がクレヨンで描いたところを拭いて消しはじめました。水をつけたりしながら、一生懸命、拭いています。ティッシュが破れると、台拭きを持ってきて、お互いにまったく相談もせずに黙々と消しているのです。

　そこにまた、3歳児たちがフラリと入ってきました。黒板の方を見て、ドキリとした表情をしています。背の高いユウヤ君が体を曲げるようにして、3歳のノリミちゃんやアイコちゃん、サナエちゃんに話しかけました。

「黒板に描くときはね、チョークで描くの。クレヨンで描くと消えなくなっちゃうから、ね。これ、チョークって言うの。この箱の中に入っているからね」

それはていねいに話しています。

ヒロシ君やヨシフミ君たちも、雑巾を片手に一緒に見守りながら、「チョークは使ったらこの箱の中にしまってね」「落とすと割れちゃうから気をつけて使ってね」とみんなしゃがんで、下から3歳の子どもたちの顔を見てしっかり話をしているのです。

部屋中の子どもたちもなんだか静かになって聞いているようです。3歳児は神妙な面持ちでしっかりうなずいています。

おやつになり、先生がおやつのお盆を持って部屋に入ってきました。何となく黒板を見ていたようですが、何も言わず、子どもたちも何も話さず、いつものようにおやつを食べて帰りの支度をすませ、またまた遊びに戻っていきました。

翌日、私が先生に話を聞くと、「3歳のお友だちがクレヨンで描いたなんて、ひとりも言っていないです。子どもって本当にすごいですね。自分より小さい子どもには絶対に叱ったり、怒ったりしない。やさしいんですね――」

本当にその通りと思います。

事例100　5歳児クラス
本当はとび箱が怖かった

ここ2～3日、ユウちゃんはぬり絵を家から持ってきて描いています。年長全員がホールでとび箱を跳んでいるのですが――。

4歳児クラスの担任の先生が思うところあって、ぬり絵を1冊買ってきてユウちゃんの隣で描きはじめました。4歳児たちは、自分の担任の先生が5歳の保育室でユウちゃんと2人でぬり絵を描いているので、自分たち

も自由画帳を持ってそばで絵を描き始めました。翌日もその翌日も先生は、ユウちゃんとぬり絵をしています。4歳児たちは飽きて、3日目には来なくなってしまいましたが、先生はまたユウちゃんの隣でぬり絵をするのです。

先生は「20年ぶりでぬり絵を描いているけど、おもしろいねー」と言いました。するとユウちゃんが口を開いて、こう言いました。

「先生、僕がどうして毎日ぬり絵を描くか知ってる?」

「知らないわ、でもおもしろいからでしょ?」

「ちがうよ。本当はね、僕、とび箱、跳ぶのが怖いから毎日ぬり絵持ってきて描いてるんだ」

「えっ、そうだったのー。とび箱って怖いよね、先生も怖いんだー」

「だけどね、毎日毎日、先生と一緒にぬり絵描いて、いろんなお話してたら、とび箱、跳びたくなったの」

「そうだったの!　それはよかったね。先生もちょっと怖いんだけど、ユウちゃんと一緒に2段から跳んでみようかな」

「僕も今日からとび箱、跳んでみる」

この日、ユウちゃんは3段を跳び、4段、5段と、あっという間に跳べるようになってしまったのです。

それまで消極的でポツンとしていることの多かったユウちゃんは、その後、どんなことにも意欲を持ち、正面から失敗を恐れず、挑むようになり、その変わりように目を見張りました。

水泳などでも同じような子どもの姿がよく見られます。「やってごらん」より、「先生も怖くて、怖くてやらなかった。そして今、泳げない。とび箱も本当は跳べない。鉄棒も飛びつくのも怖い——」と保育者の弱さを出すと、なぜか子どもは意欲を持ってくれます。

事例101　5歳児クラス

お庭を3周

　10日も降り続いた雨がやっと止んで、今日は久しぶりに快晴です。

　年長組の先生が「水たまりもなくなったから、お庭を3周していらっしゃい」と言い終らないうちに、子どもたちはさーっと靴をはいて庭へ飛び出しました。

　「あー、ちょっと待って。みんな、ちょっと集まって～」

　気の早いサトコちゃんやシンイチ君は、もう園庭の端まで走っています。子どもたちは、息をはずませて「なーに？」と戻ってきました。

　「あのね、お庭を3周して…と話したけれど、小さくまわらないで、大きく走って3周してきてね」

　「うん、わかった」

　話を聞くが早いか、子どもたちが走り出しました。

　本吉「先生、どうして大きく3周しなさい、って話したの？」

　先生「子どもたち、早くと思って小さくまわってズルしたら困るので…」

　本吉「先生！　子どもを見てごらんなさい！」

　先生「あらー、あらあー」

　30人の子どもたちは、後向きで走ったり、すべり台やブランコを3回ぐるぐる回って走ったり。しゃがんで走ったり、スキップしたり、途中のジャングルジムに登ったり、すべり台をすべったり——。ひとりとして3周をすんなり走ってくる子どもはいません。誰ひとりとして相談したわけでもないのです！

　ヨウスケ君やコウヘイ君たちは20分も走り続けて、「あー、おもしろかったー」と座り込んでいます。

　先生「私は子どもたちがズルして、チョコチョコっと小さくまわってきたら…と思って大きく3周してくるように言ったんですけど…」

　そうです、その後、先生が子どもたちに聞くと、「だって、先生は、3

周しか走らせてくれないから、もっとカケッコしたかったから」と答えた
そうです。

改めて「子どもって楽しい」と思いました。

事例102 住所を覚える

ひとりの子どもに時間をかけて

　子どもたちと一緒に図書館に行くことにしました。本を借りるには、住
所を覚えなければならないことを伝えると、子どもたちのほとんどは住所
を覚えてきます。でも、必ず2～3人は忘れたり、家で覚えられなかった
りするものです。住所を覚えていない子どもも、みんなと図書館へ行きま
す。でも、図書館のお姉さんから「住所がわからない人には本は貸してあ
げられないの～」と言われて、がっかり。

　そうなると発奮して子どもたちは覚えます。またご飯も食べずに、「ト
ウキョウトセタガヤク…」と唱え続け、「もう遅いから寝なさい」と言わ
れても覚え続け、翌日、園に飛び込んでくるなり、「先生覚えてきた！
トウキョウトセタガヤク――」。最後まで言い終わると、今度は、「やった
あ！　先生、図書館に行こう」と言うのです。

　それでも家庭の事情で、家で覚えられない子どもには、ひとりずつ（住
所は全部違うので）保育者がマンツーマンでついて、「東京都世田谷区…」
と、何十回も練習です。おやつの後、お迎えの時間まで練習するのです。
まわりには子どもたちが積み木やパズルで遊んだり、絵本を読んだり、絵
の具でお絵描きをしたり、それぞれ好きなことをしてお母さんのお迎えを
待っています。

　「さあ、もう1回」

　「トウキョウト…」

　「もう1回」

　「トウキョウト…」

「もう1回」

「トウキョウト…」

「覚えたね。立って大きな声で言ってみて」

「トウキョウトセタガヤク…」

「バンザーイ」「バンザーイ」

　何事もないかのように遊んでいた子どもたちが、なんと総立ちになって、「バンザーイ」と叫んでいるのでした。

　サダツグ君が給食も食べずに朝から午後1時まで取り組んで、とうとうなわとびが跳べたときも、「できたー」と保育者とサダツグ君が大きな声で言うよりも早く、クラス中の男の子たちが、なんとサダツグ君を胴上げし、女の子たちは、窓のところに行って全員泣いていたのです。

　そして、こういうとき、子どもは絵を描くのです。

　描くのは、「花の絵」か「自分の顔」です。マサユキ君は、不正をしてケンカで勝った後、泣きながら、友だちに「ごめんね、ごめんね」と言いながら、画用紙いっぱいに自画像を描き、おなかの辺りに太陽を描きました。

　「サダツグ君、胴上げされたけど、絵は描かなかったわね」と私が担任の先生に話したら、先生が、「描きましたよ。翌日、片手になわとびのひもを持って、片手で、絵の具（私の園は、いつでも子どもが絵の具で自由に描けるように準備してある）で、大きな赤い花を描いていました」と教えてくれました。

　おねしょも、毎日おしっこをちびる子どもも、みんな「やさしい子ども」です。とくにおしっこやおねしょは、自己発揮のできないオドオドした自信のない子どもに多いようです。知的障害や、発達に障害のあるような場合は、努力しても、快い環境にしても、周囲を温かい雰囲気にしても、住所などを覚えられないこともあります。

　私がいろいろな園で、家庭の事情などで住所を覚えられない子どもに、おやつの後、覚えられるまで、2時間でも、3時間でもマンツーマンでできるだけやさしく一緒に練習するのを見て、保育者の方から「ひとりの子

どもにあんなに時間をかけて」と驚かれるのですが、ひとりの子どもにこうして接することによって集団が育つのです。一人ひとりの子どもに心が育つのです。「思いやり」が育つのです。大切な経験です。

事例103 雨の日のパジャマ入れ

新聞紙で包んできたものは…

　いつも園中を走り回っているのは、途中入園のタツ君です。庭でもテラスでも部屋でもはだしで走っていきます。そんなときは、大人も子どもたちも、あっけに取られてポカンと見ているだけ。タツ君は年長ですが、どのクラスの保育室でもおかまいなしに走るのです。

　ある日、「タッちゃん、自転車に乗ってみない？」と誘うと、意外にも飛んできました。物置から自転車を出し、押してあげるのですが、タツ君は、すぐ下に足をつけてしまいます。このごろは、日が長くなってきたので、子どもたちが降園して人数が少なくなる夕方の時間帯をタツ君のための練習時間にしようと考えていたのですが、1日目はまったく乗れませんでした。

　練習は1週間毎日30分ほど続きました。用務のミヤタさんも、タツ君の乗る自転車を押したり、支えたりと、応援に来てくださいます。私も自転車を押すのですが、自転車が倒れるのと同時に、私の方も一緒に倒れてしまいます。

　「どうしようかな。今日は休んで…」と思っているところに、タツ君が「先生、自転車に乗ろう」とやってきました。庭に出ると、前日までとは打って変わって、なんとスイスイ進みます。大きく回ることもできます。そんなタツ君を見て、お迎えに来た保護者の方まで、手をたたいて喜んでくださいました。

　この日から、タツ君は変わりました。まさに、すべてが変わりました。

　タツ君は、両親と別れ、おばあちゃん、おじさん、おばさん、いとこた

ちのいる家に姉と2人で引き取られました。服はいつもお古です。パジャマ入れがないので、月曜日には、家で洗ったパジャマを新聞紙に包んで持ってきていました。見かねて、パジャマ入れを縫って渡したところ、次の月曜日もまた新聞紙に包んでパジャマを持ってきました。

　「パジャマ入れは？」と聞くと、新聞紙を広げて「ほら、袋が雨でぬれちゃうから」とタツ君。中には、プレゼントしたパジャマ入れが見えました。袋を雨にぬらさないよう大事に新聞紙で包んで登園してくれたのです。保育の中で、不公平の公平はときどき必要です。タッちゃんの心、痛いほどわかるよ、やさしいタッちゃん。

おわりに

みなさんは、幼児期に育てておきたいものは何ですか。

私は「『自主性（主体性）』『意欲』『思いやり』ではないかと思います。

保育実践はすべて総合的・複合的なものです。「主体性を大切にした保育」が実践されるためには、「環境を通しての保育」がその基本として理解され実践されねばならず、またそれは「遊び」の中で、「総合的な指導・援助」のもとで実現していくものであり、「信頼関係」に支えられた「一人一人の特性を大切にした保育」に結びついています。特に優れた実践の中には、これらすべてが織り込まれており、いずれもが因となり果となりあっています。

子どもは保育者と共に遊び、保育者の摩耗していない感性で、始めは扉を開いてもらい、一歩二歩と遊びの深さに足を入れ、底知れぬ遊びの境地のあることがわかると、その後は、もう大人では想像すらできないような遊びを、子ども自らで考え出していきます。最大限に変化を求めて挑んで遊ぶのが子どもです。力いっぱいの遊びの中で得る解放感・充実感がもたらす幸福感、これこそが、子どもの心身の育ちを支える基盤です。また、子どもの生活は遊びそのものともいえます。先生がやればさっとできることを子どもは何日間もかかる。この生活体験の中で学ぶことこそが、子どもたちの本物の知識となり力となっていきます。これが"総合的な指導"といわれる活動のあり方です。

このようなさまざまな遊び・活動の中で、人間を育てることが保育の目的です。人間らしい生き方をするために、どう指導はあるべきか、援助したらよいのか、を見きわめておかなければならないのです。人の話を聞けない一人の子ども、遊びから外れてしまう一人の子ども、乱暴する一人の子どもに目を向け、気がついたその瞬間から、徹底的にその子と付き合い、良くなるまで外のことは放ってやり遂げる必要があります。保育者

は、何をするべきか。一人一人の子どもの育ちを的確に見て、その子が求めているもの、望むことを理解して、援助するのです。保育者が、困っている子、遊べない子、弱い子、自己発揮のできない子どもと付き合うことを、クラス中の子どもは望んでいます。一人の子どもが育たなくて、育てられなくて、集団が育つはずがありません。この保育者と淋しい心の子どもとの付き合いの姿を見て、他の子どもたちの心が動き、先生に信頼と尊敬を持つのです。そして集団、しかも質の良い集団が育つのです。単純にして明快な論理です。子どもは今何を求めているのかを察知して、即その求めに応じることが、発達の個人差やその子どもの持つ個性、欠けている部分の充足などを尊重した、血も心も通いあう保育ではないでしょうか。

　人間形成の基礎を受けもつ保育者は、まず人間存在の基本的な理解と、一生にわたる教育の見通し、乳幼児期の教育をどう考えるかの認識をもつことが重要です。まず "甘えられる" "愛される" 保育者と子どもの人間関係・信頼関係が、その子どもの生涯の人格形成にかかわってくる重要な基盤となることを忘れてはなりません。その上で、人格の形成のためには、身体的発達、情緒や情操の発達、知的発達、社会性の発達、創造のためのさまざまな技能面などが、総合的に指導されなければならないのです。総合的指導をもうひとつ別の視点からとらえれば、子どもは誕生から発し、生存、愛される幸福の権利があり、それらも総合的に保障されなければならないでしょう。

　そして、保育者は、子ども自らが考えてどういう生き方に価値をおくか、を問いかける働きかけをしていく必要があります。さらに、子どもがさまざまな体験をしながら、自分自身で、「こういうことはやりたくない」「こういう人間にはなりたくない」「こうありたい」と考えられるように生き方の舵取りをすることが、保育者に課せられた最大の仕事です。保育者の保育観の問われる根のところでもあります。

　日常の保育の中でのゆき届いた子どもを見る目と、真摯な保育姿勢が光

る全国の保育者の皆様の実践が積み上げられてこの1冊になりました。
保育実践の一つ一つが、愛に包まれ、魂を揺さぶられるものばかりです。

　2020年。コロナ禍により私たちの生活は一変しました。三密を避け新
しい生活様式が求められる時代になりました。換気や消毒、手洗い等は当
たり前となり、ソーシャルディスタンスが求められても、子どもが育つ場
において、目と目を見つめ合い、心と心の通じた触れ合いが必要なこと
は、これまでと変わりません。そして、大人が愛し、信じ、任せ、見守る
中で、子どもは体験を通して育っていくことも変わりません。人の心が人
を育てるのです。これまでも、これからも。

　子どもたちの希望に満ちた未来を信じて―

2020年8月　本吉圓子

著者紹介（執筆分担）

本吉 圓子（もとよし まとこ）（第1章〜第8章、おわりに）

　東京都出身。東京家政学院卒業。東京都の公立保育園の園長、大妻女子大学・宝仙学園短期大学等の講師を経て、現在、生活保育内容研究会代表。子どもの生活体験を重視し、子どもの主体性の育ちを求める「生活保育論」を展開。

【著書】

『私の生活保育論』（フレーベル館）、『子どもの育ちと保育者のかかわり』（萌文書林）他多数。

奥田 美由紀（おくだ みゆき）（はじめに）

　宮城県仙台市出身。尚絅女学院短期大学保育科卒業。仙台市の私立幼稚園教諭、専門学校教員を経て、福島大学大学院人間発達文化研究科で学び修了。現在、桜の聖母短期大学講師。短大内の子育て支援広場で保育および子育て支援を実践する傍ら、実践を通して保育者を養成している。

保育の実践
——愛し、任せ、信じ、見守る

2020年9月16日　初版第1刷発行

© 著　者　　本吉圓子・奥田美由紀
　発 行 者　　服部直人
　発 行 所　　株式会社萌文書林
　　　　　　　〒113-0021　東京都文京区本駒込6-25-6
　　　　　　　Tel：03-3943-0576　Fax：03-3943-0567
　　　　　　　URL：https://houbun.com　E-mail：info@houbun.com
印刷・製本　　中央精版印刷株式会社
乱丁・落丁本はお取り替えいたします。
定価はカバーに表示してあります。
ISBN　978-4-89347-366-0

装丁・デザイン　大村はるき